明清小品丛刊 · 第二辑

五岳游草

[明] 王士性 著

杨焄 校注

上海古籍出版社

图书在版编目(CIP)数据

　　五岳游草 ／（明）王士性著 ；杨焄校注. -- 上海 ：
上海古籍出版社，2025.1. --（明清小品丛刊）.
ISBN 978-7-5732-1418-8

　　Ⅰ. K928.9

　　中国国家版本馆 CIP 数据核字第 20241Q0N39 号

明清小品丛刊(第二辑)

五岳游草

[明]王士性　著

杨焄　校注

上海古籍出版社出版发行

(上海市闵行区号景路 159 弄 1-5 号 A 座 5F　邮政编码 201101)

(1) 网址：www.guji.com.cn

(2) E-mail：guji1@guji.com.cn

(3) 易文网网址：www.ewen.co

上海惠敦印务科技有限公司印刷

开本 890×1240　1/32　印张 14.375　插页 2　字数 307,000

2025 年 1 月第 1 版　2025 年 1 月第 1 次印刷

印数:1—2,100

ISBN 978-7-5732-1418-8

Ⅰ·3882　定价：48.00 元

如有质量问题,请与承印公司联系

出版说明

中国古典散文，自先秦发源，中经汉魏六朝、唐宋，发展到明清，已经进入了其终结期。这一时期，尤其是晚明阶段，伴随着时代社会的发展，文坛也出现了新的变化。这一时期的散文园地，虽然没有再出现过像先秦诸子、唐宋八家那样的天才巨子，但也是作者众多、名家辈出；虽然没有再出现过《庄子》《韩非子》一类以思理见胜的议论文，《左传》《史记》一类以叙述见长的史传文，以及韩柳欧苏散文一类文质兼胜的作品，但也有新的开拓和发展，散文的题材更加丰富，形式更加自由，从对政治、历史和社会现实的关注，更多地转向对人生处世、生活情趣的关注，从而形成了又一个以文体为特征命名的发展时期，这就是文学史上习称的明清小品文。

小品的名称并不自明清始。"小品"一词，来自佛学，本指佛经的节本。《世说新语·文学》："殷中军（浩）读小品，下二百签，皆是精微。"刘孝标注云："释氏《辨空经》，有详者焉，有略者焉；详者为大品，略者为小品。"可见，"小品"本来是就"大品"相对而言，是篇幅上的区分，而不是题材或体裁的区分。小品一词，后来运用到文学领域，同样也没有严格的明确的定义，凡是短篇杂记一类文章，均可称之为小品。题材的包容和体裁的自由，可以说是小品文的主要特点。准确地说，"小品"是一种"文类"，可以包括许多具体的文体。事实上，在明人的小品文集中，许多文体，如尺牍、游记、日记、序跋，乃至骈文、辞赋、小说等几乎所有的文体，都可以成为"小品"。明人王思任的《谑庵文饭小品》，就包括了几乎所有的散文、韵文的文体。尽管如此，从阅读和研究的习惯来说，小品文还是有比较宽泛的界定，通常所称的小品文，主要还是就文体而言，指篇幅短小、文辞简约、情趣盎然、韵味隽永的散文作品。

小品文作为一种文体的兴盛，在明清时期，主要在晚明阶段。而小品文的渊源，则仍可追溯到先秦时期。《论语》《孟子》《庄子》等书中一些精采的短章片断，可以看作是后世小品文的滥觞。六朝文人的一些书信、笔记之类，如《世说新语》中所记的人物言行，"简约玄淡，真致不穷"（胡应麟《少室山房类稿·读〈世说新语〉》），更是绝佳的小品之作。唐代小品文又有长足发展。柳宗元的"永州八记"，堪称山水小品中的精品。晚唐时期，陆龟蒙、皮日休、罗隐等人的小品文，刺时讽世，尖锐深刻，在衰世的文坛上独树一帜，"正是一塌糊涂的泥塘里的光彩和锋芒"（鲁迅《小品文的危机》）。宋代文化得到空前的发展，出现了不少百科全书式的文化巨人，而其中代表宋代文化最高成就的苏轼，就是一位小品文的巨匠。苏轼自由不羁的性格，多方面的文化素养，使小品文这种文体在他手中运用自如，创作出大量清新俊逸之作，书画题跋这一体裁更是达到了极致。以致明人把他推为小品文的正宗，编有《苏长公小品》。宋代兴起的大量笔记，不少具有很高的文学价值，也为小品文的兴盛起了推波助澜的作用。

把小品文作为一种文体加以定名，并有大量作家以主要精力创作小品文，从而使小品文创作趋于繁荣，还得到晚明阶段。这一阶段，不仅有不少作家把自己的著作径以"小品"命名，如朱国桢的《涌幢小品》、陈继儒的《晚香堂小品》、王思任的《谑庵文饭小品》等；还出现了不少以"小品"为名的选本，如王纳谏编《苏长公小品》、华淑编《闲情小品》、陈天定编《古今小品》、陆云龙编《皇明十六家小品》等。而作为小品文达到鼎盛阶段标志的，还得推当时出现的许多具有很高文学成就的小品文作家，如以袁宗道、袁宏道、袁中道"三袁"和江盈科为代表的"公安派"作家，钟惺、谭元春为代表的"竟陵派"作家，以及同时或稍后的屠隆、汤显祖、张大复、陈继儒、李日华、吴从先、刘侗、张岱等，均有小品文著述传世。晚明小品文的主要特点在于独抒性灵，不拘格套，在艺术上极富创造性。晚明小品虽然在思想内涵和历史深度方面，无法与先秦两汉散文、唐宋散文等相比；但在反映时代思潮、探寻人生真谛方面，同样达到了时代的高度。

晚明小品文的兴盛，是与当时的社会现实、社会风尚和思潮的影响分不开的。晚明个性解放的思潮、市民意识的增强，是晚明小品文兴盛的重要原因。明亡之后，天翻地覆的巨变使社会思潮产生了新的变化，晚明的社会思潮和文学风尚得到了新的审视；同时，随着清王朝专制统治的加强和正统文学思潮的冲击，小品文的创作也趋于衰微。但仍有一部分作家仍然继承了晚明文学的传统，创作出既有晚明文学精神又具时代特色的小品文，如李渔的《闲情偶寄》、张潮的《幽梦影》、余怀的《板桥杂记》、冒襄的《影梅庵忆语》、沈复的《浮生六记》等，或以其潇洒的情趣，或以其真挚的情怀，为后人所激赏。

明清小品文不仅是中国古典散文终结期时的遗响，而且也是古典散文向现代散文转换中的重要一环，对后世产生了重要影响。"五四"新文学运动的不少散文作家都喜爱晚明小品，周作人在《中国新文学的源流》一书中甚至认为晚明文学运动与"五四"新文学运动有些相似之处。二十世纪三十年代的中国文坛上，更曾掀起过一阵晚明小品的热潮。以林语堂为代表的作家大力提倡小品与幽默，强调自我，主张闲适，甚至认为"中国现代文学唯一之成功，小品文之成功也"（林语堂《人间世》发刊词）。在当时内忧外患的形势下，林语堂等人的观点无疑是不合时宜的，因而理所当然地受到了鲁迅先生的批评。但鲁迅先生对小品文本身以及晚明文学的代表袁宏道等并不持否定态度，而是认为"小品文大约在将来也可以存在于文坛，只是以'闲适'为主，却稍不够"（《一思而得》）。鲁迅先生是把战斗的小品比作"匕首"与"投枪"，他晚年以主要精力创作杂文，正是重视小品文作用的表现。进入九十年代以后，随着思想的解放和物质生活的改善，文坛上又出现了一阵小品随笔热，明清小品的价值在尘封半个世纪之后重又为人们所发现，并开始得到实事求是的评估。为了使广大读者对明清小品有比较全面的认识，给广大读者提供较好的阅读文本，我们特出版了这套《明清小品丛刊》。

本丛刊自出版以来，不断重版，深受广大读者朋友们青睐。有鉴于此，我社特推出第二辑，分别是：明代乐纯《雪庵清史》，王士性《五岳游草》，文震亨、屠隆《长物志　考槃余事》，卫泳《枕中秘》，清代李慈铭《越缦堂游记　越缦堂花历》，西溪山人、个中生《吴门画舫录　吴门画舫续录》等。所选书目偏向于生活艺术、闲情雅趣和性灵抒发，期望依然能获得大家喜爱，为缓解快节奏下现代人的焦虑、丰富精神生活提供助益。

上海古籍出版社

前　言

　　山水名胜历来是中国文学着力刻画的重要对象，从汉末魏晋开始，文士们在运思挥毫、模山范水时，就逐渐形成了较为独立自觉的山水审美意识，由此展现出丰富多元的生活情趣、精神风貌和艺术技巧。到了明代晚期，随着审美观念的演进和生活方式的转变，不少文士对搜奇揽胜愈加热衷痴迷。卓明卿就夸耀说："余性癖好名山大川，两浙形胜，车辙马迹且遍。"（《卓光禄集》卷三《东天目记》）袁中道也直言不讳："天下之质有而趣灵者莫过于山水，予少时知好之，然分于杂嗜，未笃也。四十之后，始好之成癖，人有诧予为好奇者。"（《珂雪斋前集》卷十《王伯子岳游序》）谢肇淛更是自诩："平生丘壑姿，适性在云水。到处逢名山，欢若遇知己。"（《小草斋集》卷五《小岩洞》）陈函辉同样津津乐道："寻山如访友，远游若致身。"（《小寒山子集·纪游十九首》其八）晚明文士大多有类似的表现，不仅嗜游成癖而乐此不疲，甚至将山水引为可以互通款曲的知音。诗家墨客与山川物色的相互遇合，推动纪游文学的创作进入了一个新的阶段，正如王祖嫡所言，"海内山川载之图经者，人未尝不游，游未尝不纪。虽荒绝僻远之濒，诗人文士才一吟眺，遂显于世"（《师竹堂集》卷十五《游太和山记》）。大批文士在漫游寻访之际创作了数量可观的游记和纪游诗作，有时还不乏鸿篇巨制，如陈第的《两粤游草》、袁宏道的《华嵩游草》、袁中道的《游居柿录》、王思任的《历游记》、张岱的《西湖梦寻》等，通过分篇联章甚至专书别集的形式，巨细靡遗地记录下自己的行程和观感。有些作者在跋山涉水、吟风赏月之馀，更是兴致勃勃地对相关的地质风貌、建置沿革和风土人情加以缜密的勘察考较和细致的剖析梳理，最为今人所熟知的毫无疑问当属凭借《徐霞客游记》而享有盛誉的徐弘祖。与他约略同时，其实还有一位王士性。徐弘祖在考察云南鸡足山时就特意提到"天台王十岳士性宪副诗偈镌壁间"（《徐霞客游记》卷六下《滇游日记五》），稍后又指出"王十岳游记以圣峰为中支，误矣"（同书卷十上《滇游日记十三》），尽管双方意见并不一致，但也足见他对其人其著甚为关注，留有相当深刻的印象。王、徐两人前后交相辉映，可谓各擅胜场而难分轩轾。

王士性（1546—1598），字恒叔，号太初，又号元白道人，台州府临海县（今浙江省临海市）人。万历五年（1577）登进士，历任河南确山知县、礼科给事中、广西布政司参议、河南提学副使、山东参政、太仆寺少卿、南京鸿胪寺少卿等职。他性喜登山临水，利用仕宦四方的间隙，数十年间行迹几乎遍及天下。在各地游览途中，他陆续撰写了大量游记和诗作，经过删订整合，最终汇辑为《五岳游草》。晚年又结合亲身经历进行了系统化、理论化的思考和推阐，相继撰著《广游志》（原为《五岳游草》卷十一、十二，题为"杂志"）《广志绎》，根据地域区划深入探究各地的自然环境和人文风俗。其毕生诗文创作曾先行裒辑为《吏隐堂集》（包括《掖垣稿》《朗陵稿》《入蜀稿》《尺牍》《燕市稿》等），不少内容与《五岳游草》重合，可以相互参证比对。

王士性的著述在明、清之际得到不少学者的揄扬钦敬，尤其是凝结其多年理论思考、多有独到之见的《广游志》和《广志绎》，更是备受推崇。以倡导经世致用、精通地理之学的清初思想家顾炎武为例，在《天下郡国利病书》卷首《舆地山川总论》中就全文迻录《广游志》（顾氏径题为《五岳游草》）中《地脉》《形胜》《风土》三节以涵括全书要旨，在《肇域志》里又屡屡摘引《广志绎》里的《方舆崖略》以代替自家按断，在《日知录》卷八"州县税赋"条、卷十二"财用"条中还参酌《广志绎》的意见再予引申发挥，足见他对王氏所作的诸多考论辨析深表认同。受此影响，现代学者在探讨王士性毕生志业时也大抵着眼于此。谭其骧《与徐霞客差相同时的杰出的地理学家——王士性》（收入朱荣、谭绍鹏、张思平选编《纪念徐霞客论文集》，广西人民出版社 1987 年；又收入谭其骧《长水集续编》，人民出版社 1994 年）着重研讨《广志绎》的内容和特色，断言"以王士性对地理学的贡献和徐霞客相比，大致在伯仲之间；《广志绎》的价值，总的来说，可能稍逊于《徐霞客游记》，在人文地理方面，则有过之而无不及"。王成组《中国地理学史（先秦至明代）》（商务印书馆 1988 年）则直接参考《天下郡国利病书》所引述的片段，认为"王士性在短短三节之中，论述我国主要地区山脉的分布，各省的形势，以及局部的气候，提出于将近四个世纪以前，足以填补中国地理学史在自然地理方面的空白"。周振鹤《王士性的地理学思想及其影响》（载《地理学报》1993 年第 1 期）缕述《广游志》和《广志绎》的要义，强调两书"是在实地考察之后，对于所得材料去粗取精、整理排比并加上理论思维的地理著作"，"在人文地理的各个分支，如风俗地理、文化地理、经济地理、政治地理、民族地理乃至军事地理的研究都留下自己的真知灼见"。这些评议要言不烦而切中肯綮，对深入了解王士性在中国地理学史上的贡献和地位都颇有裨益。

然而毋庸讳言，前人由于受议题所限，并没有对《五岳游草》给予必要而充分的重视。王士性自述在遍游天下时，"得文与诗若干篇记之矣。所不尽于记者，则为《广游志》二卷"，"复有不尽于志者，则又为广志而绎之，前后共六卷"；还自信地宣称，前人考述天下地理，"每每藉耳为口，假笔于书。余言否否，皆身所见闻也，不则宁阙如焉"（《广志绎自序》）。据此可知《五岳游草》与《广游志》《广志绎》有着前后承续、相辅相成的密切关联，而王士性之所以能够出入于地理学的诸多领域，提出较为系统而精辟的见解，和多年来经由实地考察所获得的大量感性认知更是息息相关。即便仅从文学的角度来衡量评价，《五岳游草》也堪称晚明纪游文学中别具一格的大著作。明人胡应麟盛赞"读《五岳游草》，觉抚琴动操之馀，山谷皆响"，乃至希望"同蜡双屐"（《少室山房集》卷一百十七《报王恒叔》），能够追随其后漫游天下。清人冯甦称许其"大而蟠厚地、蠹苍昊，奇而擘巨灵、划六甲，秀而降帝子、梦朝云，幽而藏仙都、营佛窟，一经点染，觉神工鬼斧，玲珑嵌空，悉奔凑于毫楮"（《重刻五岳游草序》），对其刻画入微的技巧和变幻多姿的风貌更是赞不绝口。而仔细寻绎王士性撰作、编订《五岳游草》的经过，如下数端尤其值得注意。

　　首先是作者游踪广阔辽远且不畏艰险。晚明文士确实普遍喜好出游，然而受到财力、交通、气候等诸多因素的影响，往往更偏爱选择一些出行便利、旅途舒适且耗费无多的山川名胜来规划短期行程。杨循吉便坦言，"今吴人之所恒游者，特其至近人迹者耳。至于幽僻奇绝之境，固莫至也"，因而慨叹"山水之遇人，亦难哉！"（《松筹堂集》卷四《西山游别诗后序》）王士性尽管身为吴越人氏，对故乡的天台山也情有独钟，可足迹所至并不局囿于江南一带。《五岳游草》虽以"五岳"命名，实际涵盖的地域却远不止此。在明代两京、十三布政司合计十五省中，除了原先已经纳入计划的福建最终因故未能如愿以偿，王士性在其馀十四省里都有非常丰富的游览经历，在整个明代都罕有其匹。自称"生平好游"的朱国祯谈到"近来士夫称善游者莫如临海王公士性"，"性既好游，而天又助之，宦迹半天下"（《涌幢小品》卷十《己丑馆选》），对此就称羡不已。尤为难能可贵的是，为了寻幽探秘，王士性往往不惜亲身涉险。在与友人交流出游心得时，他每每提到自己"极意冒险攀跻为快"（《吏隐堂集·尺牍中·寄何振卿》），"当其意得，生死可忘，吾我尽丧"（同书《尺牍下·与长卿》）。《五岳游草》中有大量记载可资印证：在华山上进退失据，"乃握念闭息，仍曳絚而寸升之"，"于时雾卒合，目不辨下方，第见晦冥内树杪明灭在胫腘间"（卷一《岳游上·华游记》）；登庐山时道路陡绝，"下舆而步，策短筇，扶以两人，犹十步五堕，失足堲齿，凛凛不自持"（卷六《楚游上·庐山游记》）；前后数度游览点苍山，"幽遐怪僻，无所不搜，剔然犹惧其未罄也"（卷七《滇粤游上·点苍山记》）。作者身处险境固然惊心动魄，读者也不由得随之屏气凝息。由于他完全沉浸在浑然忘我的境界之中，也就能领略到常人难得一睹的异象奇景：在峨眉山巅亲眼目睹"摄身光"，同行诸人"各自见其影，摇首动指，自相呼应"，"茶顷光灭，已又复现复灭，至十现"（卷五《蜀游上·游峨眉山记》）；盛夏时在点苍山赏雪，"虽人居雪岭之下乎，而风气常燠不寒；卉木植雪嶂之中乎，而葩蕊常带玉屑以开；朱夏行五六月之间乎，而阴崖皓魄，皑皑犹有存者"（卷七《滇粤游上·点苍山记》）。正如梅鼎祚在致王士性的信中所称道的那样，"即少济胜之具者，亦卧游其中"（《鹿裘石室集》卷六十《答王恒叔胪卿》），普通读者即使无法身履其境亲眼目睹，也能够凭借这些鲜活生动的叙述神游冥想。

其次是收录诗文各体具备且风格多样。纪游文学有着源远流长的传统，若从文体角度考察，原本隐隐含有诗、文两种发展途径。李衷纯曾将其源头分别上溯至南朝晋宋诗人谢灵运和唐代古文家柳宗元，认为二者分途并进，"诗自诗，文自文，各擅其长，不能兼也"，可到了明代却焕然改观，"如李于鳞、汪伯玉、弇州、奉常兄弟，冯、陶两司成，王太初，袁中郎，黄贞甫，曹能始诸君，大篇小牍，流满人间，可谓诗文兼擅"（《礼白岳纪序》，载李日华《礼白岳纪》卷首）。王士性也赫然出现在这份名录之中，可知颇受时人青睐推重。同样列名其中的王世贞（弇州）与王士性交往频密，对其创作有更深切细致的体会。在为王士性诗文集撰序时，他特别指出，"恒叔于诗无所不精丽，而歌行古风尤自出人意表，其索之也，若深而甚玄，既成而读之，则天然无蹊径痕迹矣。文尤能近西京，出入《史》《左》，叙事委致，而以险绝为功"（《弇州山人续稿》卷五十一

《王给事恒叔近稿序》)。又在通信时直接称赞道,"执事诗新丽之极,时出人意表。古选则风人之托胜,而歌行则骚雅之藻极","记序皆出西京,叙致详婉,忽更遒绝,乃记尤琅琅矣"(同书卷二百二《答王给事》)。所言虽不无夸饰应酬的意味,但王士性深受明代复古派文学观念的影响,且在诗、文两方面都颇有造诣应当是毫无疑问的。王士性自称在漫游时"吊古有诗,探奇有记"(《吏隐堂集·尺牍下·与长卿》),《五岳游草》前七卷为游记,后三卷为纪游诗,就充分体现了这一点。其中游记部分在体裁方面又多有变化,《入蜀记》(卷五《蜀游上》)摹仿陆游《入蜀记》、范成大《吴船录》而刻意使用日记体,《点苍山记》(卷七《滇粤游上》)为达到先抑后扬的效果而借鉴主客问答的辞赋体。游记部分虽以散文为主,却时以骈偶穿插,如"若其轻烟拂渚,山雨欲来,夹岸亭台,乍明乍灭,渔舠酒舸,茫茫然遥载白云,第闻橹声咿哑,睐眇而不得其处,则视霁色为尤胜"(卷三《吴游上·吴游纪行·游烟雨楼以四月望日》),描摹烟水迷蒙的景致,就显得摇曳多姿而引人入胜。由于笔下摄取的景致各异,篇章风貌也随之异彩纷呈,《岱游记》(卷一《岳游上》)的雄奇壮阔,《西征历》(卷二《大河南北诸游上》)的深沉朴厚,《游武林湖山六记》(卷三《吴游上》)的清新明丽,《桂海志续》(卷七《滇粤游上》)的幽深孤峭,都令人读罢过目难忘。诗歌部分同样歌行律绝兼备,如《览古十一首》(卷八《大河南北诸游下》)、《雁山杂咏》(卷九《越游下》)、《与刘元承入蜀至荆门执别》(卷十《楚游下》)等,或凭吊古迹而寄托遥深,或悠游山川而轻松明快,或酬赠友朋而深情缱绻,题材和风格也都不拘一格而富于变化。正因为

《五岳游草》内不乏诗文佳作，所以贺复征《文章辨体汇选》、汪森《粤西诗文载》、朱彝尊《明诗综》、傅梅《嵩书》、查志隆《岱史》、张联元《天台山全志》等诸多明清总集、方志都曾予以采撷选录。

最后是全书精心整合编排且图文并茂。王士性最终将先后撰作的纪游诗文汇辑为《五岳游草》，在编排方式上也颇具匠心。全书整体上依照体裁分为诗、文两大部分，但各部分并没有继续依照文体或诗体类别细分，也没有依照行程先后排列，而是打乱四方游历的时间顺序，诗、文两部分都按照五岳、大河南北、吴、越、蜀、楚、滇、粤的次序重予编排，其间显然包含着系统呈现不同地域地理风貌和文化渊源的通盘考量。他晚年撰著《广志绎》，又以方舆崖略、两都、江北四省、江南诸省、西南诸省、四夷为序，尽管具体采纳的标准不尽相同，但这种区域化、条理化的思考方式则一以贯之。在重新整合编排这些诗文时，王士性也格外注意提示相互之间的关联：卷一《华游记》提到"乃为诗四章记之"，即指卷八《登太华绝顶四首》；卷五《入蜀记下》说起"次日去峨眉，别有记"，即指同卷《游峨眉记》。诸如此类，所在多有，使不同篇章遥相呼应，形成纵横勾连的关系，可以引导读者进一步参照比较。晚明纪游文学发展迅速，也促使读者提出更高的要求。何良俊就认为仅仅凭借文字形容，"终不得其面目，不若图之缣素，则其山水之幽深，烟云之吞吐，一举目皆在，而吾得以神游其间，顾不胜于文章万万耶"（《四友斋丛说》卷二十八《画》）。陈邦瞻同样慨叹那些纪游作品，"虽文中有画，而目前无山，赏心者犹遗恨焉"（《海内奇观引》，载杨尔曾《海内奇观》卷首）。这就不免令人联想到，如果能为纪游诗文配上相得益彰的插图，或许会更能吸引读者披览欣赏。王士性提到过友人以画作相示，"披图若听山灵语"（卷十《楚游下·寄题九疑山酬李十二使君以图示》），对何、陈等人所言想来也不无同感。《五岳游草》在编订时，前七卷游记于正文后就各附有数帧插图以资对照，目录中各卷标题下也特别注明"附图若干篇"。这些插图在今人看来固然稍嫌简略失真，在当时却格外引人瞩目。虞淳熙曾感叹前人"所思所期，语涉游览，冀选胜而娱焉，然未睹图纪也"，随后便提到"而王恒叔太仆有游岳图文，附以异迹"（《虞德园先生集·文集》卷三《五岳胜览序》），显然注意到《五岳游草》在编辑时的与众不同。清人潘耒为此书重刊撰序时，也着重指明其优长之处，在于对天下名山"无不穷探极讨，一一著为图记，发为诗歌，刻画意象，能使万里如在目前"（《重刻五岳游草序》），对其图文并茂的特色极其称道。乾隆年间纂修《四库全书》，同样指出王士性"游必有图有诗，为图若记七卷、诗三卷"（《四库全书总目》卷七十八《史部·地理类存目七》），留意其附录的插图。王士性在整合编排时的匠心独运，最终使《五岳游草》成为一部别具特色的图文相辅型纪游著作。

　　《五岳游草》在明代就已数次付梓，至清代康熙年间又有冯甦知述堂重刊本，匡补了明刊本的不少疏漏。明、清两代刊本均为十二卷，末二卷题为"杂志"，分条缕述各类地理状况，内容与诗文迥异，并不具备"游草"的性质，实际上是王氏晚年准备抽出单行的另一部著作《广游志》。这次整理以清康熙刻本为底本，遵照王氏本人的设想和现代学者的先例，删去了最后两卷，同时参校了现存台北"国图"的明刻本，并比勘了王士性《吏隐堂集》里的相关内容及部分明清总集、方志所采录的王氏诗文。凡底本有明显讹谬者，均据以径改，格于体例，不再逐一注明。凡有疑误而暂无旁证者，则稍作提示说明。底本目录的标题和顺序与正文稍有出入，均依据正文予以改正。原书所附插图仍予收入而转置各卷之首，以便读者参照比对。清刻本中有不少未署名的批语，经核查明刻本的题名，当出自王士性友人屠隆之手，此次整理也予以收入并标明"屠评"。凡属评骘全篇者均置于各篇之末，凡属点评局部者则酌情插入相关文句后。今人周振鹤有《五岳游草》校点本，并屡有修订（见《王士性地理书三种》，上海古籍出版社 1993 年；《五岳游草　广志绎》，中华书局 2006 年；《五岳游草　广志绎（新校本）》，上海人民出版社 2019 年）。朱汝略有《王士性集》校点本（浙江古籍出版社 2013 年），汇集了王氏存世的所有著述。此次整理参考了两位先生的研究成果，获益匪浅，但在文字辨识、文句标点和语段划分等方面，根据个人理解作了许多调整改动。为了帮助读者披览，还酌情添加了一些简要的注释。由于王氏诗、文大多可以互相印证，凡前文已予注明者，除特殊情况外，后文不再重复注释。另外又附录了《明史》、康熙《临海县志》、康熙《台州府志》中的王士性传记，刊刻时未及收入的部分明人序跋，以及《四库全书总目》中《五岳游草》的提要，以便读者参考覆按。整理过程中尽管仔细斟酌，反复推敲，但自知学识谫陋，必定多有阙略错谬，敬请读者不吝赐教，匡我不逮。

杨　焄

壬寅暮春初稿，同年岁杪修改，癸卯仲春改定于复旦大学

中国古代文学研究中心

目　录

卷　一

岳游上

卷　二

大河南北诸游上

1

卷 三

卷 四

卷 五

卷 六

卷 七

滇粤游上

卷 八

岳游下

大河南北诸游下

卷 九

吴游下

卷 十

附　录

重刻五岳游草序

天地至大也，事物之变至无穷也，而人以眇然七尺之躯^①，块处一室^②，眼如针孔，乃欲纵谈古今，悬断天下事^③，势必不能。故古来通人达士每喜言游。庄周著书^④，首以"逍遥"名篇^⑤，言鹍鹏之运^⑥，自南海以至北海；屈原作《骚》，云车风马，历扶桑而经昆仑^⑦，言游者莫侈焉，然特空语，无事实。至司马子长、李太白、杜子美、韩退之、苏子瞻、陆务观之流^⑧，则真足迹遍天下，而其文辞亦遂雄奇跌宕，超绝千古。游亦何负于人，而儒者嫌于玩物丧志，乃有官衡阳而不登南岳者^⑨，然则大禹之上岣嵝^⑩，孔、颜之登泰岱^⑪，皆非耶？

明代闻人如都玄敬、乔白岩、王太初、王昆仑^⑫，皆尝遍游寰宇，皆能以文词发摅所睹记，而太初先生所著则有《五岳游草》。先生凤植灵根，下笔言语妙天下，兴寄高远，超然埃壒之外^⑬。生长临海，台、荡、括苍，自其家山，从给谏出参粤藩^⑭，副滇臬^⑮，典试巴蜀^⑯，视学两河^⑰，诸岳镇而外，如峨嵋、太和、白岳、点苍、鸡足诸名山，莫不穷探极讨，一一著为图记，发为诗歌，刻画意象，能使万里如在目前。盖天下之宦而能游，游而能载之文笔如先生者，古今亦无几人。呜呼！名利之毒中于人心，争锥刀而竞尺寸^⑱，如鼠入牛角，如蝇钻纸窗，正由不知宇宙之广、日月之大，使能置身物外，旷观远览，则诸累可以冰释。太初为言官而不阿权贵^⑲，历方面而清白著声^⑳，擢开府而坚辞^㉑，卧丘园而自得。非唯天情旷达，盖亦山水之助为多焉。今《游草》一编具在，人于尘劳辏辀之际^㉒，试一展卷披寻，未有不豁然心开，悠然神往者。天机深而嗜欲自浅，以是为解热之清风、疗烦之良药，不亦可乎！

余雅好游，而甚慕太初先生之风流。顷来台，求其遗集不可得。少司寇冯公再来偶得是编^㉓，重为梓行，属余序之。其《广游记》《广志绎》诸书则将续刻焉^㉔。冯公官三事而勇退，以山水文章自娱，盖深有意乎先生之为人者也。

康熙辛未孟秋^㉕，松陵潘耒书于东湖寓园^㉖。

① 眇然：弱小。

② 块：单独。

③ 悬断：凭空判断。

④ 庄周：战国时道家学派思想家，后世习称庄子。今存《庄子》一书分内、外、杂篇三部分，内篇当出自庄子之手，外、杂篇多为庄子后学补缀。

⑤ 逍遥：《逍遥游》，《庄子》内篇部分的第一篇。

⑥ 鹍鹏：《庄子·逍遥游》原作"鲲鹏"，鲲是生长在北海的大鱼，可以变化成大鹏鸟，等到海水波动的时候，就会迁徙到南海。

⑦ "屈原作《骚》"三句：屈原，战国时楚国辞赋家、政治家，名平，字原。其作品与宋玉、唐勒、景差等人之作，被汉人合称为"楚辞"。《骚》，屈原的代表作《离骚》，历叙家世生平，上下求索，神游天地，其中提到"总余辔乎扶桑"，"邅吾道夫昆仑"。

⑧ 司马子长：汉代史学家司马迁，字子长。　李太白：唐代诗人李白，字太白。　杜子美：唐代诗人杜甫，字子美。　韩退之：唐代文学家韩愈，字退之。　苏子瞻：宋代文学家苏轼，字子瞻。　陆务观：宋代文学家陆游，字务观。

⑨ 衡阳：治今湖南株洲，以在衡山之南而得名。　南岳：衡山，位于今湖南衡阳南岳区、衡山县等地境内，位列五岳中的南岳。

⑩ 大禹：上古时夏后氏部落的领袖，率领民众疏通江河，整治水患。　岣嵝：衡山主峰，上有碑石，字体怪异，被附会为大禹治水时所刻。

⑪ 孔、颜：孔子和颜回师徒。　泰岱：泰山。

⑫ 都玄敬：都穆，字玄敬，号南濠居士，江苏苏州人，明正德、嘉靖间人，著有《游名山记》。　乔白岩：乔宇，字希大，号白岩，山西太原人，明正德、嘉靖间人，与友人薛惠合著《游嵩集》。　王太初：王士性，字恒叔，号太初，浙江临海人，即本书作者。　王昆仑：王叔承，字子幻，号昆仑山人，王士性友人，著有《吴越游》《后吴越游》《潇湘编》《岳色编》等。

⑬ 埃壒（ài）：尘土。

⑭ 给谏：给事中的别称。王士性于万历十一年（1583）升任礼科给事中。　出参粤藩：王士性于万历十七年（1589）任广西布政司参议。藩，布政司的略称。

⑮ 副滇臬：王士性于万历十八年（1590）任云南澜沧兵备副使。臬，按察使的别称。

⑯ 典试巴蜀：王士性于万历十六年（1588）任四川主考。

⑰ 视学两河：王士性于万历二十一年（1593）任河南提学，次年又任河南副使。

3

⑱ 锥刀：形容微薄的利益。

⑲ 言官：言事官，谏官。

⑳ 方面：某地的军政要职或长官。

㉑ 擢（zhuó）：提拔。 开府：可以成立府署、选置僚属的高级官员。王士性于万历二十三年（1595）被推举为河南巡抚，辞而不受。

㉒ 缪辂（jiāo gé）：纠葛。

㉓ 冯公再来：冯甦，字再来，号蒿庵，浙江临海人，曾任云南按察使、广东巡抚、刑部左侍郎等职，康熙年间主持重刻《五岳游草》。

㉔ 《广游记》：冯甦重刻本《五岳游草》十二卷，末二卷题为《杂志》，实即《广游记》，又称《广游志》。 《广志绎》：原书六卷，第六卷《四夷辑》原阙，今存清康熙年间杨体元刊本及嘉庆年间宋世荦辑《台州丛书》本。

㉕ 康熙辛未：康熙三十年（1691）。 孟秋：农历七月。

㉖ 潘耒：字次耕，号稼堂，晚号止止居士，江苏吴江人，清初学者，兼擅词章。

序

余同年友冯公再来重锓王太初先生《五岳游草》，邮致见示，余得受而卒业。因叹海内山川名胜，皆造物所秘惜。自大禹辖樏所至^①，探其险怪，辨其物类而铸为鼎^②，伯益复因之而著为《经》^③，是开辟以来第一部大文章。后世虽有善游，总不能躬历一隅而抒写其大略。惟是古今能文巨手，又往往借山川奇胜开拓心眼，毋论篮舆蜡屐能尽与不能尽^④，皆可即意中所激发，著为文章，跨踔百代^⑤。龙威丈人所谓"天地大文不可舒"^⑥，亦以此为造物所秘惜耳，非专为登涉之难而言也。

太初先生诸作，虽为五岳写照，但其文之沉雄古宕，逶迤参错，盖将毕生精神与叠嶂层峦、扶舆磅礴之气相遇^⑦，沐浴吞吐于窅寐间，故能落笔摇五岳若此。今复得再来为之表章^⑧，重锓垂久，不致如前散佚，与鼎沉泗水、经毁秦灰同一扼腕^⑨。非文章有神，独往独来于两间^⑩，必不容磨灭者乎！再来以诗文巨手，所著如《滇考》及《见闻随笔》《天台记》《赞》《石刻》诸书，博综山川人物，皆可传之无穷，与太初先生宜其后先辉映。读书人即著书人，为作为述，又非偶然也。

余与再来生年同而嗜学亦同，今老矣，抱疴又无不同^⑪。计自兹以往，皆未必复从事于筇杖^⑫，使造物不能秘惜，为太初先生之续。犹幸得读是编，以当宗少文卧游[13]，亦可以极天下之大观而无憾。至于文章一道，再来尚有馀勇可贾乎，余也请从而后也。

时康熙壬申岁春仲望日[14]，闽中后学林云铭谨题于西泠旅次[15]。

① 辁檑（chūn léi）：用于泥泞路上或登山的交通工具。

② 鼎：传说大禹铸造九鼎，上刻万物，教人辨别善恶。

③ 伯益：舜的大臣，辅佐大禹治水。《经》：传说大禹治水时，令伯益记录各地山川、鸟兽、昆虫、民俗等，最终汇集成《山海经》。

④ 篮舆：供人乘坐的交通工具，类似后世的轿子。 蜡屐：为防受潮而用蜡涂过的木屐。

⑤ 趻踔（chěn chuō）：特立独行，与众不同。

⑥ 龙威丈人：传说吴王阖闾遇到龙威丈人，得到素书一卷，但不能辨识书中文字，乃向孔子求教。孔子称这是"天地大文不可舒"，不能随意取读。

⑦ 扶舆：盘旋升腾。

⑧ 表章：显扬，表扬。

⑨ 鼎沉泗水：大禹铸造九鼎，周朝灭亡后沉入泗水。 经毁秦灰：秦始皇焚毁先秦典籍。

⑩ 两间：天地之间，人间。

⑪ 抱疴（kē）：抱病。

⑫ 笻（qióng）杖：手杖。这里指拄杖出游。

⑬ 宗少文卧游：宗炳，字少文，南朝宋文人、画家。曾将游踪所及绘制成图，躺着欣赏画作，以代替外出游玩，号称"卧游"。

⑭ 康熙壬申岁：康熙三十一年（1692）。　春仲：仲春，农历二月。　望日：农历每月十五日。

⑮ 林云铭：字西仲，福建福州人，清初学者。　西泠：西泠桥，代指浙江杭州。　旅次：旅途中暂居的地方。

重刻五岳游草序

岳之有五，天地巧于结构，以成千古大文章。有人焉抱不世之才，举险谲幽奇种种莫可名状者①，以三寸管罗聚几案间，是又萃天地之大文章，以自成其文章者也。顾海内不乏能文家，求其足迹遍天下、题咏满名山者，未易多觏②。岂选胜无具欤③？抑或啬于遇也④？

吾乡王太初先生，凤负隽才，于书无所不读。以名进士历官数十年，宦辙所至遍五岳⑤，因得登峰造极，各穷其奥。作《五岳游草》，大而蟠厚地、矗苍昊，奇而擘巨灵、划六甲，秀而降帝子、梦朝云，幽而藏仙都、营佛窟，一经点染，觉神工鬼斧，玲珑嵌空，悉奔凑于毫楮⑥。是岳渎神灵即先生精魄，而先生是集，莫非岳渎英华供其挥洒而纵横也。先生之游，诚壮矣哉！

予幼读是书，窃心慕之，然获游者不过吾越诸山而已。及筮仕以来⑦，始而滇云，继而岭表，亦仅得拟先生滇、粤一游。他若西北诸巨镇，或一过之，而迫于王程⑧，白云马首，不遑盘桓焉⑨。信乎！游五岳之难也。

先生之游，不特其才为之，实其遇使然。向非奉使西南，握符东北⑩，往复其地，即有百斛之才、千秋之志，亦何由吐其珠玑⑪，为山川生色？则是先生此游，诚壮且难矣。

1

　　惜是书两经剞劂^⑫，藏板俱失，间有存者，止断简残编，不几令先生奇才妙笔渐至湮没，而岳渎神灵亦黯然已乎！故于休沐暇^⑬，特为修辑，去其鲁鱼亥豕^⑭，重付之梓^⑮，俾后之君子披览是书^⑯，或有才而啬于遇、欲游未遂者，不出户庭，展卷如对。即有一二高贤能如先生之游，亦将问途于已经，神交于异世，共信先生当日萃天地之大文章，堪与五岳并寿，而余亦得附名于不朽也夫！

　　康熙辛未孟春^⑰，同里后学冯甦题于双帻峰下之知还堂^⑱。

① 险谲：险要怪诞。

② 觏（gòu）：遇见。

③ 选胜：寻访名胜。

④ 啬：少。

⑤ 宦辙：为官的经历。

⑥ 毫楮：笔和纸。

⑦ 筮（shì）仕：初出做官。筮，用蓍草占卜。古人做官前往往先卜问吉凶。

⑧ 王程：奉公命差遣的行程。

⑨ 不遑：没有闲暇。

⑩ 握符：掌握权力。

⑪ 珠玑：珠玉，形容美好的言辞。

⑫ 剞劂（jī jué）：雕版刻印。

⑬ 休沐：休息洗沐，指休假。

⑭ 鲁鱼亥豕：把"鲁"字错成"鱼"字，把"亥"字错成"豕"字，指书籍在传写刊刻中的错误。

⑮　梓：木板上刻字用于印刷。

⑯　俾（bǐ）：使。

⑰　孟春：农历正月。

⑱　冯甦：字再来，号蒿庵，浙江临海人。　双帻峰：浙江临海巾子山上的东、西双峰，因形如巾帻而得名。

屠长卿原序

震旦山川①，非高人韵士有清缘者不得遇。至诸洞天福地、神区灵迹，尤为造物所秘惜，不轻以辱凡夫。《真诰》称华阳句曲洞为金陵地肺②，左元放清斋三月③，洞始为开，三茅君授以神芝、丹经而出④。武陵源仅一渔人得偶入⑤，南阳刘子骥复往访之⑥，即迷不得其处。清缘于人，若斯之难也！世人不踽踽篱落⑦，则踉跄尘壒间⑧。有兴怀者⑨，又多阻于病羸⑩，夺于尘冗⑪，望岳而不得登，临流而不得涉者有之。古今独称尚平婚嫁早完⑫，许掾情具双胜⑬，后人往往想而艳之⑭。顾领略山水之趣，亦视其人。含文采者，托以抒藻扬芬⑮；耽玄寂者⑯，假以采真访道⑰。斯二者皆清缘，而轩轾尚相距辽邈焉⑱。

余友天台王恒叔，寥廓士⑲，蝉蜕尘表⑳，车辙马迹遍天下，所至登高览胜，寰中佳山水一一属其杖履，入其品题。最大者无如五岳，古今游人咸叹以为不得兼，而恒叔兼之。至道家所纪洞天福地，游踪不到者，殆鲜矣！所至名章大篇，洋洋洒洒，与山灵争长，而又参心印于佛地㉑，叩丹诀于仙台㉒，阐宗旨，剔疑义，往往多证悟之语。所谓抒藻、采真，恒叔又二者兼之。是造物之私于恒叔独厚也！

不慧标韵似不减㉓，顾少局青衿㉔，困穷巷而无四方之观。甫入仕㉕，不数年即罢去。生平足迹，于寰宇十未历一。及归，而家有百岁亲，不敢远出。近又好作蒲团工课㉖，迹迹心遐，冷然独往㉗，直将培塿而名岳之㉘，潢隘而清都之㉙，栖迟蓬门㉚，偃仰环堵㉛，不啻足也㉜。此山水与不慧寡缘哉！恒叔闻而轩渠之㉝。虽然，余终将有待焉。恒叔以一官为行脚，而余他日将以只履为安车，即名山洞府，或为余辟，而又何止于登览也。

万历癸巳二月㉞，友弟屠隆纬真甫撰㉟。

① 震旦：古代中国的别称。

② 《真诰》：南朝梁代道教上清派宗师陶弘景编纂的语录汇编，内容为拟托仙真降诰。以下所述，见该书卷十一《稽神枢一》。 华阳句曲洞：位于今江苏句容茅山，道教所说十大洞天之一。

③ 左元放：左慈，字元放，庐江人，东汉末方士。 清斋：举行祭祀或典礼前洁身静心，以示诚敬。

④ 三茅君：道教传说中的三位神仙，即茅盈、茅固和茅衷三兄弟，相传为汉景帝时人，后隐居于句曲山。 神芝：灵芝，古人认为服食后可以长生不死。 丹经：讲解炼丹术的典籍。

⑤ 武陵：郡名，治今湖南常德。以下所述，见陶渊明《桃花源记》。

⑥ 南阳：郡名，治今河南南阳。 刘子骥：刘骥之，字子骥，一字道民。晋宋间名士，好游山水。

⑦ 踢踖（jú jí）：受拘束。

⑧ 尘壒（ài）：飞扬的尘土。

⑨ 兴怀：引发感触。

⑩ 病羸（léi）：衰弱生病。

⑪ 尘冗：冗杂负累。

⑫ 尚平：尚长，字子平，汉代隐士，待子女婚嫁后，与友人结伴游览五岳名山。

⑬ 许掾：许询，字玄度，会稽山阴人，东晋隐士，隐居于萧山。 双胜：许询好游山水，世人称其非但有胜情，更有济胜之具，意即既有好兴致，又有好身体。

⑭ 艳：羡慕赞美。

⑮ 抒藻扬芬：铺陈辞藻，施展文才。

⑯ 玄寂：守道无为。

⑰ 采真：顺应天性，放任自然。

⑱ 轩轾：高低轻重。 辽邈：相差悬殊。

⑲ 寥廓：宽宏豁达。

⑳ 蝉蜕：摆脱。

㉑ 心印：禅师证悟的境界。 佛地：寺院。

㉒ 丹诀：炼丹术。 仙台：配制丹药的地方。

㉓ 不慧：谦辞，佛教徒的自称。 标韵：风韵，韵致。

㉔ 局：受拘束。 青衿：学子所穿的青色交领长衫。

㉕ 入仕：入朝做官。

㉖ 蒲团：用蒲草编织而成的圆形扁平坐垫，佛教徒在坐禅及跪拜时使用。

㉗ 泠然：超脱轻妙的样子。

㉘ 培塿（lǒu）：小土山。 名岳：名山。

㉙ 湫（jiǎo）隘：低湿狭小的居所。 清都：天帝居住的宫阙。

㉚　栖迟：游玩休憩。

㉛　偃仰：卧立起伏。

㉜　不啻：如同。

㉝　轩渠：欢笑的样子。

㉞　万历癸巳：万历二十一年（1593）。

㉟　屠隆：字长卿，又字纬真，号赤水，又号娑罗居士、鸿苞居士、一衲道人等，浙江鄞县人。与王士性为同科进士，交谊深厚。

王太初先生自序

余行游海内，五岳举矣，作菟裘于白龙溪之浒[①]，计了滇云，遂息足焉。客有濯缨诣余溪头[②]，爰问余曰："子好游乎？夫游亦有道耶？"余曰："夫太上天游，其次神游，又次人游，无之而非也。上焉者形神俱化，次焉者神举形留，下焉者神为形役。然卑之或玩物，高之亦采真[③]。"

客曰："其人何如？"曰："若士汗漫于九垓[④]，是天游也；轩辕隐几于华胥[⑤]，是神游也；尚子长敕断婚嫁[⑥]，谢幼舆置身丘壑[⑦]，是人游也。"

"夫玄关寂寥[⑧]，天、神邈矣，子孰与二子？"余曰："一丘一壑，良吾愿也，清溪鉴我心矣。抑尚生云婚嫁既毕，五岳必游。余髫龀之子[⑨]，视吾年不十四焉，猥云婚嫁[⑩]，姜也就木矣[⑪]。若余则乌能待哉，若余则乌能待哉！"

"然则子游其天乎？"曰："唯唯，否否[⑫]。余未能莽荡其马[⑬]，支离其御[⑭]。余游四荒之内，未能睹六合之外。余，人之畸也[⑮]。"

"请言其人。"曰："夫游，浅之乎人也，然亦难言矣。思夫驭回九折，蹀垂百仞；鸟道羊肠，蛇退猿饮；幽壑无底，颠崖半敧；履险心悸，手足为瘴。彼无其具，犹弗游也。抑有益州怅老[⑯]，牛山叹逝[⑰]；靓遘不常[⑱]，河清难俟[⑲]。泽啄王雄[⑳]，枥伏灰骥[㉑]；白首

1

青山，意兴尽矣；彼非其时，犹弗游也。若夫石室再闭，酒垆寂若；七圣路迷^㉒，三山风却^㉓。阴晴未定，仆马告痡^㉔；涕笑邂逅，萍梗参差^㉕。彼厄之缘，犹弗游也。"

"然则孰与子？"曰："茂陵虽渴^㉖，不余倦矣；少文未老^㉗，曷事卧矣；九州已十^㉘，弗类此子矣。昔人一泉之旁，一山之阻，神林鬼冢，魑魅之穴，猿狄所家，鱼龙所宫，无不托足焉，真吾师也。岂此三者于余，独窃嗜与不嗜尔。"

"请言子之所嗜。"曰："心志不分者神凝，耳目不眩者虑定。故丈人之承蜩也^㉙，若或掇之也；夏侯氏之倚柱而书也^㉚，雷霆而婴儿之也。余之嗜游，类有然者。夫游，必具宾主，戒车徒，提筐罦^㉛。语云：'良辰美景，赏心乐事^㉜。'所以试也。余游则不择是。当其霜雪惨烈，手足皲瘃^㉝；波涛撼空，帆樯半覆；朝畏岚烟，夜犯虎迹；垂堂不坐，千金谁掷。余不其然，余此委蜕^㉞，于大冶乎何惜^㉟？遇佳山川则游。抑或王程有严，星分凤驾；受命大吏，弩矢是荷；风波眼底，缁尘满袖^㊱；迂回间道，动称掣肘。余不其然，余此鸡肋，于枕上乎何有？遇佳山川则游。又或百忧慭心^㊲，万事劳形；死生离别，黯然销魂；云阴月黑，风雨连旬；追欢买笑，强颜掀唇。余不其然，余此郎当舞袖^㊳，一付偃师氏之手^㊴，遇佳山川则游。吾视天地间一切造化之变，人情物理，悲喜顺逆之遭，无不于吾游寄焉。当其意得，形骸可忘，吾我尽丧。吾亦不知何者为玩物，吾亦不知何者为采真？"

语未毕，客乃起曰："夫游道则尽矣，子之游踪，类可述乎？"曰："可。请崖略而言之^㊵：神州赤县，五岳为尊；太玄帝畤，作配自今；瑶池宝轴，用秘真形；谁其窃之？负局先生[41]。述《五岳游》。齐、鲁、雍、冀，贤圣之乡；大哉禹功，明德未央；金台、易水，侠骨生香；梁园、邺下，艺圃擅场[42]。次《大河南北诸游》。岷汶万里，其委三吴；再起天目，汇为太湖；蓊气千年[43]，作帝王都；嗟嗟乎[44]，邯郸乎临淄，今之武陵、姑苏。次《吴游》。若夫山川诡幻，两越为多；天台、雁宕，余即而家；东海三山，一苇可跂；洞天福地，越得十二。次《越游》。青神故垒，白帝旧城；雪销水涨，一日江陵；瞿塘剑阁，自昔不守；蜀道虽云难，登天亦何有？次《蜀游》。六千大楚，是称江南；茫茫洞庭，七泽注焉；江、汉好游，沅、湘习怨；指云雨兮堪疑，望苍梧兮不见。次《楚游》。粤土疏理，四时多暑；高风扬尘，滇境咸春；碧篸玉笋，幻出桂林；苍、洱昆华，兼产奇珍。次《滇粤游》。披图九曲，是为武夷；幔亭云气，恍惚霏微；莽莽寰区，纵余所如；嗜而未食，惟闽荔支。俟将以《闽游》终焉。”

客敛衽而谢曰："有是哉，是不可以无记。"遂记之。

时万历才十有九稔[45]，记者滇西隐史天台王士性恒叔也。

① 菟裘：告老退隐的居处。

② 濯缨：洗涤帽缨，比喻超脱世俗，操守高洁。

③ 采真：顺乎天性，放任自然。

④ 汗漫：渺茫不可知。 九垓（gāi）：九层，指天。

⑤ 轩辕：神话传说中的上古帝王黄帝，号轩辕，曾梦游华胥氏之国。 隐几：伏在几案上。

⑥ 尚子长：疑当作"尚子平"。汉代隐士尚长，字子平。 敕断婚嫁：尚长年老后，儿女婚嫁皆毕，即"敕断家事勿相关"，与好友俱游五岳名山。此"敕断"犹云了断、了却。

⑦ 谢幼舆：谢鲲，字幼舆，陈郡阳夏人，东晋名士。画家顾恺之曾为谢鲲画像，将其置于岩壑之中。

⑧ 玄关：门户。

⑨ 髫龀（tiáo chèn）：垂髫换牙之时，指童年。

⑩ 狠：随便。

⑪ 姜也就木：春秋时晋公子重耳在流亡途中娶季隗为妻，在前往齐国时嘱咐季隗等他二十五年，如果不回来再改嫁。季隗回答说再过二十五年自己就要进棺材了，愿意一直等待重耳。就木，进入棺材。按：王士性此处似将季隗与重耳稍后在齐国另娶的姜氏混为一谈。

⑫ 唯唯，否否：佯作应答而不置可否。

⑬ 莽荡：辽阔无际。

⑭ 支离：流离。

⑮ 畸：不同寻常。

⑯ 益州怅老：东汉末曾任益州牧的刘备感叹自己年岁渐长，因为很久不骑马，大腿上的肉都长了出来。

⑰ 牛山叹逝：春秋时齐景公游于牛山之上，因感叹人生短暂而悲哀落泪。

⑱ 靓：安静。 遭：遭遇。

⑲ 河清难俟：传说黄河水千年澄清一次，但人寿有限，难以等到那一天。俟，等。

⑳ 泽啄王雉：野鸡在水泽中走十步就可以啄一啄草丛，比喻无拘无束的自由

生活。

㉑ 枥伏灰骥：马躺卧在马槽边，借指年老退隐的生活。

㉒ 七圣路迷：传说黄帝、方明、昌寓、张若、謵朋、昆阍、滑稽七人出行，中途迷失方向，无处问途。

㉓ 三山风却：传说海上有方丈、蓬莱、瀛洲三座仙山，一靠近就会被风吹开，常人始终无法达到。

㉔ 痡（pū）：疲劳致病。

㉕ 萍梗：行踪像浮萍断梗一样漂泊不定。

㉖ 茂陵：西汉辞赋家司马相如，晚年居茂陵，患消渴症（即糖尿病）。

㉗ 少文：南朝宋文人、画家宗炳，字少文，以卧游代替出游。

㉘ 九州已十：战国阴阳家邹衍说中国所在的地方叫作赤县神州，中国以外还另有所谓九州。

㉙ 丈人之承蜩：据《庄子》记载，有一位驼背老人用竿粘取蝉，就好像用手捡东西一样轻巧。

㉚ 夏侯氏之倚柱而书：据《世说新语》记载，三国曹魏时夏侯玄倚着柱子写字，雷电击毁柱子，把衣服都烧焦了，但他还是神色不变。

㉛ 斝（jiǎ）：贮酒器。

㉜ 良辰美景，赏心乐事：语出南朝宋谢灵运《拟魏太子邺中集诗序》。

㉝ 皲瘃（jūn zhú）：手足受冻开裂，生冻疮。

㉞ 委蜕：自然所付予的躯壳，常作为死亡的委婉语。

㉟ 大冶：自然造化。

㊱ 缁尘：黑色灰尘，比喻世俗污垢。

㊲ 憝（duì）：怨恨。

5

㊳ 郎当：衣服宽大不称身。

㊴ 偃师氏：周穆王时的巧匠，所制木偶能歌善舞。

㊵ 崖略：大略。

㊶ 负局先生：据《神仙传》记载，有人游走吴市，替人治病，不取一钱，因背负磨镜局而被称为负局先生。

㊷ 艺圃：种植花卉园圃，比喻著述之事或典籍荟萃之地。

㊸ 蓊（wěng）：聚集。

㊹ 嗟嗞：叹息声。

㊺ 万历才十有九稔：万历十九年（1591）。

卷一

岳游上

衡岳

洞庭

湘南寺

半山寺

萼峰

紫蓋峰

碧翠峰

瀟湘

王板橋

絡絲潭

左廟

獅子岩

抱靈亭

朗公石

桷隱亭

龜

鐵繖嶺

雙鶴泉

涌明嶺

岳 游 上

嵩 游 记①

盖余少怀尚子平之志②，足迹欲遍五岳，乃今始得自嵩始云。时岁在辛巳六月③，余以朗陵令满秩④，繇宛赴汴⑤，跂足可得望太、少二室⑥。乃以日壬戌过登封界，入界步骑，上下山坂，繇鸟道中出⑦。江北多土山童峙⑧，有河渎而无涧溪，独此石栈峡持而剑立，草木离披⑨，紫溪水其下，恍惚如行天姥岭⑩，亦嵩山首途一胜也。未至登封二十里，遥望叠巘⑪，如蹲虎豹。意奇之，问牧者，云此名御寨，即少室。

是夜入县宿，风雨骤翻盆下，暝不见山。质明稍霁⑫，起，出户视之，则嵩山兀立县城之北，而少室从西峙，二室皆白云衣其半。余乃策骑出北门，时细雨犹拂人衣面。先繇山东崇福宫，宫稍东为启母石⑬。石正方三十尺，而厚称之⑭。余笑谓涂山即示化⑮，当不至膨脝如是⑯。宫后弈棋、樗蒲二亭俱废，止存泛觞遗石。转而西二里，入嵩阳宫。外立唐巨碑，碑后植汉封三柏，其最大者南枝一节瘇甚⑰，从者指此木瘿也⑱，空其中。余遂割瘿注酒，满引之⑲，毕，入拜二程夫子像⑳。复西五里法王寺，寺前石池丈许，紫金莲开中秋一月，云神光说法时从地涌也㉑。土人往往移去即毙，惜不及其开时见之。日午，寺僧以笙箫度法曲㉒，饭毕出山门。复西二里会善寺，寺为岳神受戒于珪禅师处^㉓，后立为戒坛，今亦废，惟馀四天王石柱^㉔。门外树李学士溥光茶榜^㉕，笔陈如列戟^㉖。复西二十里少林寺，寺桓楹碍日^㉗，龙象如山^㉘，长夏无暑。碑刻种种，苏子瞻、赵孟頫辈其尤者^㉙。殿前桧柏入霄汉，问秦封槐^㉚，则风摧二十年矣。今寺东一槐，亦可数百年，黠僧往往谬指以夸^㉛，游人无辩者。寺四百馀僧，自唐太宗退王世充^㉜，赐昙宗官^㉝，僧各习武艺，俱绝。寺为跋跎所创^㉞，后四十年而达磨来自西竺^㉟。跋跎翻经处天降甘露，西有甘露台。是夜宿方丈，听律师大千为众僧说法^㊱，推极禅宗，亹亹至愉快也^㊲。

明日诣初祖庵，行里许，入谒。祖白皙，修眉凤目，僧言此太子东渡像也。后居东土，尝六毒，面虽稍赤，然非今所传巨眼胡僧云。（屠评：此世人所未知。）庵前三花树，盖凌霄藤附桧而生者，花正开，深红可爱。自达磨未至时有之。左一柏，高与花树并，云卢能钵盂中带至也^㊳。余为书"六祖手植柏"字。庵后一小亭，为达磨面壁影石，顽高可三尺^㊴，隐隐一僧坐石中。比丘无言指石曰："公知祖之苦心乎？晋魏末世^㊵，人修斋诵经，佛正法眼藏失^㊶，故祖不立文字，以九年寂坐，见性遗影而示之教，所谓金石可贯也。"余曰："唯唯。第此迹还当扫却^㊷，《楞伽》四卷^㊸，何必非文？彼其三周渡海^㊹，暂以指迷，不则顽寂枯僧，堕落外道^㊺，又此胡引之也。"（屠评：此义真不可不拈出。）为书偈曰："活人做死事，难向一切说。打破这片石，方许见如来。"无言首肯久之。相携登五乳峰，盖山形为飞凤，又若五乳然者。时白云复暖暖起山腰^㊻，咫尺不见人。累随六里许，云过处则以袖藏之，至洞挥袖，片云从掌畔飞出也。洞在右乳，入洞则寒冽，粟起不可禁。旁陷一隙无底，僧云洞初为火龙居，祖至，从此中去也。下山转而南，十里，上二祖庵。庵前岩壁绣缀，井四，为祖卓锡而成者⑪，泉相去丈许，味各异。南上一里为祖炼魔之亭，登亭则伊、洛二河环绕其下⑱。河外邙山横亘⑲，山外复为黄河，一线西来。河北又见中条诸山⑳，逶迤不绝，二百里内皆一目尽之。卓哉观也！（屠评：极善描写。）此去少室绝顶不远，欲遂登之，以时大雨后，山涧流水急，没人胫，且山陟无别道，故不果也。下山再宿。

次日转而东十数里，至岳庙。庙亚少林，壁画申、甫二像㉑。大树林立，多纠缠东转，如手执之者。或云此即岳神，为珪师一夜移而来也。庙在黄盖峰下，仰视东峰凹处，是称嵩门。乃由黄盖峰上，扪卢岩瀑布，不啻龙湫㉒。此去岳顶不数里，亦以雨不果行，而嵩岳之游止是矣。

山亘数百里，大都皆岩石，苍翠相间，峭壁环崖而立，如芙蓉城列抱于上㉓。太室其大者，少室钵盂、子晋诸峰皆然，而三十六峰则峻峻如吐蕊㉔，远望之，共成一山也。其寺皆隋唐以前建，而法王一刹则汉永平佛法初入时㉕，在达磨四百年之先。其碑刻穷窿数十百道，多古今名贤手笔。而唐碑皆刻佛像无数于上，亦与今制异。其树多桧柏，即秦五品、汉三将军外㉖，古木蘸天，亦多与寺俱起，经千百年，此宜他寺所不得伯仲也㉗。然余独怪宇内名山，亡论岷、峨、瓦屋㉘，即余家万八千丈下㉙，犹穷日乃陟其巅，二室顶不三十里而遥，而以为神州首岳，至《诗》称"峻极于天"何㉚？岂此山隐嶙岹崿㉛，突出于平原大陆内，以自轩鬵㉜，特标所胜为奇耶？抑戴日至下为天中^{⑥③}，钟颢苍最清淑之气^{⑥④}，以总领诸岳而然乎？或谓山高为崧，《诗》称岳之"崧高"，非嵩岳之高也，盖尧时止有四岳。余闻于杨用修之言云^{⑥⑤}。

屠评：雄文玄理，足称并绝。

① 嵩：嵩山，又称嵩高山，位于今河南登封北。

② 尚子平：汉代隐士尚长，字子平，与友人相携遍游五岳名山。

③ 辛巳：明万历九年（1581）。

④ 朗陵令：王士性于万历六年（1578）担任河南确山（旧称朗陵）知县。 满秩：任期结束。

⑤ 繇：由。 宛：今河南南阳。 汴：今河南开封。

⑥ 跂足：踮起脚尖。 太、少二室：嵩山分为二支，东称太室，西称少室。

⑦ 鸟道：险峻的山路。

⑧ 童：没有草木覆盖。

⑨ 离披：茂盛。

⑩ 天姥岭：即天姥山，位于今浙江绍兴新昌。

⑪ 嵃（yǎn）：山峰。

⑫ 质明：天亮的时候。 霁：雨停。

⑬ 启母石：相传为大禹的妻子涂山氏所变，因其子名启，故称启母石。

⑭ 称：相当。

⑮ 示化：启示化导。

⑯ 膨脝（hēng）：膨胀臃肿。

⑰ 瘇（zhǒng）：浮肿。

⑱ 木瘿（yǐng）：树干外部隆起的瘤状物。

⑲ 满引：斟满饮尽。

⑳ 二程夫子：北宋理学家程颢、程颐兄弟。嵩阳宫在宋代为书院，程氏兄弟曾在此讲学。

㉑ 神光：北魏、北齐时僧人慧可，号神光，在嵩山参谒菩提达摩，得其传授，成为禅宗二祖。

㉒ 度：演奏。 法曲：佛教乐曲。

㉓ 珪禅师：唐代禅僧元珪，相传曾为嵩山岳神授戒。

㉔ 四天王：佛教四位护法天神，即东方持国天王、南方增长天王、西方广目天王和北方多闻天王，俗称四大金刚。

㉕ 李学士溥光：李溥光，字玄晖，元代书法家。自幼出家为僧，号雪庵。后诏令蓄发，授昭文殿大学士。 茶榜：寺院举行重大茶会时需用榜文告知各项内容。

㉖ 笔陈：即笔阵，形容作书运笔如行军布阵。

㉗ 桓楹：大柱子。 碍：遮挡。

㉘ 龙象：罗汉塑像。佛教常用龙和象来比喻修行坚决勇猛、有大力量的阿罗汉。

㉙ 苏子瞻：北宋文学家苏轼，字子瞻，兼擅书法，为宋四家之一。 赵孟頫：宋元之际书画家，字子昂，号松雪道人。

㉚ 秦封槐：春秋时秦庄襄王曾在嵩山栽种槐树。

㉛ 黠（xiá）：狡猾。

㉜ 唐太宗：唐高祖李渊次子李世民，继位为帝，称太宗。 王世充：隋末起兵群雄之一，后被李世民率兵击败。

㉝ 昙宗：隋唐之际少林寺僧人，精于武技，协助李世民平定王世充之乱。

19

㉞ 跋跎：即佛陀跋陀，北魏时由东天竺来华传播佛法，为少林寺开山祖师。

㉟ 达磨：即菩提达摩，南朝宋、齐时由南天竺来华传播禅学，后渡江入北魏，居少林寺，为禅宗初祖。

㊱ 律师：精通律学、善讲戒律的僧师。

㊲ 亹亹（wěi wěi）：有吸引力，令人不知疲倦。

㊳ 卢能：唐代禅僧慧能（一作惠能），俗姓卢，为禅宗六祖。 钵盂：僧人化斋时用来盛饭菜的食器。

㊴ 顽：顽石。

㊵ 晋魏：东晋和北魏。

㊶ 正法眼藏（zàng）：禅宗所称教外别传的心印，即禅宗的玄旨。

㊷ 第：但。

㊸《楞伽》：《楞伽阿跋多罗宝经》的略称，菩提达磨以此书传授徒众，为后世禅僧所重视。

㊹ 三周渡海：达磨由海路来华，前后历经三年。三周，三年。

㊺ 外道：佛教认为教法源于佛性，不待外求，心外求法即为外道。

㊻ 叆叆（ài ài）：云雾繁盛的样子。

㊼ 卓锡：植立锡杖。僧徒外出时随身携带锡杖，投宿某地时即立锡杖于该处。

㊽ 伊、洛：伊河和洛河，均为黄河支流，流经今河南境内。

㊾ 邙山：北邙山，位于今河南洛阳以北，黄河南岸。

㊿ 中条诸山：位于今山西南部，黄河北岸。

(51) 申、甫：西周名臣申伯和仲山甫。

(52) 龙湫：浙江温州雁荡山的大瀑布。

(53) 芙蓉城：传说中的仙境。

㊴ 嵏嵏（zōng zōng）：数峰并峙。

㊵ 永平：东汉明帝年号（58—75）。

㊶ 秦五品：宋仁宗临幸少林寺时，将秦代所栽槐树封为"五品槐祖"。 汉三将军：汉武帝游历嵩山时，将三株柏树封为"将军柏"。

㊷ 伯仲：不相上下。

㊸ 亡论：无论。 岷、峨、瓦屋：岷山、峨眉山、瓦屋山，都是四川境内的高山。

㊹ 余家万八千丈：指位于浙江境内的天台山，因王士性为浙江临海人，且李白《梦游天姥吟留别》有"天台一万八千丈"之句，故有此称。

㊱ 峻极于天：语出《诗经·大雅·崧高》。

㊲ 隐嶙（lín）：拔地而起。 岝崿（zuò è）：山势高峻。

㊳ 轩翥（zhù）：腾飞高举。

㊴ 戴日：顶着太阳。 天中：天的中央。唐初在嵩山上建有天中寺。

㊵ 颢苍：天。

㊶ 杨用修：明代学者杨慎，字用修，号升庵。授翰林修撰，学问博洽，著述宏富。

岱 游 记 ①

五岳通言岳，而岱独称宗，盖访于有虞氏之书云②。间尝阅道藏③，称："天帝之孙，群灵之府，主世界人民生死贵贱，是又宜焚香炙额，呼圣号以邀灵者，士女阗骈于海内矣④。"余戊子北上京师⑤，以二月望日登济宁陆，与陈思俞饮于太白楼⑥。思俞以登岳怂恿甚力，是夜遂趋曲阜，信宿宁阳⑦。时少女风送暖⑧，四郊麦青青，雊鸲马首⑨，见万仞远矗天，苍翠半出重云上，意乐之。以日下春⑩，不果至，乃宿太安州。

次日，肃入谒岳庙，庙巨如王宫，以堞橹城其四角⑪。为六门，门内九石玲珑，乃南海人辇而来者。墀列一桧二松三柏，咸形怪，色秀可餐。柏则汉武东封时植也。右为环咏亭，石壁嵌古今诗，多欧阳、韩、范诸名贤手泽⑫。览毕，间道登山，遂出登封门，取侯囊随笔记之⑬。

出城三里，山之麓有朱甍焉⑭。左憩更衣亭，易笋舆而入者⑮，一天门也。入门视岳皆石山，而发轫尚土石错⑯。左俯涧道石累累，水涓滴流其中。五里有平桥际崖以度者，高老桥也。过短桥，左崖耸立两石，腹相加，水从天绅岩来。驾石如明珠而射者，水帘洞也。自洞转数里，右崖屏立穹窿⑰，足覆马脊者，马棚崖也。越崖，上摩空阁凭之，路仅一线。从此两山夹道，谢土而石⑱，石磴益峻嶒⑲，无马足置处，游人咸脱骑扱衽而前者⑳，回马岭也。（屠评：此身未登岱，了如指掌，文章所以胜画史也。）回马而上，僧童多击鼓弹筝于道，以邀游人之赏。游者倦逼仄喘息㉑，亦时时为侧耳，则弗觉忽而登其巅。既登而立，内外望，则遥见三天门尚在云霄之表，而此为宁阳道中向所见在云上者，乃正岳之外郭㉒，所谓黄岘岭也。

进岭西行，折东北，上而下，复下复上者三，乃得地夷旷三里，为快活三也。夷地穷㉓，复循崖上，视上益斗绝，所谓穴中望天窗者。其下水石相啮作建瓴声㉔，枕石漱之。仰见铁嶂青壁，真可万寻，是为二天门也。入门过御帐，宋真宗东封所露宿处㉕。帐前双松，老干拳曲，势欲飞舞，然可数百年，而人辄神之为秦物者，五大夫松也㉖。饭帐内毕，更上百丈崖。崖有石屋当十榻，最奇。据石而啸，声从硆砑间出而裂山谷㉗，为朝阳洞也。复过大、小龙峪，石罅吐水如龙哆口然㉘。自此上盘道十八折，双阙插天而峡束之，仰视益又奇。舆者至此，前人与后人顶踵相摩，应劭所谓“画重累人”者㉙，三天门也。

入天门左折，驰道如砥，庐而市者可三十家。庐穷而棹楔立㉚，金铺朱戺㉛，焜耀人目㉜，树以贝阙，承以文石。前为楮池广亩㉝，而四时之火不绝者，碧霞元君宫也㉞。元君即天孙，或云华山玉女也㉟。礼毕，北上而谒青帝官，凭三观以望。三观者，秦观以望长安，周观以望洛阳，越观以望吴门练也㊱。宫后峭壁十仞，刻《太山铭》㊲，字大于掌，其下渐就销泐者㊳，唐磨崖碑也。右为闽人刬削㊴，以四大字笼其上者，燕、许公《东封颂》也㊵。又右为孔子崖，复升为玉皇殿。殿前盘石轮囷擎突㊶，如戴切云之崔嵬者㊷，岳顶也。虚其顶，四望无所不际天，为筑甃半覆之㊸。立石上诵杜陵“齐鲁青未了”㊹，因令黄冠一一指之㊺。白云东来，群峰尽失，非烟非雾，隐隐荡潏在云下者㊻，大海影也。西南涒邻如缕㊼，乍明乍灭者，汶、洸诸水也。徂徕素称宾于岱㊽，至此亦拱伏如儿孙。其它墼敦满地㊾，烟火聚落，目力所不能竭者，龟、蒙、凫、峄诸山也。（屠评：刻画到此，始称神解。）顶前立石如圭㊿，粗理而玉质。或云内有碑函之，或云止建标为识(51)，然非太山石，意当时驱铎致之(52)，则秦无字碑也。从殿后眺桃花洞，其右苍颜屹立，千尺不动者，丈人峰也。又东北望黄华洞，即玉女修真处，与仙人石间咸杳眇不见。时罡风烈甚[53]，吹足起寸馀，几堕。

复转而前，视左右二峰，若为岳顶之辅者，东日观、西月观也。余欲宿日观望日，为连晨夕翳暗故[54]，谅与余家华顶未明视海底不殊[55]，乃诵"东望日本，西俯河源"八字，神慄慄舞[56]。视观右一台，颜者为"秦封禅台"也。葛天氏以下封泰山者七十二君[57]，盖洪荒半矣[58]，非秦汉始。志称秦碑梁父[59]，汉封石间[60]，黄帝禅亭亭云云[61]。今秦台右日观存其名，非故址也。转而下，石益滑，风益怒。过一崖，巨石屼屹[62]，下视无底，吹万撼谷中而起者[63]，舍身崖也。又过一壑，四石如累丸支撑两崖间悬空不落者[64]，仙人桥也。入公署，视玉女池，冻雪未消。池头立石，高五尺馀，摩之止得"臣斯"以下二十九字，则秦李斯断碑也[65]。

下天门，入侧径，拜吕仙像[66]，旁树"雨天下"三字石碣者，白云洞也。舆人自此咸绁而下[67]。复过高老桥，入一峪，平石百丈，隶《金刚经》[68]，字大如斗，万侍郎恭为刻"水帘"二字于垂流间最胜[69]，则石经峪也。出峪始见一山，张拱当前[70]，如不欲为太山下者，徂徕也。山虽纯石，其石巨而奇者，惟岳顶与朝阳洞也。此山上而视之则奇，为仰石峡而登，如出天关也；下而视之则大，为野旷，俯东诸侯，一目而尽也。

记毕，下山麓，睨仙人影，探王母池、吕公洞而归。守刘君道迓余曰[71]："岱言止此耶？"余曰："岱之游止矣。"曰："未也。岱之阳则曲阜焉，其林先圣之所藏魄也[72]；阴则灵岩焉，其寺宋天下四大刹之一也[73]。一不至，岱不成游。"余曰："唯唯。孔林则余谒矣，灵岩未也。"

乃以次日复循岱之阴至灵岩，沿涧入，夹道皆土檀，脱肤而虬节。入山门，红鹤满林，为开山师法定双鹤之瑞[74]。（屠评：又变。）定师佛图澄[75]，于石赵间创寺[76]，无泉，则见双鹤栖山麓，遂卓锡而视，鹤立与锡卓处咸涌二池，为双鹤、卓锡二泉。殿制三层二十八角，中须弥、南观音、北药师、东释迦、西阿弥[77]，各以其方镇之，为寺正殿。殿右一古柏，不知种于何年。折柏西有石窦于地下[78]，门扃不开，为鲁班洞。北数十武[79]，浮图高十三级[80]，下与洞通，为辟支塔。繇龙藏折而北[81]，过千佛阁，片铁高七尺，作水田状，或古佛所遗衣身也，为铁袈裟[82]。香积厨东[83]，石龟高六尺，空其中以盛甘露泉。泉脉近塞而龟遂裂，好事者引别流以存故实，为甘露亭。又北摄而上，后倚狮子岩，前对鸡鸣山，铁嶂正方如削。下藏一洞，洞下标一亭，环四山而立，夕阳之景，收一寺尽矣，为抱灵亭。远望东岩，缥缈有石如人立，为朗公山[84]。寺碑不下数百，惟蔡卞书大碑一幅[85]，横经四片为佳刻。寺南一山有穴，穿见南天，乍视之如明星烂然。冬日之午，正与寺对，为通明窍。

王生曰：余读图经、地志，齐州山咸起西北，而岱为中龙之委[86]，盖黄河昔挟济流直沽入海云。隋室引河入汴，南行不还，说者谓不无断地脉哉。而岱宗屹立自雄[87]，孕畜千年不少替[88]，岂帝自出震[89]，无所假灵于西北耶？（屠评：确论。）然则岱独称宗，非偶然矣。

① 　岱：泰山，古称东岳，位于今山东泰安市北。

② 访：同"昉"，始。 有虞氏之书：《尚书·舜典》说帝舜"东巡狩，至于岱宗"。舜号有虞氏。

③ 道藏（zàng）：道教典籍的总汇。

④ 阗（tián）骈：聚集。

⑤ 戊子：明万历十六年（1588）。

⑥ 陈思俞：河南正阳人，与王士性、唐时升、赵南星、周复元等有交游。

⑦ 信宿：住两晚。

⑧ 少女风：西风。古时以西方为兑位，兑为阴卦，第三爻为阴爻，故称少女。

⑨ 鸲（qú）：鸣叫。

⑩ 日下舂（chōng）：日落。

⑪ 堞（dié）：城墙上齿状的墙垛。 橹（lǔ）：用于侦察眺望的高台。

⑫ 欧阳：北宋文学家欧阳修，字永叔，号醉翁，又号六一居士。 韩：北宋词人韩琦，字稚圭，号赣叟。 范：北宋文学家范仲淹，字希文。

⑬ 猴囊：存放诗文的袋子。

⑭ 朱甍（méng）：朱红色的屋顶。

⑮ 笋舆：竹轿。

⑯ 发轫（rèn）：启程。 错：混杂。

⑰ 穹窞（làng）：高耸的样子。

⑱ 谢土：没有土。

⑲ 崚嶒（léng céng）：山势高峻。

⑳ 扱衽（xī rèn）：把衣襟插入腰带。

㉑ 逼仄：拥挤。

㉒ 郛（fú）：外城，这里借指外围的山。

㉓ 穷：穷尽。

㉔ 建瓴：水势倾泻而下。

㉕ 宋真宗：北宋真宗于大中祥符元年（1008）东封泰山。

㉖ 五大夫松：秦始皇登泰山时，曾在大树下避雨，因封其树为五大夫。

㉗ 硲砑（hán yà）：空山深谷。

㉘ 罅（xià）：裂缝。　哆口：张嘴。

㉙ 应劭：字仲远，一作仲瑗，东汉学者。　画重累人：形容人群密集，语见
　　应劭《汉官仪》引马第伯《封禅仪记》。

㉚ 棹楔（zhào xiē）：门口树立的木柱。

㉛ 阤（shì）：台阶旁边砌的斜石。

㉜ 焜（kūn）耀：照耀。

㉝ 楮（chǔ）：祭祀时焚烧的纸钱。

㉞ 碧霞元君：又称泰山玉女，宋真宗时所封。关于其本源多有歧说，大多
　　附会。

㉟ 华山玉女：疑当作"泰山玉女"，即碧霞元君。

㊱ 吴门练：《韩诗外传》载孔子、颜回登鲁东山而望吴阊门，颜回说见到一匹
　　白练，孔子回答说那是白马。吴门，指苏州。

㊲ 《太山铭》：即《纪泰山铭》，唐玄宗于开元十三年（725）至泰山举行封禅
　　大典，在大观峰镌刻摩崖石碑。

㊳ 销泐（lè）：磨损碎裂。

㊴ 闽人刬（chǎn）削：明福建人林焞将唐代石刻磨平，另刻"忠孝廉节"四
　　字于其上。

㊵ 燕、许公：唐代张说，封燕国公；苏颋，封徐国公。两人都擅长撰作，时

号“燕许大手笔”。据下文，这里仅指苏颋，张说为连带而及。《东封颂》：即苏颋撰《大唐封东岳朝觐颂》。

㊶ 轮囷（qūn）：硕大的样子。　擎突：向上突起。

㊷ 切云：切云冠，高冠名。

㊸ 甃（zhóu）：砖砌的墙壁。

㊹ 杜陵：唐代诗人杜甫，祖籍京兆杜陵（今陕西西安），故自称“杜陵布衣”“杜陵野老”。　齐鲁青未了：语见杜甫《望岳》。

㊺ 黄冠：道士。

㊻ 荡潏（yù）：翻腾起伏。

㊼ 涒（yūn）邻：水势曲折回旋。

㊽ 徂徕：徂徕山，位于今山东泰安东南。　称宾：归顺，服从。

㊾ 堥（máo）敦：小山丘。

㊿ 圭：玉制礼器，呈长条形，上尖下方。

(51) 建标：树立标识。

(52) 驱铎：传说秦始皇时有驱山铎，举之山川震动。

(53) 罡（gāng）风：强风。

(54) 翳曀（yì yì）：天色阴暗。

(55) 华顶：浙江天台山的主峰华顶峰。

(56) 愯愯（sǒng sǒng）：惊惧的样子。

(57) 葛天氏：神话传说中上古时期的帝王。

(58) 洪荒：远古时代。

(59) 梁父：梁父山，在今山东泰安东南。秦始皇曾在此封禅，刻石以颂，即《泰山刻石》。

⑥⓪　石闾：石闾山，在今山东泰安南。汉武帝曾三次在此封禅。

⑥①　亭亭：亭亭山，在今山东泰安南。传说中黄帝曾封泰山，禅亭亭。

⑥②　屼（wù）屹：耸立的样子。

⑥③　吹万：风。

⑥④　累丸：堆叠弹丸。

⑥⑤　李斯：秦朝宰相，多次随秦始皇巡行天下。　断碑：李斯撰《泰山刻石》
以颂秦功德，在明代有断石出土。

⑥⑥　吕仙：道教传说中的仙人吕洞宾。

⑥⑦　缒（zhuì）：用绳子拴住人或物从上往下送。

⑥⑧　《金刚经》：佛教典籍，自东晋以后有多个译本，以鸠摩罗什所译《金刚般
若波罗蜜经》最为流行，泰山上所刻即此，笔法以隶书为主。

⑥⑨　万侍郎恭：万恭，字肃卿，号两溪，明代嘉靖间人，历任南吏部主事、考
功郎中、大理少卿等职。

⑦⓪　张拱：张开双臂，拱手为礼。

⑦①　迓（yà）：迎接。

⑦②　林：位于曲阜的孔林，是孔子及其后裔的家族墓地。

⑦③　"阴则灵岩"二句：位于济南的灵岩寺，与浙江天台的国清寺、江苏南京的
栖霞寺、湖北当阳的玉泉寺在宋代并称为海内四大名刹。

⑦④　法定：北魏僧人，相传得到一对白鹤的指引来到灵岩寺。

⑦⑤　佛图澄：西域僧人，东晋时来到洛阳传播佛法。

⑦⑥　石赵：十六国时期由石勒建立的后赵政权。

⑦⑦　须弥：古代印度神话中的山，是诸山之王，世界的中心。　观音：观世音
菩萨，能解脱众生苦厄。　药师：药师琉璃光如来，是东方净琉璃世界的

教主。　释迦：释迦牟尼，佛教的创始人。　阿弥：阿弥陀佛，建立了西方净土。

(78) 窦：洞。

(79) 武：半步的距离，泛指步距。

(80) 浮图：佛塔。

(81) 龙藏：贮藏佛经的楼阁。

(82) 铁袈裟：灵岩寺内的一尊金刚力士像，在晚唐灭佛运动中被毁，残存部分被称为“铁袈裟”。

(83) 香积厨：寺院厨房。

(84) 朗公：北魏僧人，师从佛图澄，曾在灵岩寺讲说佛法。

(85) 蔡卞：字元度，北宋文学家、书法家。

(86) 中龙：王士性参酌前人之说，将中国山脉分为北龙、中龙和南龙三系，泰山处于中龙末端。　委：末尾。

(87) 自雄：自信，自豪。

(88) 孕畜：孕育。　替：衰落。

(89) 震：八卦中的震位，指东方。

华游记①

余友人陈贞父以忠、艾淳卿穆尝过太华②，登绝顶，为余道其胜津津③，念何得一飞越其间。岁戊子④，适余与元承刘君有西川之命⑤，乃订华约焉。以闰六月二十日道出华阴，令刘若水颇修苏杭州故事⑥，亭台棹碣，无所不葺斫⑦，以待游人。余与元承日午至岳庙，读李药师祝文与唐玄宗诸巨碑⑧。读已，登丽谯⑨，坐对三峰，奇峭逼人，王维、马远所不能图也⑩，余神已先往矣。

　　已至县，遂望云台观而趋，道中多颓垣，人穴其中，云古长城也。秦始皇践华为城，意此⑪。十里至玉泉院，院有石洞，貌希夷睡像⑫。右为山荪亭，据磐石上，前对三古树，绕以藤萝，幽荫可人，水声出自石，潺潺也。茶罢，南向行，两山夹涧以入，如屏复如嶂，后山未尽，前山复迎马头，仿佛余所居桃源，遂脉然有季鹰秋风之想⑬。五里至第一关，过关为桃林坪。数折而至希夷峡，绝壁划入成窞⑭，高百馀尺，希夷羽化其中⑮。守者尝出其颅以求施，后乃具衣冠葬之。余笑谓："此希夷所蜕也⑯，即蝉过旧蜕尚不顾，而俗辈以人道事之，此似之而非矣。"（屠评：人宝佛舍利，即仙宝遗蜕，恐亦非过。）峡畔有泉自石中出，汇为泓⑰，盘涡转毂以下⑱，是第二关也。又数里为莎萝坪，对坪为上方峰，两铁锁下垂，一石池仰出其巅。三月游人至，间得蚁附上⑲，滋蔓塞不可辨⑳。又数里至十八盘，盘尽望绿罽如抹㉑，名青柯坪。诸羽士具笙铙法鼓出迎㉒，曰："游人止于此也。"余问："不止则何状？"曰："自坪至顶二十里，蝉鸟遂绝，木惟松始生，路仅径尺，临万仞壑，绝处则凿石，度以木栈。欲上，令善导者以縆曳之㉓，下则留縆于后，其名为悬汲。遇险甚则如猿升木，手足相禅㉔，不能全用足行也。"余顾元承曰："毋论其胜，即此险，吾辈可弗一尝？"元承笑颔之。（屠评：恒叔胜情胜具，矫矫若此，读之胸怀拍拍㉕。）

　　是夜宿坪中，窗外雨忽霏霏㉖，至明不休，雾泱漫布山谷，已稍薄，见远山如黛，跃而起，则益复合，咫尺不辨人。黄冠向余曰^㉗：“高山雾重则霖^㉘，不可登也。”元承请稍俟之^㉙，余自忖与山灵十年之约，今日过其下不登，则不登矣，乃更强起之曰：“雾厚则不见险，正易登山耳。”遂奋而拉元承为樵人装，插衣于祓^㉚，易芒鞋^㉛，曳杖，头佗玄龢后随^㉜。崎岖三里，至回心石。元承见雨复丝丝下，微视余。余心不回矣，则起束绦，黄冠授緷，系末于绦，前执之而曳余行，遂上千尺㠇。㠇三折，几三百步。石裂成罅穴，罅旁成坎，以木枙横接之如梯^㉝。余仰不见㠇顶，内慑而不言^㉞，恐阻仆辈也。乃试以手足四据，右手扳石坎，左手执前枙，枙不挽扤^㉟，方敢以后足次第承之。一黄冠下佐余足以上，初惟伏而升，弗觉，比至中折，雨甚，侧足蹲岩凹避之，回视俯不测之堑，又蹑枯枝，依其半，胆始落矣。雨缓，稍稍升自㠇顶，喜曰：“至是已骑虎背矣。”（屠评：呫呫王郎，好奇太甚。）

复行，路绝，扳巨石过，至百尺峡。峡比㠇为短，而峻过之。又转二石磴，而百尺始尽。乃过二仙桥，突石横三丈，为半规形，稍错寸趾成步，下瞰无底，绝处则布石为桥。度桥又登顶数里，过云台石，取“石作莲花云作台”之句^㊱。又盘旋诘屈而上^㊲，为车箱岭。益又数折，为白鹿龛，石龛处旧有白鹿卧其下^㊳。又再折而至老君犁沟，则片石直倚插天，亦又临绝壑，杳冥不知其际^㊴。中裂一缝，如犁而成沟也。好事者必易“犁沟”为“离垢”，真成呓语^㊵。沟长与㠇称，而险过之。㠇有石蔽，而沟上下皆悬绝。伛偻登且半^㊶，风驶^㊷，余呕呼黄冠努力繘汲之^㊸。元承为书“登天”二字。沟绝处当转身，则以片木度三步，最危。既度，又数百步为擦耳岩。岩临绝与沟称，而壁峭直又过之，步阔四寸许。余舒两手磨石坎，面壁而足瑟缩以移，踵半垂外，真伯昏瞀人之射哉[44]！又数十步，当陡崖处，翻身向右折而上，为猢猴愁。自撞至此，皆南登也。又南为登岳正道。旋而北，一山如鹿颈，长里许，名白云峰。有石檐覆山顶，余为书"碍云"二字。（屠评：登华绝顶，不作昌黎之哭[45]，神气王哉[46]！）

入道房饭已，又数十步登倚云亭，则峰之巅也。此望苍龙岭，多夺魄，余顾喜雾不见矣。出而南走，则过阎王边。游者恶其名，易以"仙人砭"。仄径临险，如行二仙桥，凡里许始尽。玄麟曰："此去阎王真不远矣。"余曰："尔亦畏死耶？"坐久，喘息始定。复北行数十武，一崖巉然[47]，视犁沟更险，第稍短。春时沟崖一切垂锁可攀，徂夏道士收其锁[48]，余止攀石坎而上，故危较倍。崖头一洞，雷击其半，欲堕，洞门红白二圈，名曰月崖。又南数里，树一棹楔，为登岳御道，则苍龙岭云。岭一石山，侧立深谷中，大都深百馀丈，阔五尺许，南高北下，左右斩然[49]，如走剑脊上，一无所依傍。余过诸险，虽栗神不动，至此泊然浮之而矣[50]。（屠评：景既嵚巇[51]，文亦奇崛。苏端明曰"兹游奇绝冠平生"矣[52]。）乃兀坐不敢正视，第窃窥先行者步步欲堕，因忆陈贞父《华记》，经七死乃免。盖登华惟不堕，堕则皆万仞。故千尺撞枯枝折而堕一，犁沟足一失堕二，擦耳崖手一脱坎堕三，阎王边值神晕眼花而堕四，苍龙岭遇风掀而举诸岭外以堕五，卫叔卿下棋、贺老避静处[53]，崖滑栏折而堕六、七。余度四死矣，此其难哉！第欲退亦无路，益又奋曰："苏子瞻谓食河豚美[54]，足当一死。矧余得当太华哉[55]，死生命耳。"

余生度险多矣，乃握念闭息[56]，仍曳絚而寸升之，匍匐至其半，据一石稍憩，黄冠渐曳余至顶。于时雾卒合，目不辨下方，第见晦冥内树杪明灭在胫腘间[57]，故不震。路断，又凿一石，微转身倾仄而过，为鹞子翻身。久之，元承亦至。黄冠曰："此升岳第一险也，过此当无难。"又行里许，至五将军树。树，怪松也。雨骤急，疏松不能蔽。复促行数折，上下路咸绝，而凿危石攀之，如跨鞍而过，名骟马石云。倚石望东峰巨灵掌，真成人手，然乃当时堕石露肤色如此也。谓五崖破裂，与膏溜石罂者[58]，其悬断正等。过此入通天门，为入岳咽喉。数步至宗土祠，然后为华岳之麓，犹非岳也。祠后分两路，西行而后入镇岳祠，上西峰；东行则入玉女峰，上东峰。

余乃由玉女峰入。既至，一石如龟甲覆峰顶，腹下皆空，道人界二石室居之[59]。背为祠，祠玉女。余与元承前后至，宿祠中。是夕雾，晨起，风霭俱收，青翠方滴。向之如螺、如髻、如巾笏出没于烟涛者[60]，今皆环侍几席不动。余注目久之，度石梁，视玉女洗头盆，五窑咸蹄涔焉尔矣[61]。欲投一石于玄宗抛简处[62]，一羽士住此三十年，不知也。复过细辛坪，一里而俭，上东峰顶。石滑无坎，脱舃而行[63]。至顶，见黄河东奔三门，殷殷似有声[64]。中条黛色，遥接太行，与之蜿蜒俱去[65]。东海微云捧日上，在隐见间，如隔绛纱，那令人不发狂大叫也。（屠评：为文之妙，一至于此。）东下半里为卫叔卿下棋处，石山突起，笼以铁亭，一横石卧断崖上。余栗不能践，命羽士为取一棋子而还。

下至昭阳洞，洞门前三日镐[66]，而洞中钟自鸣。道者云堂迎谓曰："固知公此来矣。"余谢不敢当。坐而观铁亭，更胜峰顶也。云

堂复谓余南峰不可登，潦后蓬藋长过人⁶⁷，路多缺陷无踪矣。余意
不然之，遂登，遇荆棘刺面，且披且行，衣复胃而却⁶⁸，前人行蓬
藋，后人不见也。东南走石室，视安真人肉身⁶⁹，仅头颅骨骼耳。
再上八仙炕，炕右转为朝元洞，尺石成桥，桥槛折，不能度也。回
至环翠岩，望之则洞当峰南面，正所谓削成者，其下何啻千万仞⁷⁰。
一路如线，仅容趾，环抱而过，过则足垂外如擦耳岩。洞前望贺元
希避静处，无路矣。乃有铁杙十馀插悬崖坎中，布木板于上。攀坎
西行，坎尽挂两锁，缒锁尽，复自汰步馀，始达避静处，乃见全真
岩，此不得见也。不知当时插杙运笔时足踏何所，真神仙留此异迹，
即禽鸟可飞度，而亦无所驻足。余视之魂堕，贞父所称二死，信矣。
（屠评：当此时何不记忆屠生，着我一语？何物贞父，津津齿牙耶！
恨之。）

　　复北转，环石脊而过，路断，又以横木附之。一岩昂首欲飞，
擘下成峡⁷¹。引而过其巅，一穴空明若洞天状，室其牖⁷²，其旁见天
如井处，亦可跃而露坐⁷³。得三丈木，余且梯而至之，惜鲜哉，则
希夷避召岩也，此丹青所穷矣。又转而上，为仰天池，池边有摘星
石。吴伯与旧书"太华绝顶"字⁷⁴，余又为题"缥缈巅"。其祠金
天、像希夷处⁷⁵，为校大夫毁之去⁷⁶。至此披襟振衣，万里无云，回
峦四合，尽簇拥以朝三峰，而三峰峻嶒如削，屹踞天表。余以藐然
稊米⁷⁷，卓立南巅，北望秦川，黄沙蔽野，泾、渭如毫末⁷⁸；南俯少
华三峰，张拱肩腋，三神碑岞峇当前⁷⁹，鬼工天巧，种种眩目。（屠
评："鬼工天巧，种种眩目"，然矣！）适其时金飙荐凉⁸⁰，衣袂尽
举，真自绝粒烟火⁸¹，飘飘欲仙矣。昔人谓帝座可通，旨哉！至此

视东、西峰，不啻又在膝下低数千尺。已而黄冠颐示余[82]，前为松桧峰，后为落雁峰，东为毛女峰、为王刁三洞，西北斗坪，历历可数。雨且沾滴，乃下至希夷先生炼丹处，与东华君祠所[83]，亦皆石山嶻绝。又下岭视巨灵足，可三尺也。

复上登西峰，一横石覆顶为地肺。余蘸垩帚[84]，题名其上。又稍北则西峰顶，长安城隐右山下不见，见者更益遥，为武功、太白诸山矣[85]。下山至半，则玄穌石洞在焉。盖总太华则三峰如莲房，诸峰片片裹之，其瓣也。独称西峰，则又自为莲华，而洞当华心处。余乃为题"石莲房"三字。洞无桌，席地而饭。饭已，下观玉井，仅容尺耳，殊无所谓"十丈莲"者。泉最甘洌，共二十八坎，递下之为二十八宿潭。潭尽则入洞，而出为水帘，即青柯坪所见者也。复回宗土祠，令执絚者转余后留之，从旧路归。尚惧苍龙岭不能下，意当覆面如升时状，以足次第退，至则更挺身直走，即旁睨不摄[86]，惟回头视未下者，渺然云际，若迅风必移之，犹为他人汗怖不止耳。下沟崖撞峡，尚半覆半挺而行，甚者仰卧虫缩，为坎不能容足故也。至回心石始解絚。比入青柯坪，元承已至久矣，始整衣履，乘舆而归。

说者谓此山高五千仞，余固不能以仞计。第始至青柯坪，指西峰之麓近矣，比至白云峰而望苍龙岭，犹在天也；过岭息将军树，扳玉女近矣，而望三峰，犹在天也；至玉女，蹑三峰之麓矣，而望南峰，犹在天也；比至南峰，安得不卷石世界哉[87]！大都上青柯坪非复人境，故游人每至坪而止。若自坪而上者，上时一于见险，面正崖而行，乌睹所谓绝胜者耶？惟下视三峰，则四山争相献奇，一望千里，溪原草木如画，间一回首，又恋恋而不忍下矣。若余之上而雾，下而霁，藉赐山灵，尤非浅鲜，乃为诗四章记之⁸⁸。

　　王士性曰：余睹苍龙岭石栏绵亘⁸⁹，志者谓为汉武帝、唐玄宗升岳之御道。二君故自豪举哉！盖余家东海上，尝问四明，上雁湖，过白岳，历嵩、少，观封泰岱，宿太行、燕山以西，已而啮峨嵋雪，寻真玄岳⁹⁰，吾行已半天下矣。得为岳者四，其他山川弗论。既至华山，而后知天下无复险，亦无复胜云。

　　屠评：《太华游记》当与太华共敝矣。于麟止办得诘曲数语⁹¹，都无景色，安贵为奇文耶！

① 华：华山，又称太华山，古称西岳，位于今陕西华阴。

② 陈贞父以忠：陈以忠，字贞父，江苏无锡人，曾任宁乡知县。　艾淳卿穆：艾穆，字和甫，又字淳卿，号熙亭，湖广平江人，历任刑部主事、户部员外郎、太仆寺卿等职。

③ 津津：兴味浓厚的样子。

④ 戊子：明万历十六年（1588）。

⑤ 元承刘君：刘奕，字元承，湖北黄州人。

⑥ 刘若水：字禹治，河南洛阳人，时任华阴县令。　苏：此指苏轼。苏轼在杭州任职时曾大力治理西湖。

⑦ 葺斫（qì zhuó）：修理整治。

⑧ 李药师：李靖，字药师，唐初名将，撰有《上西岳书》。　唐玄宗：李隆基，撰有《西岳太华山碑》。

⑨ 丽谯（qiáo）：华丽的高楼。

⑩ 王维：字摩诘，唐代山水诗人、画家。　马远：字遥父，南宋画家，擅长

山水花鸟。

⑪ 践：凭借。

⑫ 希夷：陈抟，字图南，五代宋初的道家学者，宋太宗赐号希夷先生。传说他尤其注重睡眠养生。

⑬ 脉然：默然。 季鹰秋风：西晋文学家张翰，字季鹰，因担心祸乱将兴，借口秋风渐起，想念故乡的莼菜和鲈鱼，便辞官回乡。

⑭ 划（chǎn）：铲，削。 窗（liù）：洞穴。

⑮ 羽化：人得道后飞升成仙。亦为道教徒称死亡的婉辞。

⑯ 蜕：昆虫鸟兽等脱落的皮毛。

⑰ 泓：深潭。

⑱ 盘涡：水流回旋成涡状。 转毂：行进迅速如车轮滚动。

⑲ 蚁附：像蚂蚁一样聚集攀附。

⑳ 滋蔓：滋生蔓延。

㉑ 绿翳（yì）：草木茂密成荫。

㉒ 羽士：道士。

㉓ 緪（gēng）：粗大的绳索。 曳（yè）：拉。

㉔ 相禅（shàn）：交替。

㉕ 拍拍：充满。

㉖ 霪霪（yín yín）：连绵不断。

㉗ 黄冠：道士所戴的帽子，后借指道士。

㉘ 霖：雨一直下。

㉙ 俟（sì）：等待。

㉚ 袺（jié）：衣服的后襟。

㉛　芒鞋：草鞋。

㉜　头佗：僧人。

㉝　桄（guàng）：梯子上的横木。

㉞　慑（shè）：害怕。

㉟　捵扤（nì wù）：摇晃。

㊱　石作莲花云作台：语出李白《西岳云台歌送丹丘子》。

㊲　诘（jí）屈：曲折。

㊳　窔（láng）：洞穴。

㊴　杳冥：幽暗。

㊵　呓（yì）语：荒唐糊涂的话。

㊶　伛偻（yǔ lǚ）：腰背弯曲。

㊷　駊（pǒ）：大。

㊸　繘（jú）：用绳子拉。

㊹　伯昏瞀人之射：据《列子·黄帝》，伯昏瞀人能登上高山危石，面对深渊而射箭。

㊺　昌黎：唐代文学家韩愈，祖籍昌黎郡，故世称"韩昌黎"。据说他在登华山时，因为山势险峻而惧怕恸哭。

㊻　王：同"旺"，旺盛。

㊼　巀（jié）然：高峻挺立的样子。

㊽　徂（cú）：到。

㊾　斩然：陡峭的样子。

㊿　泊然：恬淡无欲的样子。

(51)　崄巇（xiǎn xī）：险峻崎岖。

(52) 苏端明：苏轼，因曾任端明殿学士，故世称“苏端明”。 兹游奇绝冠平生：语出苏轼《六月二十日夜渡海》。

(53) “卫叔卿下棋”二句：卫叔卿，传说中的仙人，汉武帝曾派使者至华山寻访，见其与众人在石上下棋。贺老，元代全真教道士贺元希，曾率徒众在华山开凿石洞，用于修炼。

(54) 苏子瞻：苏轼，字子瞻。

(55) 矧（shěn）：况且。

(56) 握念闭息：集中精神，屏住呼吸。

(57) 晦冥：光线昏暗。 胫（jìng）：小腿。 脰（dòu）：脖子。

(58) 膏溜石璺（wèn）：岩石裂缝。

(59) 界：建造。

(60) 鬣（liè）：兽类脖子上的长毛。 巾：头巾。 笏（hù）：官员上朝时拿着的手板。

(61) 窞（dàn）：深坑。 蹄涔（cén）：牛蹄印里积聚的雨水。

(62) 抛简：古代帝王举行斋戒仪式时，将写有消灾祈福内容的文简和玉璧、金龙等捆扎在一起，投入悬崖。

(63) 舄（xì）：鞋。

(64) 殷殷：形容雷声。

(65) 蜿蜒：曲折延伸。

(66) 鐍（jué）：锁。

(67) 潦：积水。 蓬藋：草丛。

(68) 罥（juàn）：挂，缠绕。

(69) 安真人：安育真人，相传为元代人。

⑦⓪　何啻（chì）：何止。

⑦①　擘（bò）：裂开。

⑦②　牖（yǒu）：窗户。

⑦③　趺（fū）：盘腿端坐。　露坐：露天而坐。

⑦④　吴伯与：字福生，安徽宣城人，明万历间人，历任户部主事、浙江左参议等职。

⑦⑤　金天：即西岳大帝，号金天王，道教神话中西岳华山的主神。

⑦⑥　校大夫：地方学校的长官。

⑦⑦　藐然：微小。　稊（tí）米：小米，形容其小。

⑦⑧　毫末：毫毛的末端，形容极其细微。

⑦⑨　岞崿（zuò è）：高低不齐。

⑧⓪　金飙（biāo）：秋风。

⑧①　绝粒：辟谷，道家认为断绝饮食可以延年益寿。

⑧②　颐示：用下巴指示。

⑧③　东华君：汉代神话中的东王公，宋代以后逐渐道教化，被称为东华帝君。

⑧④　垩（è）帚：粉刷墙壁的工具。

⑧⑤　武功：武功山，位于今陕西咸阳。　太白：太白山，位于今陕西宝鸡。

⑧⑥　旁睨：仔细观察。　摄：同"慑"，害怕。

⑧⑦　卷石：如拳头大小的石头。

⑧⑧　诗四章：见卷八《登太华绝顶四首》。

⑧⑨　绵亘（gèn）：接连不断。

⑨⓪　寻真：寻访仙道。　玄岳：北岳恒山。

⑨①　于麟：李攀龙，字于麟，山东济南人。与王世贞等倡导文学复古，为明代"后七子"领袖。撰有《太华山记》。

衡 游 记^①

衡岳周回八百里，大小七十二峰。首起于衡阳之回雁，而尾长沙之岳麓，馀则满地皆堆阜^②，如田塍方就耒耜^③。故湖南郡国，山皆称衡也。七十二峰非连峰也，八百里非尽高山巨崖也，纵衡提揽^④，登祝融则一目尽之^⑤。大约自岳庙后拔地而起二万丈，前后两叠，左、右、中三支环抱而下者为正岳，为古今游观秩祀之地^⑥。余与翰卿泛洞庭^⑦，溯沅、湘而上，登陆则行古松三十里，虬枝龙鳞，蔽亏天日^⑧，皆数千百年物。大风时鼓涛震山谷，伟哉观也。树穷而岳市见，入天下南岳道，肃谒岳祠。祠立七十二楹，象峰数，神像就石笋出地刻之^⑨，云屋晧旰与岱称^⑩。回宿署中，望岳顶微云翳翠，明星烂然，大快也。

晨起栉沐^⑪，雨触石出云，诸峰乃乍明灭。余转西桥出庙后，从山之中支以入。山麓东向为胡文定公书院^⑫，增城湛原明复卜舍其左^⑬，各有像。谒毕，乃度小岭至络丝潭。潭水澄彻见底，溪流从乱石中跳跃而来，注之如瀑布。谓络丝者，声固有然，形亦似之。再过玉板桥，有亭翼然^⑭，为宝善山房。从山房上十馀里，为半山寺。入寺，过雨新凉，生微风，吹片云坠峰腰，渐露其顶。左翼一高峰，笼烟雾如隔绛纱，为芙蓉峰。东南一峰，新翠欲滴，为紫盖峰。右翼一峰，屹立无云，乃为烟霞峰。西南一峰，高与紫盖并，为天柱峰。四峰据前山，为半山四隅。半山前一峰造寺膝^⑮，为香炉峰。道人又指西南，孤石矗天，如仓囷然，为石廪。旁为赤帝[16]，岚光乍开，游云复来据之，不甚了了。登高高矣，望远则否。繇半山后为湘南寺。已又过一败刹，失其名。尚未睹祝融巅，盖此皆前山也。

度横岭方为衡之后山。过飞来船，一石自空而至，如船形。乃入上封寺，老木支柱，仅二三大雄像存[17]。右转三里许，上山之巅，则祝融峰也。俯瞰山山云出，合成大银海，不辨下方。一石室祠赤帝，乃西北向峰头有石，阑干礌砢[18]，面正南望岣嵝，与岱宗顶石斗奇。余谓当移赤帝祠于上，而亭祠之遗址以览湘北佳也。已乃云幕不散，寺僧请先抵会仙桥。循崖东畔下三里许，石崖屹立千尺，造石为飞桥横度之，以非仙人不能，故名。过桥，凭石栏，茵草而坐，回望北崖插汉，凌厉欲飞。隐隐腰间有线路若趾迹然，名舍身崖，此南岳第一险绝处。坐久之，前山云归尽，乃复上祝融，则平望千里。潇湘如一发西南来，绕山足北去，潴于洞庭[19]。（屠评：文章直与岳色争奇。）僧指洞庭在山北苍茫缥缈间，余瞪目久之，犹不辨为天为洞庭水也。向入半山所仰视天柱、赤帝，已低在胫腨之下矣[20]。记称南极入地三十六度，惟登衡岳祝融，循地平视南海丹穴，见南极老人星，为前无障碍也。余心脉脉欲俟之，而是夕雾气重，月星尽隐，乃怅然返宿上封。北风怒雨撼枕上，不得卧。晨起，复凌风上观日台，见东海金缕万条，捧员魄上[21]，大奇。然天台华顶、岱宗日观，余皆假宿观出日，比衡岳较大数倍，岂衡去海而遥乎？观已，下山二里，入员明洞，礼千手观音。连檐接栋，丽于上封。登楼对烟霞之脊，青葱蒨蔓[22]，深涧鸣玉，亭其西于怪石窾立中，走狮伏象，种种可爱。与翰卿悔不夜宿兹楼也。

复逾岭，度前山，经湘南岐路 ㉓，过祝鸡庵，至兜率寺。寺前有池，荫以修竹。然衡岳土咸疏理漏沥 ㉔，第智窘耳 ㉕。入门有石，书"懒残岩" ㉖，询之，非残居也。前为陈玉叔山房 ㉗，寺后则余从父撄宁先生会灵精舍 ㉘。出寺，循天柱抵南台，历高磴数级乃至 ㉙。回视天柱腋下之山，僧云雲密峰，亦名金简也。余忆神禹登岳，梦玄夷沧水使者授以金书玉简 ㉚，意此哉！今禹碑堙没，仅一刻于岣嵝。及访魏夫人宅 ㉛，与郳侯、懒残所栖遁 ㉜，僧皆茫无以对。盖千年事往，狐兔榛棘为家久矣。此去复六十里，有峰如莲华，重重苞之，中为方广寺，最邃，宋朱、张二子讲学之所 ㉝。以日晡不获去 ㉞，乃南行数里，过飞来石，下退道坡。坡百二十级，一石凿为之，中隐隐有金牛迹。下坡尽，复宿署中。

王子曰：余乡应先生良游衡山 ㉟，记衡所自起，谓"自岷、峨、滇、贵，历广右、象郡之北，桂林之西，经武冈、宝庆，又自南趋北，湘江与镇靖江夹从而来，至衡阳渐起岣嵝诸峰，峙为岳顶，然后散而为湖南诸郡国，以止于洞庭云"。然汉武南巡，尚以道隔江、汉，望祭于庐江之灊山，而舜狩乃崩苍梧，葬九嶷，然乎哉？（屠评：有深意。）

① 衡：衡山，古称南岳，位于今湖南中部偏东南。
② 堆阜：小丘。
③ 田塍（chéng）：田埂。 耒耜（lěi sì）：耕地用的农具。
④ 纵衡：纵横。 提揽：聚集包揽。

⑤ 祝融：神话中的火神，被黄帝委派镇守衡山，被奉为南岳大帝。衡山主峰
　 称祝融峰。

⑥ 秩祀：依照礼制分等级举行的祭祀。

⑦ 翰卿：毛凤鸣，字翰卿，号台宇，浙江天台人。

⑧ 蔽亏：因为遮蔽而半隐半现。

⑨ 就：凭借。

⑩ 云屋：高楼。　皓旰（hào gàn）：广大。

⑪ 栉沐（zhì mù）：梳洗。

⑫ 胡文定：宋代理学家胡安国，字康侯，谥文定。曾在衡山创办碧泉书院，
　 后改称文定书院。

⑬ 湛原明：明代理学家湛若水，字元明，一作原明，号甘泉，广东增城人。
　 曾在衡山建紫云书院、白沙书院。

⑭ 翼然：像鸟张开翅膀一样。

⑮ 造：到。

⑯ 赤帝：神话中的火神祝融，传说被黄帝委派镇守衡山，被奉为南岳大帝。

⑰ 大雄：佛教对释迦牟尼的尊号。

⑱ 阑干：纵横错落。　磊砢（lěi luò）：石头多而杂乱。

⑲ 潴（zhū）：积聚。

⑳ 脰：脖子。

㉑ 员魄：同"圆魄"，原指月亮，这里借指太阳。

㉒ 蒨蔓：草木长得茂密。

㉓ 岐：同"歧"。

㉔ 疏理：粗疏。　漏沥：漏水。

㉕ 智（yuān）：干枯。　窞（dàn）：深坑。

㉖ 懒残：唐人袁郊所撰《甘泽谣》中的人物，是唐天宝年间在衡山寺院中的执役僧人。

㉗ 陈玉叔：明人陈文烛，字玉叔，号五岳山人，明嘉靖间人，曾在衡山建藏山堂。

㉘ 从父：父亲的同辈兄弟。　攓宁：王宗沐，字新甫，号攓宁，历任广东布政使参议、南刑部右侍郎等职。　会灵精舍：王宗沐去世后，其弟子康元积在衡山建会灵精舍予以祭拜，兼作书院讲学。

㉙ 磴（dèng）：台阶。

㉚ 玄夷沧水使者：据《吴越春秋》记载，大禹登衡山时，梦见赤绣文衣男子，自称"玄夷沧水使者"。大禹遵照其指示，得到金简之书，掌握了治理水患的方法。

㉛ 魏夫人：晋代女道士魏华存，被尊奉为道教上清派第一代宗师，世称"南岳夫人"。

㉜ 邺侯：唐人李泌，贞元年间拜中书侍郎、同中书门下平章事，累封至邺县侯。据袁郊《甘泽谣》记载，李泌早年寄居在衡山寺院中读书，执役僧懒残预言他日后能当十年宰相。

㉝ 朱、张二子：宋人朱熹、张栻，曾在衡山会讲论学。

㉞ 日晡（bū）：下午三时至五时。

㉟ 应先生良：应良，字原忠，号南洲，浙江台州人，明正德、嘉靖间人，历任山东提学副使、河南参政等职。撰有《游南岳记》，以下引述的内容即出自该文。

恒 游 记 ①

北岳庙规曲阳城而半之②，夸丽侔阙③。余过其门，见巨石肺覆，云自岳顶飞来，依以祀者。因忆岳在浑源之南④，或此如所谓行宫者云尔。已闻我国家秩祀不于浑源⑤，而正望燎于兹宫⑥，盖已自宋而然，则意宋失云中⑦，轩辕使不至⑧，而假飞石以文其陋⑨，宁渠一至浑源，以得当所谓真岳者⑩。（屠评：破的。）岁乙酉⑪，余以次当宣册代藩⑫，冀且遂往焉⑬。值母氏戚⑭，不果。又历三冬，衔试命西还，乃得取间道出关而西。

岳踞州之南二十里，日晡抵州，樵蒸以入⑮。时暮色挟寒气为威，阴风怒号，同云布山谷⑯，一无所见，第仰盼其倾崎⑰，殷殷矗星汉⑱。舆人拾级循山东北麓而上，高或崛岉⑲，盘则纡郁⑳，上下递相喝于㉑。七里，跨虎风口，树木多轮囷戟干㉒，披蒙茸行㉓，似虎豹向人欲攫㉔。路骎是益阤薜而斗折㉕，几不可舆。又数里抵庙，庙貌不甚张㉖，肃入礼成，漏下已二鼓矣㉗。山虽近塞北多寒乎，然有薪可樵，涧可汲，山田可菽荞牟黍㉘，圃可菜蓏，羽流辈得经年不出庙门。庙之上为飞石窟，两崖削立，窃其中㉙，不知与曲阳石类否？再数十武上聚仙台，坐石坪上，缘思赵鞅昔留宝符于常山㉚，令诸子觅之，独毋恤归得符㉛。春秋如简、襄父子㉜，亦赵之雄侯哉！问山中未云时所见，则从者北指大漠重壤㉝，白草先秋，东北觑卢龙、范阳诸塞，东绕太行如屏，滹陀、桑干、清浊漳贯之，稍前则汉文睨谓慎夫人北走邯郸道也[34]。西望黄河无声，冰坚可渡。南则雪拥五台矣。（屠评：大奇。）余黯黮中无睹[35]，唯诺而已。《水经》称玄岳高三千九百丈[36]，《福地记》著其周百三十里[37]，为总玄之天[38]。余过太行，迹其分支[39]，自塞外绵邈万里而来，王气盘礴，厚地以配五岳，不诬也。

夜阑，下禅榻宿，忽梦南天开霁，见连山玉尘皑皑[40]，此非五台雪乎？则翼飞而趋中台，有沙弥、耆腊者当道止余登[41]，余强之。曰："君缘自有后期，非今夕也。"余曰："余尝上峨眉礼普贤愿王[42]，渡补佗谒大士[43]，兹于清凉参文殊师[44]，三参以了震旦胜事耳[45]，何得无缘？"沙弥曰："尔昔天台间丘辈至[46]，亦止见当道者返。"余曰："我欲见真文殊。"耆腊者曰："胡衔痴也[47]。"既又曰："文殊，文殊。"余忆喜禅师之言[48]，诃之曰："文殊自文殊，文喜自文喜。虚空犹粉碎，矧乃五崅嵝。"（屠评：梦更奇，文亦称之。）遂寤，见童子执烛，而语之故。童子曰："先生非痴哉，良亦狂矣！"乃不寐达旦，云气莽荡如前，出门瞪然长视，惟平冈浅阜在尘沙霜露中尔矣。想梦中言，遂下山，有通玄谷、集仙洞、白云堂、紫芝峪、石脂图、白龙洞，俱未至，冀与五台为它日之游。

余披舆地图[49]，河北盖有两恒岳云。在曲阳者，当飞石西北百馀里，其上有玄石冢，即饮中山千日酒者[50]。余所至乃浑源岳也。浑源左太行，右洪河，翼以霍山[51]，五台再当其案，有虞氏北巡狩所冯也[52]。总之，在浑源者近是。始余诮宋祀之陋，及读李克用刻石[53]，唐贞观已先之，汉亦以曲阳隶常山郡，疑宋始者非然哉。至于我朝宇下恒岳，马端肃主浑源祀[54]，而倪文毅犹然非之[55]，夫非别有见耶？俟以请于博雅之士。

① 恒：恒山，古称北岳，位于今河北曲阳与山西接壤处。

② 规：围绕。

③ 侔（móu）：相等。　阙：帝王的住所。

④ 浑源：今属山西大同，地处浑河中上游。按，明初以山西浑源的玄岳山为
　　北岳，但秩祀仍在今河北曲阳。

⑤ 秩祀：依照礼仪分等级举行祭祀。

⑥ 正望：农历正月十五日。　燎（liáo）：点燃火把用以祭祀。

⑦ 云中：云中府，原为辽大同府，治今山西大同。宋、金两国联合攻辽，盟
　　约中约定将大同府归宋。后金人失约，地遂入金。

⑧ 轩輶（xuān yòu）使：出使的大臣。

⑨ 假：借助。　文：掩饰。

⑩ 宁渠：难道。

⑪ 岁乙酉：明万历十三年（1585）。

⑫ 宣册：宣读册命。　代藩：明太祖朱元璋第十三子朱桂被封为代王，其后
　　代子孙称代藩。

⑬ 冀：希望。

⑭ 母氏戚：母亲去世。

⑮ 樵蒸：举着火把。

⑯ 同云：同色的云，用来描写下雪时的情景。

⑰ 盻（xì）：看。　倾崎：倾斜。

⑱ 殷殷：众多。

⑲　崛岉（wù）：高耸的样子。

⑳　纡郁：曲折的样子。

㉑　喁（yú）于：相互应和。

㉒　戟十：树干枝条。

㉓　蒙茸：蓬松杂乱。

㉔　攫（jué）：用爪抓取。

㉕　阸薜（è bì）：仄陋狭小。

㉖　张：开阔。

㉗　漏：用来计时的漏刻。　二鼓：晚上九时至十一时。

㉘　菽：豆类。　荞：荞麦。　牟（mòu）：大麦。　黍：黍米。

㉙　窍（qiào）：洞穴。

㉚　赵鞅：春秋时晋国大臣，曾将宝符藏于常山（即古恒山），让几个儿子分头去寻找，以便考察他们才能的高下。

㉛　毋恤：赵毋恤，赵鞅庶子，因找到父亲所藏宝符而被立为世子。

㉜　简、襄父子：赵鞅谥简，赵毋恤谥襄。

㉝　重壤：地下。

㉞　睨（nì）：斜着眼睛看。　慎夫人：汉文帝宠妃。汉文帝曾向慎夫人指示通往其故乡邯郸的道路。

㉟　黤黮（dàn）：昏暗不明。

㊱　《水经》：我国第一部记述各地水系的专著，传为汉代学者桑钦撰，北魏时郦道元曾为之作注。　玄岳：北岳恒山。

㊲　《福地记》：唐代杜光庭所撰《洞天福地岳渎名山记》。

㊳　总玄之天：即总玄洞天，道教所说三十六小洞天之五为北岳常山洞，是神

仙居住的地方。

㊴　迹：追寻踪迹。

㊵　皑皑（ái ái）：雪白的样子。

㊶　沙弥：小和尚。　耆腊：年老的僧人。

㊷　普贤愿王：即普贤十大愿王，佛教中的普贤菩萨，在修行时立下过十大行愿，其道场在峨眉山。

㊸　补陀：普陀山。　大士：即观音大士，佛教中的观世音菩萨，其道场在普陀山。

㊹　文殊师：佛教中的文殊菩萨，其道场在清凉山。

㊺　震旦：古代印度对中国的称呼。　胜事：寺院中举行的法会斋醮。

㊻　闾丘辈：相传唐人闾丘胤曾至天台山国清寺寻访寒山、拾得两位僧人。

㊼　衔痴：怀着痴心妄想。

㊽　喜禅师：唐代文喜禅师曾往五台山礼文殊菩萨，文殊现形而说偈语云："文殊自文殊，文喜自文喜。"

㊾　舆地图：地图。

㊿　中山千日酒：传说中山人狄希能酿酒，饮后醉千日。

51　翼：辅翼。

52　有虞氏：上古时的帝王虞舜，曾北巡视察各地。　冯：同"凭"。

53　李克用：字翼圣，后唐太祖，撰有《北岳庙题名碑》。

54　马端肃：马文升，字负图，号约斋，明中期名臣，谥端肃。

55　倪文毅：倪岳，字舜咨，号青溪，明中期名臣，谥文毅。　犹然：仍然。

大河南北诸游上

卷二

西山

天字

桑乾河

山

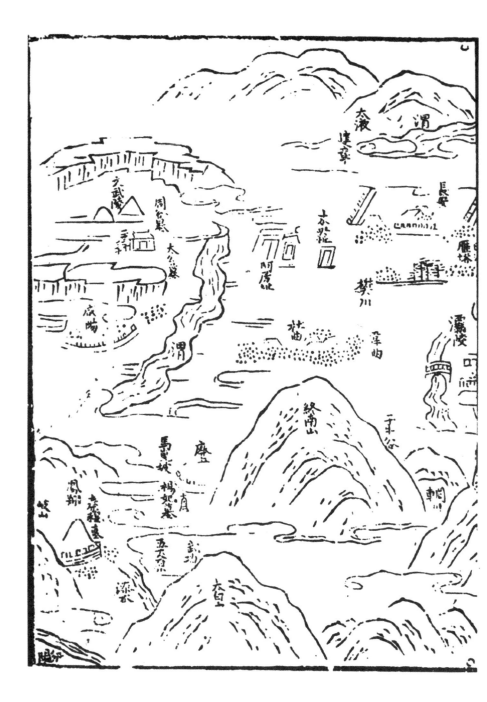

黃河

青門驛

新豐

鴻門坂

渭河

灞渠

華清宮溫湯

毛静

溫泉

始皇陵

驪山

戲亭閣

繡嶺

驪山

華嶽

大河南北诸游上

西 征 历

维时岁在玄枵①，律中仲吕②，巴渝有役，征途咸望。西行所过为燕、赵、韩、魏、郑、卫、中山、周、秦之墟，多圣贤、方技、王侯、将相遗廛废冢③。伤今吊古，涕笑并集，所在与楚黄元承刘君奕俱。元承曰："是不可以无记。"余记之。

按：余与元承衔朝命而趋，以十三日乙丑也。是日发都门，度桑干水，信宿过涿州，登华阳台，吊樊将军④。因思燕丹、田光、荆卿、高渐离之烈⑤，易水尚寒也。望后宿定兴，过安肃，至保定，入庆都，多驰道中起，夹以女墙，高柳参天，绿阴成巷，归鞍去马，六月无暑。《诗》云："周道如砥，其直如矢⑥。"不诬也。壬申过定州，歇将乐。次日道出真定。甲戌渡滹沱河，税迹滦城⑦。滦，武子故邑⑧，城不三里而俭。乙亥望赵州而趋，上大石桥，则余为州大夫李公作祠记⑨，勒珉于城之堧⑩。桥志岁开皇，匠杨春⑪，而世以张果神其说⑫，假之驴蹄掌迹，可笑也。未至柏乡十五里有光武庙⑬，三石人断卧荆棘中。云光武渡滹沱时，夜行间道，以为人也，手刃之，次日皆石也。余谓即有之，亦高帝斩蛇故智⑭。丁丑宿内丘。戊寅午饭邢台，入国士门，行豫让桥⑮。念斩衣事最奇，而迁《史》不载⑯。己卯至临洺关，谒冉子祠⑰。洺、漳咸出晋地，穿太行而东。余自出国门，行数千里，咸循太行左畔，日夕晷中无事，惟有支颐望西山爽气佳耳⑱。庚辰走邯郸道上，入卢生梦黄粱处⑲，笑谓元承："生梦者，醒矣；余醒者，则犹然梦也。"（屠评：名言。）因忆赵有邯郸，齐有临淄，周有三川⑳，叮谓佳丽足当年矣，何知今日皆荒城野烟，又安知姑苏、武林之它日乎㉑，不转而黔阳、百粤耶㉒？元承曰："固然。"午至邯郸城，过蔺相如回车巷㉓，欲寻相如、颇与乐毅墓拜之㉔，为道远故，乃相携登古丛台㉕，叹战国诸王侯辈，惟赵最多豪杰，即简子取符于代，主父单骑入秦类㉖，千古英雄气识，平原以下不足多耳㉗。赋得古丛台㉘，酒酹之㉙，遂下卧榻焉。

以闰六月癸未朔发磁州，时漳河水急，不得渡，历视曹操七十二疑冢而回㉚。丙戌始济，访铜雀台㉛。台下漳流如故，登台望西陵幔帏何在㉜，即所馀者，亦金凤、冰井、铜雀没久矣。入邺，以丁亥过汤阴，即古荡阴。未至十里，为文王羑里庙㉝，入谒，登演易台㉞。出荡阴五里，道树扁鹊墓碑㉟。又十里而至宜沟，则子贡故里也㊱。越宿，宿淇水上。己丑至辉之百泉，次早登苏门山。山一平阜。左阜有孙登啸台㊲，寻所谓土窟者无之㊳。右乃康节安乐窝㊴。台下为卫源庙，庙下珠玑万道，清鉴毛发，为百门泉。中有涌金亭，苏长公书也。亭畔白杨如抱，多奇古可爱。庚寅抵获嘉。辛卯驻修武。壬辰至清化，河内重镇也。癸巳过孟县，遂渡河，留止孟津。甲午行邙山，见冢累累若林，白杨晚风，令人泣数行下。一巨冢，人伐其南隅不入㊵，云汉明帝陵㊶。俗善伐冢，洛中冢匪直陵寝㊷，即将相勋戚之家，类延袤里许㊸，又多设机阱㊹，其法不尽传。俗遇败冢，划其门，洞而居，乃称窑。其穴山壁而栖者亦称窑㊺。次日登城上南薰楼，北邙后艮㊻，伊阙前起㊼，崧岳峙于东南㊽，洛水汭乎东北㊾，瀍东涧西㊿，伊来自南(51)，真帝王四塞都也(52)。邙山惟横亘数百里，故河不内侵，自此皆崎岖山谷中，一线至潼关乃止。

乙未至新安，始入函谷关，乃汉武为楼船将军杨仆移而东者(53)。丙申宿渑池，渑池者，秦、赵所会地也，在城西门。次日过硖石，又次张茅。自此北去四十里则为三门，两崖怪石横截河，故尧时河上溢，禹乃凿人、神、鬼三门以泄之。前为底柱，巉巢起，又前，巨碛星布(54)。河出门过碛，势如震霆，闻数百里，故不可舟也。（屠评：雄辞秀句，历历如画。）不知汉时何以通漕于此(55)，谓各有月河云(56)。河北乃中条山，起蒲坂，接太行，护以土山，与中条俱起。山麓二小邑，对陕为平陆，对阌为芮城，横辖河滨数十百家耳。又五十里至魏野草堂(57)，有乐天洞。连日行两山夹涧中，今始下坡陀。遵山之北麓，又十里而至陕州，河绕城北如环，此本古虢州，周、召分陕以治处(58)。召公祠一枯棠倚池头，尚馀二干，云“召公棠”也。城如龟脊，中无水，东一小渠，自交口引至灌池中，乃从东丽谯上过(59)。祠前铸铁作二翁仲(60)，亦似千年物。自陕至阌，亦皆行山之北麓与河之南涯。已亥至灵宝，其西北傍河，犹陕也。未至十五里，为函谷旧关，今芜矣。此正老子骑青牛西度处(61)。

① 玄枵：十二星次之一，与十二辰相配为子。这里指戊子年，即万历十六年（1588）。

② 仲吕：农历四月。

③ 廛（chán）：房屋。　冢（zhǒng）：坟墓。

④ 樊将军：樊於期，战国时秦国将军，后畏罪叛逃至燕国。燕太子丹派遣荆轲刺杀秦王嬴政时，荆轲请求以樊首级作为进献给秦王的礼物，樊闻讯后自刎而死。

⑤ 燕丹：战国时燕国太子丹，曾派遣荆轲刺杀秦王嬴政。　田光：战国时燕国处士，向太子丹举荐荆轲。　荆卿：战国时卫国人，知名刺客，受燕太子丹之托去刺杀秦王，事败被杀。　高渐离：战国时燕国人，荆轲好友。荆轲入秦时，他曾在易水畔击筑送别。　烈：功绩。

⑥ "周道如砥"二句：语出《诗经·小雅·大东》，意谓大道平坦如磨刀石，笔直如箭矢。

⑦ 税迹：停车休息。

⑧ 武子：春秋时晋国执政大臣栾书，谥武，后世称栾武子。

⑨ 李公：李方至，字如川，四川富顺人，嘉靖年间任赵州知府。　祠记：王士性撰有《李公祠记》，收入其《燕市稿》卷下。

⑩ 勒珉：镌刻石碑。　堨（wēi）：同"隈"，角落。

⑪ 开皇：隋文帝杨坚的年号，自公元581年至600年。　杨春：当作"李春"，隋代工匠，设计建造了赵州桥。

⑫ 张果：唐代隐士，道教神话中八仙之一果老的原型。

⑬ 光武：东汉光武帝刘秀。

⑭ 高帝斩蛇：汉高祖刘邦在率兵抗秦之初曾挥剑斩杀白蛇，并大肆渲染比附，以此招徕人们归附。

⑮ 豫让：战国时晋国人，原为智伯家臣，为替智伯报仇而多次行刺赵襄子，

甚至漆身吞炭以改变形貌。最后被赵襄子围捕，自知生还无望，便求得赵襄子的衣服，拔剑击斩以示复仇，随后自杀而亡。

⑯　迁《史》：司马迁《史记》。

⑰　冉子：春秋时鲁国人冉求，字子有，孔子的弟子。

⑱　支颐：手托住下巴。

⑲　卢生梦黄粱：唐人沈既济《枕中记》记卢生在邯郸道上偶遇道士吕翁，在其引导下进入梦乡，享尽荣华富贵，梦醒后才发现一切都发生于片刻之间，连旅店里的一顿黄粱饭都尚未煮熟。

⑳　三川：关陇地区的泾、渭、汭三条河流，均发源于岐山附近，是周文明的发源地。

㉑　姑苏：今江苏苏州。　　武林：今浙江杭州。

㉒　黔阳：今贵州。　　百粤：泛指南方沿海闽、粤一带。

㉓　蔺相如：战国时赵国大臣，奉命带和氏璧出使秦国而终能完璧归赵，又在渑池之会上直斥秦王，使赵王免受屈辱，因其功而被任为上卿。

㉔　颇：战国时赵国将军廉颇，因为蔺相如位居己上，心有不甘而欲辱之。蔺相如屡次谦让退避，终于令他幡然感悟，负荆请罪。　　乐毅：战国时燕国将军，后因受燕王猜忌，转投赵国。

㉕　丛台：战国时赵武灵王所建高台，用来检阅军队，观赏歌舞，故址位于今河北邯郸。

㉖　主父：战国时赵武灵王，因传位给儿子赵惠文王，故自称"赵主父"，意即国君的父亲。曾只身入秦考察，为攻打秦国做准备。

㉗　平原：战国时赵国公子赵胜，号平原君。秦国围困赵国时，他坚守三年，后率门客求救于楚、魏，终于击退秦国。

㉘　赋得古丛台：王士性《丛台》诗，见卷八《大河南北诸游下》。

㉙　酹（lèi）：把酒浇在地上，表示祭奠。

㉚　曹操七十二疑冢：相传曹操因担心死后被人发掘坟墓，在漳河一带修造了七十二座坟冢。

㉛　铜雀台：曹操在邺城修筑的高台，故址位于今河北临漳邺镇北。

㉜　西陵：曹操的墓地。　幨（suì）帏：灵堂内设置的帐幕。

㉝　羑（yǒu）里：今河南汤阴县北，商纣王囚禁周文王的地方。

㉞　演易：相传周文王被囚禁在羑里时，将《易》之八卦推演为六十四卦。

㉟　扁鹊：春秋战国时名医。

㊱　子贡：端木赐，字子贡，孔子的弟子。

㊲　孙登：字公和，魏晋时期的知名隐士，隐居在苏门山上，尤擅长啸。

㊳　土窟：孙登在隐居时曾居住于土窟中。

㊴　康节：北宋理学家邵雍，字尧夫，谥康节。　安乐窝：邵雍称自己的住处为"安乐窝"。

㊵　伐：盗掘。

㊶　汉明帝：东汉光武帝第四子刘庄，继位为帝。

㊷　匪直：不只。

㊸　延袤（mào）：绵延伸展。

㊹　机阱（jǐng）：设有机关的陷阱。

㊺　穴：挖洞。

㊻　艮：山矗立。

㊼　伊阙：伊阙山，位于今河南洛阳南。

㊽　崧岳：嵩山。

㊾ 洛水：洛河，主要流经今河南境内。　汭（ruì）：河流弯曲或汇合。

㊿ 瀍：瀍河，源出河南洛阳，汇入洛河。　涧：涧水，源出河南渑池，流经洛阳，汇入洛河。

(51) 伊：发语词，用来加强语气。

(52) 四塞：四周都有天险可作为屏障。

(53) 杨仆：西汉名将，因战功显赫而被封为楼船将军，曾上书汉武帝，请求将函谷关东移，以扩大关中控制的范围。

(54) 碛（qì）：浅水中的沙石。

(55) 通漕：开通漕运河道。

(56) 月河：为了减轻水力冲击而开凿的偃月形河道。

(57) 魏野：字仲先，北宋诗人，隐居在陕州城东郊，依崖凿洞，称之为“乐天洞”，洞前盖有草屋，称之为“草堂”。

(58) 周、召（shào）：西周初的周公旦和召公奭。西周初以陕塬为界，将整个王朝划分为东、西两大行政区，分别由周公和召公治理。

(59) 丽谯（qiáo）：华丽的高楼。

(60) 翁仲：帝王陵墓前安置的石人、石兽。

(61) 老子骑青牛西度：相传老子目睹周王朝日渐衰败，就骑着青牛，出函谷关而西行游历。

庚子过弘农涧，遥望华岳之巅。又五十里至阌乡，有轩辕铸鼎址①。前一穴如井，名九龙窟，云通太行，贯河而去也。人听之，风声訇訇然②，危不敢入。入城，有王濬故里焉③。城枕秦山腹，西接太华，东抵洛阳。志云“秦头魏尾”，故称秦也。中涧水出处，乃分一支沿河为北邙，大都此山皆见洛而后止。辛丑至潼关，关据高冈，俯河流，为陕咽喉，故其万户府直隶大名④，此明祖宗深意。壬寅出关而西，则与河别矣。十里而拜杨伯起墓⑤，登其丘，面华背渭，即送行折柳，莫佳于此。一路望岳，奇峭逼人。午至岳庙，入谒。庙前唐柏五株，其一寄生槐已成抱，最胜也。门作五楼横络之⑥，晧旰蔽云日⑦。登楼遥揖三峰，嶻嶭险怪⑧，自是宇宙一伟观。是日登岳，雨，止青坷坪。次日陟三峰绝顶，别有《太华游记》⑨。乙巳下，息足华州。

戊申历渭南行数十里，次新丰市⑩，汉高为太公筑，徙丰人以居者。枌榆虽亡⑪，其镇故在，亦即鸿门坂，楚、汉会处也。又十里至骊山，东西亘五十里，古骊戎国，始皇灭之而冢其下，今其陵土尚岿然规千亩⑫，前崎二丘，抑其墓门也。始皇答李斯云："凿之不入，烧之不燃，须旁行三百丈⑬。"宜牧羊儿火一月不烬矣⑭。西行十里，温泉出焉。山壁立临潼之南门，下为二窍，水正温洌，可浴亦可溉。余浴其中，甚适。池存惟甃石⑮，旧所称莲花、凫雁，与妃子俱灰，即绣岭、华清、长汤、朝元，亦仅有其名耳⑯。（屠评：仆为早休官，便束身蒲团⑰，了性命大事，足迹未经燕、赵、秦、晋、巴、蜀，历览神皋奥区，为圣明朝一壤虫醯鸡⑱。今得恒叔诸记，读之以当卧游，幸矣幸矣。）庚戌过灞桥，即灞陵。汉文于此指新丰示慎夫人曰："北走邯郸道也。"水名灞，以秦旌章霸功⑲。李广辱亭尉⑳，项王屯灞上㉑，皆此。二十里而至长安城东门，解鞍于九龙池畔。饭罢，走南门外深堑，终南隐见在云雾间，七十里而遥也，过樊川、杜曲，乃至仰天池，兹道左矣。十里而过阿房、未央旧址^㉒。又五十里涉渭水，入咸阳城，望周文、武陵咫尺，不及谒。山南水北，咸在城之阳，故曰咸阳也。地多汉陵，不能遍识。城后高原横亘二百馀里。辛亥宿兴平，即古废丘也。道左有太真墓^㉓。墓前白石如菽^㉔，人言堕妆所化也，寻得之，可已目翳^㉕，称"杨妃粉"。余赋《马嵬曲》于驿墙^㉖。

壬子宿武功，城傍西原下一聚落耳^㉗。明日则七月朔矣。行武功道中，遥瞻太白入汉表^㉘，其时尚有积雪，人迹罕至也。山亦终南别名。晚宿扶风，乃漆水所经，乱流而渡。甲寅宿凤翔，城东南隅览秦穆公墓，三良所殉^㉙，思之为咽。乙卯四十里过汧阳，此汧入渭处，名底甸。前对南山三十里为宫，则长春真人炼丹所也^㉚。又数里为蟠溪，有太公钓石^㉛，足迹依然。甸倚西平原，环原夹渭而行。又数里为祀鸡台，志称秦初祀，鸡以夜来，声戛戛如流火也^㉜。二十里为灵原，原有金台观，张三丰日衣邛杖故存^㉝。原转西则为宝鸡县，古陈仓也。乙卯出宝鸡，度渭水，则入益门镇，行栈道。自此南入川，而西征之辙毕矣。

再西为大陇山，云坂造天，徒诵"陇头流水"句^㉞，不得一往。昔唐人送客辄称"阳关三叠^㉟"，今国家守嘉峪^㊱，即玉门犹弃^㊲，何论阳关^㊳。余故无繇以事至焉^㊴。记云"此去尚三千"也^㊵。它日或出守为封疆外臣，得执殳跃马其间^㊶，且历揽以备西征之阙。

屠评：近代人作记，一山一水止耳，或经行深阻僻小处，不足语于大观。恒叔此行，几尽赤县神州，穷极壮丽，深足开广心胸，博大闻见。恒叔取精多、用物弘矣^㊷！吾今而知我犹醯鸡也耶！

① 轩辕：神话传说中华夏部落联盟的首领黄帝，号轩辕氏，曾炼铜铸鼎。

② 訇訇（hōng hōng）：形容声响巨大。

③ 王濬：字士治，西晋时名将，率军攻克东吴，完成西晋统一。

④ 直隶：明代称直属于京师的地区为直隶。　大名：大名府，明代隶属京师。

⑤ 杨伯起：东汉名臣杨震，字伯起，因博通经籍而被誉为"关西孔子"。

⑥ 楼：门楼。

⑦ 晧旰（hào hàn）：宽阔广大的样子。

⑧ 巘崿（yǎn è）：山崖，峰峦。

⑨ 《太华游记》：即卷一《华游记》。

⑩ 新丰市：汉高祖刘邦因其父久居宫中，思乡心切，于是在长安依照故乡丰邑的布局营建宫邸，并将故乡百姓迁来居住，改称新丰。

⑪ 枌榆：原为汉高祖刘邦故乡丰邑的里社，营建新丰时也一起移植过来。

⑫ 岁然：高大独立的样子。　规：划分土地而占有。

⑬ "凿之不入"三句：据《汉旧仪》记载，秦始皇在骊山营建陵墓，李斯请示说，已经将地宫挖得深不见底，地底下连火把都无法点燃。秦始皇便下令，把地宫面积再扩大三百丈。

⑭ 牧羊儿：相传有牧童进入秦始皇墓中寻找走失的羊，将火把弃置其中，引发大火，持续了数月。

⑮ 甃（zhòu）石：砌池壁的砖石。

⑯ 绣岭：山名，在陕西临潼骊山上。　华清：华清宫，唐代依傍骊山修建的行宫。　长汤：长汤屋，唐代华清宫中的温泉浴池。　朝元：朝元阁，位于华清宫中。

⑰ 束身蒲团：指皈依佛教。

⑱　醯（xī）鸡：酒瓮中生的小虫，比喻见闻狭隘的人。

⑲　旌章：旌表彰显。灞水原名滋水，春秋时秦穆公称霸西戎，为彰显其武力
　　而改其名为霸水，后又称灞水。

⑳　李广：西汉名将，因抗击匈奴而屡立战功。后因作战失利而削职为民，有
　　一次他打猎晚归，经过霸陵，被亭尉呵止。他的随从介绍说："这是前任的
　　李将军。"未料亭尉回答说："现任将军尚且不能夜行，更何况是前任。"

㉑　项王：即项羽，秦末率军起事，自称西楚霸王。项羽与刘邦相争时，前者
　　驻军于鸿门，后者屯兵于灞上。

㉒　阿房（ē páng）：秦始皇营建的宫殿，故址位于今陕西西安。　未央：汉
　　高祖营建的宫殿，故址位于陕西西安。

㉓　太真：唐玄宗宠幸的贵妃杨玉环，号太真。

㉔　菽（shū）：豆类的统称。

㉕　已：治疗。　翳（yì）：眼球上生的障蔽视线的白膜。

㉖　《马嵬曲》：即卷八《览古十一首·马嵬坡》。

㉗　聚落：人类聚居的场所。

㉘　汉表：天表，天边。

㉙　三良：春秋时秦国的奄息、仲行、针虎，都是才能出众的贤臣，秦穆公去
　　世后，用他们来殉葬。

㉚　长春真人：金元之际道教全真派的道士丘处机，道号长春子。

㉛　太公：商末周初的政治家、军事家姜尚，相传曾在蟠溪隐居垂钓。

㉜　戛戛：鸡叫的声音。

㉝　张三丰：元末明初道教武当派的创始人。

㉞　陇头流水：语出北朝《陇头歌辞》，诗中有云"陇头流水，流离山下"，又

说"陇头流水,鸣声呜咽"。

㉟ 阳关三叠:古琴曲,又名《渭城曲》,根据唐代诗人王维《送元二使安西》谱写而成,作为送别时的歌曲,因需反复吟唱,故称"三叠"。

㊱ 嘉峪:嘉峪关,位于今甘肃嘉峪关市西。

㊲ 玉门:玉门关,位于今甘肃敦煌西北。

㊳ 阳关:位于今甘肃敦煌西南,玉门关以南。

㊴ 无繇:同"无由",没有机会。

㊵ 此去尚三千:语出唐末诗人王仁裕《从蜀后主幸秦川上梓潼山》。

㊶ 殳(shū):用竹木制成的有棱无刃的武器。

㊷ 取精多、用物弘:从大量材料中选取精华,予以充分运用。

西山游记①

汉、唐、宋五陵、曲江、艮岳、西湖②,与我明国家之鸡鸣、牛首、西山③,咸近都城内外,非乘舆游幸,都人士走集,百官赐休沐之地耶④?今上元假仅仅一集灯市⑤,未敢越宿出都城⑥。即值和风霁雪之晨,骑马投刺⑦,祖帐郊门⑧,亦有挂笏望西山爽气而已⑨。

戊子清明节⑩,余给事礼垣⑪,当诣监理康陵祭⑫,乃得乘兴归取间道一往云。始沿河发二十里,行依水曲,峰峦转盼明灭⑬。渐近,见长堤绕浸,是为西湖⑭。夹堤种荷芰,夏时锦云烂熳,香气袭人。兹春水方生,荷钱尚未出水⑮,第见涟漪碧皱,鸥鹭群飞,三五立藻荇间,避人不甚狎⑯。并湖有山,曰瓮山,寺曰圆静。左俯绿畴，右蘸碧浸，近山之胜，于是乎始。又三里，去湖西为功德寺，寺基敞王宫，楹柱咸锥金缲彩⑰。今殿毁，庑宇多陁陊⑱，驾幸亦时时为浮宫蔽之⑲。一老僧庞眉鹤胫⑳，补破衲左方丈下㉑。问湖源，为余道玉泉之境甚都㉒。乃折而益西三里，至玉泉山。山麓咸石，石窦出泉，笼泉以亭，捧亭以池，架池以石梁㉓。亭故我宣庙所常驻跸之地也㉔。泉出其下，累累如贯珠浮涌，水面清彻，靡所不照，微波动处，见游鱼如针伏石底，娓娓不能隐形。又南里许至华严寺，有五洞。下洞东壁刻元耶律楚材诗㉕，剔藓可读。访其墓，乃在瓮山之阳。从山腰转盼迤逶而去，复数里，是为香山。山既峻峭，迫无夷趾㉖，则凭危嵌空，作大丛林㉗。殿深五层，回廊步栊㉘，垂于两翅㉙，悉成楼阁，丹甍金瓻㉚，欲飞而起。入门有泉，自石渠流堕，訇然绀碧，不减玉泉。寺旧名甘露，以此也。入度石桥，下为方池，金鱼数百头，闻履声而隐，最长者尚是英庙时物㉛。循石磴而上，室庐回曲，咸与石上下。从下殿视游客蚁附而上者，如悬木末也㉜。左冈有轩，颜以"来青"。坐轩中，见平芜苍莽，飞鸟出没在下，山椒转处，缁林宝刹与金山园陵错出千百㉝，缇朱蜃白㉞，状如簇锦，神京九门双阙㉟，巍然起于五云㊱，良都邑之伟观也㊲。

下山东行，冈垄相望㊳，长松夹道，隐以缭垣，复有寺曰碧云，修除连栭㊴，与香山称。左缘曲径，卓锡有泉，环庭际，瀄瀄鸣㊵。中为广亭，平甃之，右壁崒崔，缀以文石㊶，得趣之最幽者。览毕仍循故道，见河中偶伏臛舻㊷，呼张翁之㊸，乘月以归。

夫西山，首太行，尾居庸㊹，而朝于京师，其山水所会既非偶然，且也逼近都城，中贵人富而黠者往往散赀造寺㊺，倚为乐丘^⑯，动以十数万计，故香山、碧云，巨丽咸甲于海内。然此地没于金、元，蒙垢百年，余一旦获生清时^⑰，得随兹游以与诸君子之后，良厚幸也。昔宋室望祭恒山，尚不得过真定^⑱，何论士大夫游屐哉^⑲！

屠评：五色并驰，真称彩笔。

①　西山：位于今北京西郊，太行山北端馀脉。

②　五陵：汉高祖长陵、惠帝安陵、景帝阳陵、武帝茂陵、昭帝平陵等五座陵墓，均于其侧置县，位于今陕西兴平东北至咸阳东北一带。　曲江：曲江池，位于今陕西西安东南。本为天然池沼，汉唐时期重加疏浚修建。　艮岳：宋徽宗时修建的皇家宫苑，又名华阳宫、寿山艮岳、寿岳，故址位于今河南开封东北。　西湖：位于今浙江杭州西部。

③　鸡鸣：鸡鸣埭，位于今江苏南京玄武湖畔。　牛首：牛首山，位于今江苏南京，因东西双峰对峙，形似牛角而得名。

④　休沐：休息洗沐，犹言休假。

⑤　上元：农历正月十五，即元宵节。

⑥　越宿：超过一晚。

⑦　投刺：通名报姓以求想见。刺，名刺、名帖，相当于现在的名片。

⑧　祖帐：为饯别送行而设置的酒筵帷帐。

⑨　拄笏望西山爽气：据《世说新语·简傲》，车骑将军桓冲准备提拔担任参军的王徽之，王徽之根本不予回答，只是用笏板拄着脸颊说："早晨西山送来清爽的气息。"

⑩　戊子：万历十六年（1588）。

⑪　给事礼垣：在礼部任职。

⑫　诣：到。　监理：监督管理。　康陵：明武宗朱厚照与皇后夏氏的合葬陵墓。

⑬　转盼（xì）：转眼。

⑭　西湖：位于今北京西南，非上文所述杭州西湖。

⑮　荷钱：初生的小荷叶，状如铜钱。

⑯　狎（xiá）：亲近。

⑰　锥金髹（xiū）彩：先在金上涂漆，再用锥在上面刻画。

⑱　陁陊（tuó duò）：崩塌。

⑲　浮宫：水上行营。

⑳　庞眉：眉毛黑白相杂，形容老态。　鹤胫：小腿瘦长，像鹤一样。

㉑　方丈：寺院中主持居住的房间。

㉒　都：美。

㉓　梁：桥。

㉔　宣庙：明宣宗朱瞻基。　驻跸（bì）：帝王出行时在沿途停留暂住。

㉕　耶律楚材：字晋卿，号湛然居士，元代诗人。华严寺石洞壁上镌刻其《鹧
　　鸪天》词一首。

㉖　夷趾：平坦的山脚。

㉗　丛林：寺院。

㉘　步檐（yán）：屋檐下的走廊。

㉙　两翅：两边。

㉚　甍（méng）：屋脊。　陑（shì）：台阶旁砌的斜石。

㉛　英庙：明英宗朱祁镇。

㉜　木末：树梢。

㉝　缁林：僧众。　金山：金山岭，位于今河北承德、滦平与北京交界处。

㉞ 缇（tí）：橘红色。　蜃：大牡蛎。

㉟ 九门：北京城的九座城门。

㊱ 襄（huái）然：层累不平的样子。　五云：帝王所在的地方。

㊲ 良：确实。

㊳ 垄（lǒng）：稍稍高起的小路。

㊴ 除：台阶。　槅（lì）：屋梁。

㊵ 漷漷（guó guó）：水流声。

㊶ 文石：有纹理的石头。

㊷ 艄舻（gōu lù）：船。

㊸ 张翕：一开一合，这里指把船撑开和让船靠岸。

㊹ 居庸：居庸关，位于今北京昌平西北，太行山最北第八陉。

㊺ 赀：钱财。

㊻ 乐丘：乐地。

㊼ 清时：清平盛世。

㊽ 真定：真定府，治今河北正定。

㊾ 游屐：游踪。

谒阙里记 ①

　　说者谓孔子没而微言绝②，孟氏外③，当时学士大夫未能推尊其道，至万世祀典，乃从过鲁大牢一举始④，盖出于溺儒嫚骂者之手⑤。非然哉？非然哉！余向闻夫子庙庭衣履，至秦存也。以今睹宣圣之桧⑥、赐之楷⑦、回之楠⑧，手泽如新，则岂独鬼神呵护之，要自存神过化在人云⑨。鲁曲阜城殷殷犹存平冈⑩，周可二十里。今城，其西南隅也。旧城南为今丽谯，北则倚孔林。周文宪王庙峙城东北⑪，趾特隆起。或谓旧当城心，为鲁象魏⑫，抑然也。孔庙直阛阓中⑬，高垣丰厦，廊庑翼翼⑭，金铺作阙，砀石为基，不下王者宫。大成殿塑圣贤像，以次衮冕坐⑮。殿前为杏坛，殿陛至门。桧柏多汉、唐植，种种奇貌。其倚门左，纹左纽孑立者为手植桧，高不逾檐，枯无寸干，爪之青理生意蛰焉⑯。前朝乃经两度荣，良异也。门内外桓碑最古者⑰，一首纽制，一尖制，为蔡中郎、陈思王书⑱。左片石书"五凤二年六月四日成"字⑲，为西汉人笔迹。

　　出庙门东，饮于衍圣公弘复宅⑳。圣公效古宗子法治其族人㉑，惟曲阜令与之分庭㉒，不以吏属，亦不叙家人礼。次颜庙㉓，貌亚之㉔。博士君迓于中逵㉕，与登乐亭，观颜井。庙前为陋巷遗趾㉖，饭颜博士毕。次出城，一庙荒落，独神路桧柏佳，行其下，翠色欲滴衣袂者，千步为祀周文公处。问文公之后，尚遗东野氏百室㉗，有司复其家，第世无章缝者出㉘。以夫子万世祀，而文公嗣止力农㉙，复庸调㉚，非过，不知衍圣公何以力斥之，谓非真，然与之语，亦不甚了了。次西五里入林，门内一枯楂立，五十尺，未仆㉛，为子贡楷。路斜百馀武，封高隐车㉜，为文宣王墓㉝。右构三楹，为子贡筑室处。左为泗水侯鲤墓㉞，墓前为沂国公伋墓㉟。三墓皆东南向，对防山㊱，而丰碑南向立。林园十里，树万种，不能尽识，然无棘茨㊲，无鸟兽声。后宸泗水㊳，前拱洙流㊴，是为孔家林。问闷宫、灵光㊵，则已芜没久矣。林外崇墉如两观起者，是为鲁北旧城。出林行宁阳道，回首顾瞻，真令人肃然兴礼乐俎豆之思^㊶，恋恋不忍去云。然余向闻太末孔氏乃宣圣正嫡^㊷，为弃宗庙南渡，故止袭五经内翰^㊸，而以次支世九章服^㊹。余讯之衍圣公，亦不言。时万历岁十有六立春日^㊺。

① 阙里：春秋时孔子的故里，故址位于今山东曲阜。

② 微言：含蓄而精微的言辞。

③ 孟氏：孟子，名轲，字子舆，战国时儒家学派的代表，与孔子并称为"孔孟"。

④ 过鲁大牢：汉高祖刘邦经过鲁地时，曾以大牢之礼祭祀孔子。大牢，即太牢。古代天子祭祀，牛、羊、豕三牲具备谓之太牢。

⑤ 溺儒：刘邦原本不喜欢儒家学说，曾在儒生的帽子里小便。 嫚骂：同"谩骂"。

⑥ 宣圣：汉平帝时谥孔子为褒成宣尼公，此后历朝均尊孔子为圣人。 桧：曲阜孔庙大成门外有一棵古桧，据传为孔子亲手种植。

⑦ 赐：端木赐，字子贡，孔子的弟子。 楷（jiē）：曲阜孔林内有一棵楷树，相传为子贡亲手栽种在孔子墓旁。

⑧ 回：颜回，字子渊，孔子的弟子。曲阜有颜回墓，墓前有两棵石楠树，相传为颜回手植。

⑨ 存神过化：圣人所到之处，人民无不被感化，受到其精神影响。

⑩ 殷殷：昌盛。

⑪ 周文宪王：周公，姓姬，名旦，西周开国元勋，创制西周典章制度。宋真宗时追封为文宪王。

⑫ 象魏：天子或诸侯宫门外的高大建筑。

⑬ 阛阓（huán huì）：街市。

⑭ 翼翼：繁盛有序的样子。

⑮ 衮冕：穿戴礼服和礼帽。

⑯ 蛰：潜伏不动。

⑰ 桓碑：墓碑。

⑱ 蔡中郎：东汉文学家蔡邕，曾任左中郎将。　陈思王：曹魏文学家曹植，
生前封陈王，死后谥思。

⑲ 五凤：西汉宣帝年号。

⑳ 衍圣公：孔子嫡系子孙的世袭封号。

㉑ 宗子法：以家族为核心，依照血统远近区别亲疏的法则。

㉒ 分庭：分处庭中，表示双方地位平等。

㉓ 颜庙：祭祀颜回的祠庙。

㉔ 亚：次一等。

㉕ 迓：迎接。　中逵：大路。

㉖ 陋巷：颜回居住的地方。

㉗ 东野氏：周公长子伯禽就封于鲁，伯禽第三子鱼为鲁大夫，以东野田一成
自养，因以东野为氏。

㉘ 章缝：指儒家学者。

㉙ 力农：致力于农事。

㉚ 庸：指力役，每年替政府服劳役。　调：指户调，依据乡土所产而缴纳
租税。

㉛ 仆：倒地。

㉜ 封：坟堆。　隐：遮挡。

㉝ 文宣王：唐玄宗时封孔子为文宣王。

㉞ 泗水侯鲤：孔子之子孔鲤，宋徽宗时被封为泗水侯。

㉟ 沂国公伋：孔鲤之子孔伋，字子思，宋度宗时追封为沂国述圣公。

㊱ 防山：位于今山东曲阜东。

㊲ 棘茨：荆棘蒺藜。

㊳ 扆（yǐ）：作为屏风。　泗水：流经今山东西南部。

㊴ 洙流：洙水，流经今山东曲阜。洙、泗自今山东泗水东合流西下，至曲阜又分为二水。阙里即位于洙、泗之间。

㊵ 閟（bì）宫：祭祀周始祖姜嫄的神庙。　灵光：西汉鲁恭王刘馀在曲阜建造的宫殿。

㊶ 俎豆：祭祀、飨宴时盛放食物的器皿。

㊷ 太末：今浙江龙游。　按：南宋、金、元南北政权对峙时，孔氏宗子分为南北二宗，南宗居太末。

㊸ 内翰：指翰林。

㊹ 九章服：有九种图案的冕服。

㊺ 万历岁十有六：万历十六年（1588）。

游 梁 记①

岁辛巳夏②，余以秩满③，例得代篆上阀阅④，欲从斯行，悉寻中州之胜而寓目焉⑤。乃以六月癸卯发朗陵，至府西郊。时大雨淹积数旬，水环城十里，如湖海波涛，村人结筏行柳梢中，念河、汝之民行当复为鱼矣⑥。望后走申⑦，投牒皋大夫⑧，与申太守饮相公园中，始霁。辛亥西行，过泌阳邓河，邓通故居也⑨。通一嬖幸⑩，传其名至今。甲寅至南阳，连霁，乃西八里造卧龙冈，谒诸葛武侯像⑪，犹翩翩神仙人也。是夜宿草庐，复大风雨，林木震撼，余诧谓卧龙欲起耶？门左有诸葛井，井栏石绳辙十数过，数之，数各异。冈仅仅与人首齐，非幽岑邃谷，而宛繄世祖龙兴⑫，复中州战争之场，不知孔明曷从琅琊避乱至此⑬？或云南阳乃襄阳墟名⑭，非此也。冈稍北为百里奚墓⑮，墓有七星石。丁巳复投牒藩大夫⑯，毕，行召信臣旧堰⑰。戊午次裕州⑱，经搬倒井⑲，拜光武像。井泉飞涌，清沁人齿牙，即旱潦不变。己未道昆阳城⑳，巨无霸驱虎豹战败地也㉑。是日趋叶，欲求故叶令飞舄遗踪㉒，不可得。止城西，为孔子问津处㉓，后有严光祠㉔。余贻书叶令，仍当祠沮、溺于中㉕，与光祠为三隐。庚申向宝丰㉖，览香山寺，僧云大士示现之所，亦白司马九老会也㉗。辛酉出汝州道㉘，远望崆峒山，翠霭上殷殷，为广成子宫㉙。因睇焉有感于七圣者㉚，日暮，不果登。壬戌取道登封㉛，岩峦磐屈，北民至此则多凿土为穴而山栖矣。癸亥止太、少二室，观达磨面壁石，别有《嵩游记》㉜。

乙丑转辕辕岭赴巩，复东行，出虎牢关。关不及冥厄㉝，而名独较著，岂当时以关内外为限耶？今为古崤关，亦即成皋㉞。丙寅经敖山㉟，盖秦置太仓，郦生所为据其粟处㊱。益而东则为鸿沟㊲，尚有址焉。一山平列，为广武山，山东、西二城，其下即楚、汉提兵百战相拒地，名古战场。引杯举李华文诵之㊳，泪落不禁矣。一客从旁笑曰："善乎，阮步兵之登此而叹也[39]，曰：'世无英雄，使孺子成名[40]。'"余复拍手，长啸数声，引大白[41]，招步兵魂，复起。戊辰诣古阳城[42]，步周公测景、观星二台。台后石制量天尺，刻周尺一百廿尺。登台视天心，犹之乎燕、粤间，庄生所谓"苍苍其无止极"者故耶[43]。台面箕山，上有许由冢[44]。岁饥，诸恶少发之，石椁发辄合[45]。余谓由一瓢犹弃[46]，何得预为石椁自庇？意好事者附会也。是日至密东[47]，复访轩辕三女墓[48]。一白松三岐，长百尺，色如傅粉而绿肤[49]，叶劲如铁，亦数千年矣。墓前土篷厚尺许，水乃如提壶注下，县迨宫，石皆苍质白理，不亚太湖。己巳过古郑州，逮中牟五十里甫田薮(50)，昔为周宣王会东都讲武(51)，今高者居，低者田，洼者潴湖堰，不复成薮矣。中有列子故居在焉(52)。

庚午始抵大梁，忆梁往事，如魏公子好士(53)，当时夷门鼓刀之流(54)，一何侠烈，令人恨不即至其地，今止夷山一阜耳。其后梁孝王置宾客(55)，司马长卿、枚叔、严夫子辈(56)，词赋风流，亦一时之豪。（屠评：罗千古于胸中，如倒囊出物。）及问所谓修竹园、雁鹜池，无一存者。考之志云：兔园正隶归德(57)。乃汴东南城外，又有孝王平台。岂时兔园广数百里，遂横亘梁、宋也耶？平台亦名繁台，又为师旷吹台(58)。日落登之，清风泠泠如丝竹至(59)。（屠评：善点缀。）慨然缅怀李白、杜甫、高适三君子之踪。今祠之者，又益以李、何二君(60)，从其地也。台有大禹庙，昔人登台望河、洛为之，第制狭，不称所以报禹者。庙有李子碑(61)。城东南则隋炀帝引河入汴幸江都故道，堤杨柳旧数万，古今成咏。城东北为寿山艮岳，宋徽宗以花石纲糜天下力供之(62)，而株木片石俱废。此其近者，何论梁王、魏公子耶？城北为周王府[63]，则因宋旧内也。城内寺颇多，惟相国、铁塔二寺最修丽。城外去黄河十里，作大堤环护之，周八十里，树阴夹道，行堤上，即不论晴雨皆可人。时宗正西亭方引人瑞高叟至[64]，鹤骨台背[65]，发星星[66]，健耳目步履，年一百五岁矣。妇王氏，少四岁，偕存。问叟，无他致寿术，惟好杯中物，且断欲止卅年，至今犹淬青铜为业云。日夕连奔走藩臬，谒御史大夫上计簿[67]，已则出城北蓬池，忆阮公"绿水洪波"之句[68]。或云尉氏亦有蓬池，比入尉氏，访七贤竹林遗迹[69]，犹有碑在，而黄公垆则不知其何地矣[70]。未至尉氏四十里则朱仙镇，有祠，祠岳鄂王[71]。思王之冤，又不觉黯然欲泪。壬申回至许昌，一祠为关羽旧宅，盖降操初秉烛达旦处。癸酉至郾城，则桓公盟召陵故城也[72]，今亦废。

余此行计三十五日，行二千三百里，计迂道七八百馀，暑雨勤仆从力淘苦，然得尽悉中州之胜，亦一快也。卫源、王屋、邺都、洛城，盖犹有待。而此行之胜，在木石之奇，则密之松、少林之石；人之奇，则大梁之叟为尤称绝云。

屠评：遇事触景，便成文字。所谓信手拈来，头头是道矣。○叙事井井有致。

① 梁：战国时魏国首都大梁城，故址位于今河南开封西北一带。

② 辛巳：万历九年（1581）。

③ 秩满：官吏任期届满。

④ 代篆：代理官职。　上：推崇。　阀阅：家世门第。

⑤ 中州：中原，泛指黄河流域，尤其是今河南一带。

⑥ 河：黄河。　汝：汝河。　行（xíng）当：将要。

⑦ 申：今河南。

⑧ 投牒：呈递文辞。　臬大夫：臬司大夫，即提刑按察使，主管一省的刑法。

⑨ 邓通：汉文帝宠臣，广开铜矿，用以铸钱，富甲天下。

⑩ 嬖（bì）幸：被宠爱狎昵的人。

⑪ 诸葛武侯：三国时蜀汉丞相诸葛亮，字孔明，号卧龙，被封为武乡侯。

⑫ 繄（yī）：是。　世祖：指蜀汉开国皇帝刘备。　龙兴：比喻王者兴起。

⑬ 琅琊：今山东东南部。

⑭ 襄阳：今属湖北襄樊。

⑮ 百里奚：春秋时政治家，原为虞国大夫，虞国灭亡后得到秦穆公信任，入秦任大夫。

⑯ 藩大夫：藩司大夫，即布政使，主管一省的政令和财政。

⑰ 召信臣：西汉官吏，曾任南阳太守，注重兴修水利。

⑱ 裕州：治今河南方城。

⑲ 搬倒井：传说东汉光武帝刘秀在西汉末年路经此地时，想要喝水却无汲水工具，最后将井搬倒得以如愿。

⑳ 昆阳：今河南叶县。

㉑ 巨无霸：当作"巨毋霸"，西汉末的巨人，能够驱遣虎豹等猛兽，被王莽征召。后被刘秀率军击溃。

㉒ 叶令飞舄（xì）：相传东汉时叶县令王乔精通法术，能将鞋子化作飞凫。舄，鞋子。

㉓ 孔子问津：孔子率门徒周游列国时，曾让子路打听渡口所在。

㉔ 严光：东汉隐士。

㉕ 沮、溺：春秋时的两位隐士长沮、桀溺，孔子让子路打听渡口，曾向他们
询问。

㉖ 宝丰：今属河南平顶山。

㉗ 白司马：白居易，曾担任江州司马。　九老会：白居易退居洛阳时，曾召
集其他八人举行游宴。

㉘ 汝州：今属河南汝州。

㉙ 广成子：道教神话中的人物，在崆峒山修行，黄帝曾拜其为师，询问治国
之术。

㉚ 眷（juàn）焉：回过头看的样子。　七圣：据《庄子》记载，黄帝、方明、
昌寓、张若、謵朋、昆阍、滑稽七人曾在襄城旷野迷路。

㉛ 登封：今属河南郑州。

㉜ 《嵩游记》：见卷一《岳游上》。

㉝ 冥厄：即平靖关，春秋时楚国兴建的关防要塞，故址位于今河南信阳西南
与湖北交界处。

㉞ 成皋：位于今河南荥阳西北。

㉟ 敖山：位于今河南荥阳东北，秦时置粮仓于其中。

㊱ 郦生：秦末谋士郦食其，楚、汉相争时建议刘邦占据粮仓，以保证粮食补给。

㊲ 鸿沟：战国时开凿的运河，自今河南荥阳北引黄河水南流。楚、汉相争时
中分天下，以鸿沟为界。

㊳ 李华：字遐叔，唐代散文家，有《吊古战场文》。

㊴ 阮步兵：三国曹魏诗人阮籍，曾任步兵校尉。

㊵ 孺子：小孩子。

㊶ 大白：一大杯酒。

㊷ 古阳城：位于今河南登封东南。

㊸ 苍苍其无止极：语见《庄子·逍遥游》，意谓天色深青，寥廓高远，没有尽头。

㊹ 许由：传说中尧时隐士。

㊺ 石椁：石制的外棺。

㊻ 一瓢犹弃：据蔡邕《琴操》，许由没有杯子，直接用手捧水喝。别人送给他一个瓢，他用来喝水后挂在树上，后因嫌风吹动时发出声响，就把瓢砸了。

㊼ 密东：今河南密县。

㊽ 轩辕三女：相传黄帝时有三位得道女性，死后合葬。轩辕，黄帝。

㊾ 傅粉：擦粉。

㊿ 甫里薮：即圃田泽，位于今河南中牟西，中原地区著名泽薮。

(51) 周宣王会东都讲武：周宣王曾在东都洛阳召集诸侯，检阅军队。

(52) 列子：战国时道家学派思想家列御寇。

(53) 魏公子：战国时魏国公子信陵君魏无忌，门下有食客三千人。

(54) 夷门：战国时魏国的侯嬴，原本是都城大梁东门（夷门）的看守小吏。信陵君迎为上客。后替信陵君出谋划策，窃符救赵，击退秦兵，因自感对魏君不忠，自刭而死。　鼓刀：战国时魏国的朱亥，原本是隐于市井之中的屠户，因侯嬴的大力推荐，成为信陵君的上宾。后协助信陵君夺得兵权，击退围攻赵国的秦军。

(55) 梁孝王：西汉梁国诸侯王刘武，曾营造梁园，招揽天下人才。

(56) 司马长卿、枚叔、严夫子：西汉时辞赋家司马相如、枚乘、严忌，都是梁孝王招致的宾客。

(57) 兔园：即梁孝王营建的梁园。　归德：治今河南商丘。

㊞ 师旷：春秋时晋国大臣，负责掌管音乐。

㊟ 泠泠：清凉。

㊚ 李：李梦阳，字献吉，号空同，河南开封人。 何：何景明，字仲默，号大复，河南信阳人。李、何两人倡导诗文复古，是明弘治、正德年间的文坛领袖。

㊉ 李子碑：李梦阳撰《禹庙碑》。

㊌ 花石纲：北宋徽宗赵佶为修建宫殿园林，搜罗江浙一带奇花异石，用船运送到都城开封，每十艘船组成一队，称作一纲。

㊍ 周王：明代藩王中的一支，就藩于开封。其藩府在宋代故宫旧址上营建。

㊎ 宗正：明代诸藩王府都设置宗正一职，负责掌管宗室亲族事务。 人瑞：年纪超过百岁的老人。

㊏ 鹤骨：身材清瘦如鹤。 台背：即"鲐背"，老人背上生长斑纹如同鲐鱼，是高寿的象征。

㊐ 星星：头发花白。

㊑ 御史大夫：汉代以后历代均设御史台掌管政务，明代洪武年间罢御史台，更置都察院，设置监察御史，负责巡按州县，考察官吏。 计簿：登记户口、赋税、人事等各种事项的簿籍。

㊒ 绿水洪波：语出阮籍《咏怀诗》"绿水扬洪波"。

㊓ 七贤竹林：三国魏正始年间，嵇康、阮籍、山涛、向秀、刘伶、王戎、阮咸等七人常聚集在山阳竹林，世谓七贤。

㊔ 黄公垆：竹林七贤经常去饮酒的地方。

㊕ 岳鄂王：南宋抗金名将岳飞，曾在朱仙镇击溃金兵，死后被封为鄂王。

㊖ 桓公：春秋时齐桓公，曾召集诸侯国会盟于召陵。 召陵：今河南偃师东。

游茶城白云洞记 ①

茶城乃漕艘涝浅之处②，其地善淤，两岸亡它奇，惟石山绝地而立，如棋布然，又不能成高峰巧岫，故行者过而弃之。余以戊子二月九日与詹牧父停舟问之③，得其下有白云洞，乃行十里而至。山覆地上，洞陷入地下，一穴如户敞，其内如堂皇。右有隙路，列炬先之，痀瘘而入，手足四据如猿攀者。高而复下，稍平，汇为池。隔石槛，斗绝不可度。既缘而上，复瀄瀄有声，更汇为大池，阔方丈，水没人身之半。时涨时涸，乃与外河旱涝通也。出而右，又一小洞，如人出自井中者。十步则空平如植瓮，可坐可卧，真修真之绝境云。茶城之地，舟车辐辏④，有洞之奇若此，而人无知者。余与牧父非待浅经日⑤，亦无由而至焉。然则世之握瑾怀瑜不闻于时者⑥，岂少乎哉！

① 茶城：即垞城，位于今江苏徐州西北。

② 漕艘：漕运船只。

③ 戊子：万历十六年（1588）。　詹牧父：詹思谦，字牧甫，一作牧父，号洞源，历任工部主事、河南副使等职。

④ 辐辏：聚集。

⑤ 待浅：因船只搁浅而逗留。

⑥ 握瑾怀瑜：比喻人品德高尚，才能出众。

卷三

吴　游　上

杭州

江

長江

燕子磯

金陵

山

采石

謝家青山

牛渚

秋浦

宣城
疊嶂樓

黃山

新都

九華山

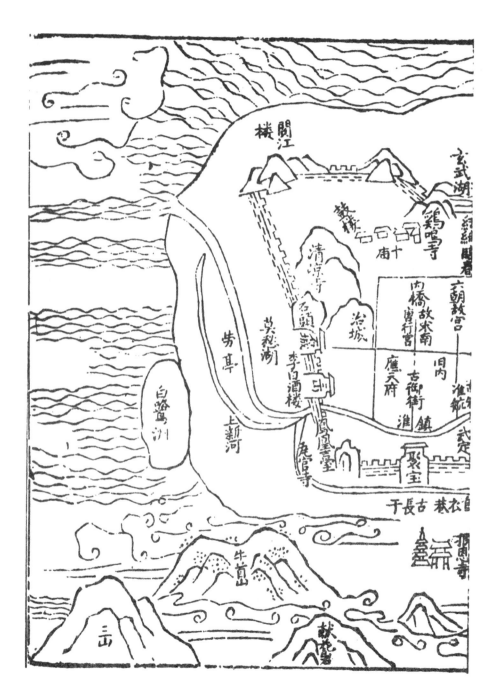

吴　游　上

吴游纪行

三吴 ①，南龙之委也 ②。龙气入海而止，故勃崒而泄为山川 ③，其奇秀甲于天下，与二越称 ④。越，余乡也，故其游也，往来不一至焉。吴之游则以次举：岁丁亥四月朔发天台 ⑤，渡钱塘 ⑥；越九日陟两天目 ⑦；望日登烟雨楼 ⑧；越五日上虎丘 ⑨，入太湖 ⑩；又十日饮慧山泉 ⑪；午日登金、焦、北固三山 ⑫；又五日过金陵 ⑬；望日泊舟采石 ⑭；次日理棹过青山 ⑮；廿五日宿九华 ⑯；六月六日三宿白岳 ⑰。其欲游而不果者三：曰茅山 ⑱，曰天平 ⑲，曰阳羡 ⑳。诸潭洞游而别有记者四：曰天目，曰太湖，曰金陵，曰白岳。同游者，友人陈大应 ㉑；解逅而游者，丘谦之、王伯熙、陈稚登、郭次父、陈从训、茅平仲、蔡立夫、秦孟章 ㉒；晤而未与游者，沈纯父、卢思仁、江长信、沈少卿、汤义仍、丁元父、俞公临、余家弟圭叔、永叔 ㉓，与王元美、汪伯玉二先生 ㉔。

① 三吴：泛指长江下游一带。

② 南龙：王士性认为天下地脉分为北龙、中龙和南龙三支，南龙出自吐蕃之西而入滇、黔，又分为多支，其中一支即止于三吴。　委：末尾。

③ 勃崒（zú）：匍匐而行。

④　二越：泛指今浙江一带。

⑤　丁亥：万历十五年（1587）。　　天台：天台山，位于今浙江中东部。

⑥　钱塘：钱塘江，流经杭州。

⑦　两天目：东天目山和西天目山，均位于今杭州临安。

⑧　望日：农历每月十五日。　　烟雨楼：位于今浙江嘉兴南湖。

⑨　虎丘：位于今江苏苏州。

⑩　太湖：位于今江苏南部。

⑪　慧山：位于今江苏无锡。

⑫　金、焦、北固：三山均位于今江苏镇江。

⑬　金陵：今江苏南京。

⑭　采石：采石矶，又名牛渚矶，位于今安徽马鞍山。

⑮　青山：位于今安徽马鞍山。

⑯　九华：九华山，位于今安徽池州。

⑰　白岳：即齐云山，位于今安徽休宁。

⑱　茅山：位于今江苏句容。

⑲　天平：天平山，位于今江苏苏州。

⑳　阳羡：今江苏宜兴。

㉑　陈大应：生平不详。

㉒　丘谦之：丘齐云，字谦之，又字汝谦，湖北麻城人。　　王伯熙：生平不
　　详。　　陈稚登：陈尔耕，字稚登，号斗原，江苏无锡人。　　郭次父：郭第，
　　字次甫，一作次父，号中洲，镇江丹徒人。　　陈从训：陈永年，字从训，
　　镇江丹徒人。　　茅平仲：茅溱，字平仲，镇江丹徒人。　　蔡立夫：生平不详，
　　与王士性、胡应麟、汪道昆等交游。　　秦孟章：生平不详。

㉓　沈纯父：沈思孝，字纯父，一字继山，浙江嘉兴人。　卢思仁：卢洪春，
　　字思仁，号东麓，浙江东阳人。　江长信：江东之，字长信，安徽歙县
　　人。　沈少卿：沈季文，字少卿，江苏吴江人。　汤义仍：汤显祖，字义
　　仍，号海若、海若士、若士，江西临川人，明代戏曲家，撰有《牡丹亭》
　　等。　丁元父：丁应泰，字元父，湖北江夏人。　俞公临：俞安期，字公
　　临，又字羡长，江苏吴江人。　圭叔：王士琦，字圭叔，号丰舆，浙江临
　　海人，王士性族弟。　永叔：王士昌，字永叔，号十溟，浙江临海人，王
　　士性族弟。

㉔　王元美：王世贞，字元美，号凤洲，又自署弇州山人，江苏太仓人，明代
　　诗文复古运动的代表。　汪伯玉：汪道昆，字伯玉，一字玉卿，号南溟，
　　又号太函，安徽歙县人，明代诗文复古运动的代表，与王世贞齐名。曾为
　　王士性《玉岘集》撰序。

游烟雨楼以四月望日

环嘉禾郡城皆水也①，其高阜面城而起者②，拓架其上，为烟
雨楼。楼之胜，琐窗飞阁③，四面临湖水，如坐镜中，春花秋月，
无不宜者。若其轻烟拂渚，山雨欲来，夹岸亭台，乍明乍灭，渔舠
酒舸④，茫茫然遥载白云，第闻橹声咿哑⑤，睐昒而不得其处⑥，则
视霁色为尤胜。郡本泽国⑦，妇人女子有白首不知山者。鼎食之家
或辇石于太湖为之⑧，次则为楼台临水以当之，登高眺远，如斯
而已。时沈纯父初解绶归⑨，余招与登楼，而语移时⑩，欲邀陈伯
符⑪，远，不果。

① 嘉禾：浙江嘉兴的别称。

② 阜：土山。

③ 琐窗：镂刻连环图案的窗棂。　飞阁：高的楼阁。

④ 舠（dāo）：形如刀状的小船。

⑤ 咿哑（yī yā）：摇动船桨的声音。

⑥ 睐（lài）：向旁边看。　眄（miǎn）：斜视。

⑦ 泽国：河流湖泊众多的地方。

⑧ 鼎食：吃饭时陈列很多鼎，形容奢华富贵的生活。　辇（niǎn）：用车拉。

⑨ 解绶：辞去官职。

⑩ 移时：经历一段时间。

⑪ 陈伯符：陈泰来，字伯符，号员峤，浙江平湖人。与王士性为同科进士。

游虎丘以望后五日

　　姑苏有天平、洞庭、玄墓诸胜①，而负阛阓、便舟航者②，近莫如虎丘。虎丘者，吴王阖闾葬以金凫玉雁、铜蛇水精③，与水犀之甲、扁诸之剑④，白虎之气腾上⑤，而见怪于秦皇也⑥。墓今不知其处，或曰浮图下⑦，又云剑池下⑧。剑池两崖如裂，侧立十仞，盖石溜天成，寒泉出其窦而停潴焉⑨。墓不当在其下，意浮图者近之。自阊门买舟⑩，五里即达寺门。初入，酌憨憨泉⑪，坐吴王试剑石⑫，摩挲石缝，为凝睇而沉思久之。再入则清泉白石，断鳄益奇⑬。巨坂额砥如砥⑭，可罗胡床百座⑮，号千人石⑯。石啮水处为白莲池，近池而灌莽塞焉者⑰，为清远道士放鹤涧⑱。循涧上，登大雄阁，右行过剑池石梁，望浮图而息焉。扠挏楗栣^⑲，其高隐云。听空中铎声^⑳，阴飙从檐角下薲末^㉑，中人体甚适也。既畅，复下可中亭，观生公点头石^㉒。王伯熙谓此妄尔，余则诵石之言曰："生公叫我为人去，只恐为人不到头。"伯熙惘然。复右上而尝陆羽泉^㉓，石窦似慧山而味劣之。高秋木叶下井中^㉔，与砂砾共积^㉕，即烹以天池雀舌^㉖，亡当也^㉗。此地游踪成市，要以秋月为胜。千人石古株轮囷，把酒问月，醉而枕之，仰视碧落垂垂^㉘，固恍如乘槎泛斗牛渚也^㉙。若上浮图之巅，苍然平楚^㉚，远瞰湖天，内捧一轮月色，遍照苏州，又昔人所称绝景云。

① 玄墓：玄墓山，位于今江苏苏州。

② 负：具有。

③ 阖闾（hé lú）：一作阖庐，姬姓，名光，春秋末吴国君主。 金凫：金铸的凫鸟。 玉雁：玉石雕刻的大雁。 铜蛇：铜铸的蛇。 水精：即水晶，无色透明的结晶石英。都是帝王的陪葬物。

④ 水犀之甲：用犀牛皮制作的护身甲。 扁诸：剑名。一说为剑上的配饰。

⑤ 白虎：相传阖闾下葬后，有白虎蹲踞在墓上。

⑥ 秦皇：相传秦始皇曾准备发掘阖闾的墓，看见一只白虎蹲在坟上，拔剑去刺却没有击中。

⑦ 浮图：佛塔。

⑧ 剑池：位于虎丘的深涧，相传阖闾就埋葬于其下。

⑨ 停潴（chù）：停留积蓄。

⑩ 阊门：苏州西门，通往虎丘。

⑪　憨憨泉：位于虎丘，相传为南朝梁代僧人憨憨所凿。

⑫　试剑石：位于虎丘，相传吴王阖闾在此试剑。

⑬　斳锷（yín è）：崎岖不平的样子。

⑭　頵砡（yūn yù）：山石堆积的样子。

⑮　胡床：可以折叠的轻便绳椅。

⑯　千人石：位于虎丘剑池旁，据说可坐千人。

⑰　灌莽：丛生的草木。

⑱　清远道士：唐代道士，曾在虎丘养鹤。

⑲　扠（chā）：交错。　　拶（yá）：歪斜。　　槐（pí）：屋檐前板。　　梠（lǚ）：屋檐。

⑳　铎：铃铛。

㉑　飙（biāo）：暴风。　　蘋末：蘋草的叶尖，指风所起的地方。

㉒　生公点头石：东晋末高僧竺道生曾在虎丘立石为徒，讲解佛经，至微妙处，石皆点头。

㉓　陆羽：字鸿渐，唐代茶学专家，撰有《茶经》，被誉为茶圣。他曾在虎丘开掘石井，并评其水为"天下第五泉"。

㉔　木叶：树叶。

㉕　砂砾（lì）：砂粒和碎石。

㉖　雀舌：即雀舌茶，以嫩芽焙制的上等芽茶，因形状小巧似雀舌而得名。

㉗　亡当：同"无当"，不相称，不恰当。

㉘　碧落：天空。

㉙　槎（chá）：木筏。　　斗牛渚：牛宿和斗宿，泛指星河。

㉚　平楚：平野。

游慧山泉以望后十日

锡山出郭外十里为九龙山①，山之麓有泉焉，名慧山泉，即以名其寺。石窦方丈，唐令敬深源凿而广之②，陆鸿渐品以为江南第二水者。石无坎镱，当是洑流渗漉而出③，停泓清洌。余饮而甘之，胜于虎丘，然与中泠不甚异④，不能辨其孰优劣也。士大夫垒石为山，凿地为沼，深篁高柳⑤，掩映楼台，咸在寺左右，而假泉为胜。又沿流一苇可航，故游者亦引兴于泉，而盘桓于诸园亭水石之内。余与陈稚登、秦孟章遍呼园丁，入而探之，真如登阆风瑶池⑥，倏忽数十处，然皆不知其谁家。

屠评：泠然。

① 锡山：在今江苏无锡。　九龙山：即慧山，在今江苏无锡以西。

② 敬深源：唐人敬澄，字深源，曾任无锡令。

③ 洑（fú）流：潜流。　渗漉（lù）：向下渗透滴流。

④ 中泠：中泠泉，位于今江苏镇江。

⑤ 篁（huáng）：竹林。

⑥ 阆风瑶池：传说中的仙境。

游金山以午日

金山一名浮玉，称"金"者，以裴头佗掘地得金而名也①。山为大江孤岛，随涨截洄②，波涛日夕撼之如砥柱③。维舟山趾④，初从碕岸修廊而入[5]，寺前二小岛俪立[6]，左为栖鹘，右为白云。白云即郭璞墓也[7]。环岛盘涡转毂，舟近之则陷入窞[8]，仿佛记所称三神山，可望而不可济云。岛北龙宫水府，昔人立石华表，使舟不得近。烟云暝而误入者，山顶则击钟声招之。寺右有龙井，陆羽品之为江南第一泉。或云以山在江心，称中濡水，或云源与中泠水府通。半山左上为江天阁，凭栏怒涛百里，千樯在足下[9]，丹徒飞鸟远不能度[10]，倦翼则于行樯息之。山顶留云亭，即妙高台也。瞻扬州一片白，高树如荠。海门隐见在东方[11]，惟焦山再当其案，故不甚了了。北下一石出水，为善财石[12]。近头佗空满钩观音阁当之，筑多宝浮图其旁，被绣不减山前也。泊舟处旧有老鼋，僧呼之辄起，近不来矣。山负秀色，从京口视之[13]，正如蓬莱、方丈立弱水中[14]。

屠评：境入神品。

① 裴头佗：相传唐代高僧裴头陀在此掘得黄金，用来建造寺庙，金山寺由此得名。

② 泂（jiǒng）：水流回旋。

③ 砥柱：山名，位于三门峡黄河激流之中，形如柱。

④ 维舟：停泊船只。

⑤ 碕（qí）岸：曲折的河岸。

⑥ 俪：并列。

⑦ 郭璞：字景纯，东晋诗人、学者。

⑧ 窞（dàn）：深坑。

⑨ 樯（qiáng）：桅杆。

⑩ 丹徒：地名，隶属今江苏镇江。

⑪ 海门：长江入海口。

⑫ 善财：观世音菩萨的胁侍。

⑬ 京口：镇江的古称。

⑭ 弱水：神话中难以度越的河海。

游焦山以登金山次日

焦山亦江中浮屿，视金山袤过之 ①，然不及其峭削。登其巅，水天万顷，四望在目，胸中所收贮更多，面金山，真拳石耳。山后沙洲长四十里 ②，始自隋唐。中二小石山峙为海门，山麓禅房丹室 ③，飞朱列垩 ④，咸郭山人次父募为之 ⑤。山人年望八 ⑥，引余上绝磴，尚步履掀然 ⑦。斗室悬崖如鸟窠禅 ⑧，真不愧焦先生矣 ⑨。焦名先，又名光，汉世三诏不起，故人以姓名山，以"三召"名其洞。谒焦祠，览洞室，则右折而上吸江亭，下而坐水晶庵。问右军所书《瘗鹤铭》 ⑩，为雷击覆于水滨，须卧而仰视之，泥滑不果。乃循北固入甘露寺 ⑪，寻狠石而归 ⑫。昔人谓"金山寺裹山，焦山山裹寺 ⑬"，又云"金狭而巧，其眺广；焦广而幽，其眺狭 ⑭"，皆实境云。

① 袤：长度。

② 沙洲：河湖中由泥沙堆积而成的小岛。

③ 丹室：炼丹的丹房，泛指寺庙。

④ 飞朱列垩：指刷成红色或白色的寺庙院墙。

⑤ 郭山人次父：郭第，字次甫，一作次父，晚年归隐焦山，曾募资修建山中寺庙。

⑥ 望八：年纪将要到八十。

⑦ 掀然：高举飞扬。

⑧ 鸟窠禅：唐代禅僧道林住在树上，被称为"鸟窠禅师"。

⑨ 焦先生：东汉末隐士焦先，一作焦光，隐居于焦山。汉献帝曾三次下诏书任命其担任官职，他都予以谢绝。

⑩ 右军：东晋书法家王羲之，曾任右军将军。《瘗鹤铭》：焦山西麓摩崖上的石刻，原石因山崩而堕入江中，仅存残石，字多漫漶。关于其时代和书者，历来众说纷纭。宋人黄庭坚认为是王羲之所书。

⑪ 北固：北固山，位于镇江，横枕长江，山石险固，因此得名。　甘露寺：位于北固山上，始建于东吴甘露元年，故名。

⑫ 狠石：北固山中峰西麓上的两块巨石。

⑬ "金山寺裹山"二句：语见宋人楼钥《游金焦两山以雨而辍》。

⑭ "金狭而巧"四句：语见明人袁袠《游金焦山记》。

游采石以五月望日

采石一名牛渚矶，蹲石成山，居大江中，以日受漂射①，故石悬碕礜碚②，称别陽之奇也③。（屠评：大奇，大奇，非此语不着此处。）余过三山④，回望京邑⑤，循慈姥矶而上⑥，泊焉，入谪仙祠⑦，与天刑生历数古今豪士游此者⑧，曰："余幸生太平时，既不学樊若水祝发凿石⑨，引绳度江，即矜奇吊怪⑩，燃犀照水⑪，亦无事惊此鬼物为也。懿哉！谢将军踏月微行 ⑫，得袁宏于唱咏中 ⑬，风流可想。而斯人既不作矣，则引杯向青莲居士曰 ⑭：'君着宫锦袍，扣舷捉月，旁若无人，亦知千载后有人酹酒采石乎？神乎何之？余欲骑鲸鱼向碧落寻君耳 ⑮。'"语毕长啸，仿佛江水如沸，瞪目俟月落而去。

① 漂射：水流冲击。

② 碕（qí）：曲折的堤岸。　碧碚（què què）：险峻不平的样子。

③ 别隝：同"别岛"，不相连的岛屿，孤岛。

④ 三山：位于江苏南京西南长江边上南北相连、三峰并列的一座山。

⑤ 京邑：京城，这里指南京城。

⑥ 慈姥矶：又称慈母山，位于今安徽马鞍山。

⑦ 谪仙：李白。

⑧ 天刑生：潘阆，号天刑生，浙江金华人。

⑨ 樊若水：五代宋初樊知古，本名樊若水。曾在采石矶旁垂钓数年，渡江时用绳索测算江面宽度，为宋军攻取江南提供情报。　祝发：剪去头发。

⑩ 矜奇吊怪：未详。疑字有讹误。

⑪ 燃犀照水：东晋温峤曾来到牛渚矶，听说水下多怪物，就点燃犀角照着水面探看。

⑫ 谢将军：谢尚，字仁祖，东晋名士，曾任建武将军、镇西将军，月夜泛舟牛渚，听到袁宏在吟咏自己的《咏史》诗，大为赞叹，邀请对方过船相见。

⑬ 袁宏：字彦伯，东晋文学家、史学家，年少时以运租为业，后得谢尚赏识，曾担任其参军。

⑭　青莲居士：李白的别号。李白有《夜泊牛渚怀古》，追怀谢尚、袁宏之事。

⑮　骑鲸鱼：传说李白月夜乘舟，身着宫锦袍，酒醉后去捉取水中月，落水后
骑鲸上天。

游谢家青山以望后一日

从牛渚入，过敬亭山①，草树翳荟②。舟中望之，若空翠飞落舻艘③。再数十里则为青山④。谢玄晖守宣城时⑤，于窗中见远岫，乐之，故人以名其山。山南亦有玄晖故宅，俯览平川，烟林如织，题构远矣。流泉怪石，尚留与闲云往来。顶有谢公亭，西北十五里，山之支麓有李太白墓，前为白祠。白才情宁渠在宣城下乎⑥？而生死景谢不衰⑦，古人之高致如此。问叠嶂楼，云在今宣城郡署中，百尺倚山，四际无所不盼，亦谢旧北楼址⑧。此地为姑孰，今更其郡为太平，六朝名宣城。

①　敬亭山：位于今安徽宣城。

②　翳荟：草木茂盛，可以作为障蔽。

③　舻艘：小船边。

④　青山：位于今安徽马鞍山。

⑤　谢玄晖：南齐诗人谢朓，字玄晖，曾担任宣城太守。

⑥　宁渠：难道。

⑦　景：景仰。李白在诗中多次表达对谢朓的钦佩之情。

⑧　北楼：又名北望楼，相传为谢朓所见，登楼向北可以远眺敬亭山。

游九华山以望后十日

九华山，去江百里而遥，九峰秀色，缥缈霄汉间，如青莲花开于佛宇，故李白易九子而名之[①]。刘禹锡行江上，指谓天地一尤物焉[②]。余至池州，东南行三十里，过玩华亭[③]，渡溪行倍之，抵山下。又陟岭逾天桥，十里而入化城寺，登绝顶，坐金地藏宝塔[④]，复谒李白书堂。周览九峰峭拔，如四明天窗然。峰之左右可以峰举者，更九十有九。岚烟森列，紫翠万状。当其返照入山，月出东方殿角上，气清籁寂，呼吸真与帝座通。古人如杜荀鹤、罗隐、葛洪、杯渡[⑤]，咸负笈往，而独称白者，山白所名，且志显也。池缘翠微堤，三里为齐山，山高不及九华，然秀壑多奇石，如妙空岩、石鼓洞、仙人桥，皆都人不绝游，故其名与九华埒[⑥]。余乃未至。

屠评：此等小文字能生大议论，方见一茎草化丈六金身手段[⑦]。

① 九子：九华山古称九子山，相传因李白《望九华赠青阳韦仲堪》一诗而更名为九华山。

② "刘禹锡"二句：刘禹锡，字梦得，中唐诗人，其《九华山歌》中有"自是造化一尤物，焉能籍甚乎人间"之句。尤物，即优物，特别突出优异的人或物。

③ 玩华亭：九华山进山处有望华禅寺，明代弘治年间曾在此建玩华亭。

④ 地藏：佛教中的地藏菩萨。

⑤ 杜荀鹤：字彦之，晚唐诗人，曾在九华山读书，自号九华山人。 罗隐：字昭谏，晚唐诗人，曾在九华山隐居。 葛洪：字稚川，号抱朴子，东晋

117

学者，曾在九华山炼丹。　杯渡：晋宋时期的僧人，曾在九华山居住。

⑥　埒（liè）：相等。

⑦　丈六金身：佛的三身之一。指变化身中的小身，因其高约一丈六尺，呈真金色，故名。

留都述游①

古称岷、峨之山②，度大庾③，包彭蠡以北④，尽于建康⑤，谓天府之国，山水之会，故汉以后多都焉。及余登高望远，考古准今，神皋隩区⑥，咸属指顾⑦，乃知钟山以东北迤逦于西南，大江以西南环抱于东北，秦淮以中出而横贯于三山、石城之间。（屠评：起处得大形势，非寻常泛赏者比。）故由钟山，左摄山、临沂、武冈、石硊、聚宝、天阙，东裹南向，以亘于西南三山而止于大江，则龙幡之势；右覆舟、鸡笼、直渎、卢龙，北走以达于西石头而止于江⑧，则虎踞之形。彼汉、唐郡堞，六朝宫城，淮北、淮南，依丽互异⑨，因山距淮，以尽四极，其在今日，于制为善。故宸居华盖⑩，双阙云浮，百司庶府⑪，棋布星列，回廊步檐⑫，九逵若水⑬。大哉我圣祖之烈，所穆卜而定九鼎也⑭。鸡鸣山北拱神京，丹朱其麓，十庙填土为衮冕⑮，俎豆以祀古帝勋臣⑯。观象台范金为玑衡以步分⑰。至凭虚阁，倚阑以眺宫阙衢术⑱，山川远近。阅江楼临流以受江、汉朝宗⑲，都人士之所毂击而肩摩也⑳。朝天宫修门九曲亭，其西皋为冶城，亦为谢公墩。高台迁径，阛阓山林，谢太傅、王右军之所登以遐思㉑，卞忠贞之所蜕骨也㉒。石头削石为城，金汤而天堑之。乃清凉之寺，胭脂之井，城台之冈，咸左右望焉，六朝之所传舍而朝夕也㉓。（屠评：天孙织锦手㉔。）它如镇淮为朱雀桥，出水关中街，水环为白鹭洲；洲之上普惠寺，为李白酒楼；绕南城角高处为瓦棺阁，少北高阜为凤凰台；聚宝门外为长干，少南为秣陵城；大中桥东畔为白下亭，小教场西门为上林苑，皆古今之慨，雍门周之所鼓琴而悲者也㉕。

纵目都城，要约具是矣。则遂往郭外而眺，问孝陵所奠㉖，云在钟山。乃出东门走钟山，缇垣绛阙㉗，翠柏万树，肃入礼成，见郁葱王气，隐隐起万绿间，中贵某为开重楼㉘，指珠襦玉匣之藏㉙，云借之于志大师所入定处也㉚。寻半山亭、木末轩，则陵谷迁矣㉛。山一名蒋，亦名紫金。辞陵出，问我国家图籍所藏，云在玄武湖㉜。则遂明日出太平门，趋后湖，行太平堤上。清樾荫人㉝，中抱碧流百顷。一小城架楼作东西牖，以收初旸夕照辟蠹鱼㉞。湖上远山如黛，莲花映水时更佳。泛湖而归，问志大师塔所，云在灵谷㉟。则又明日取途灵谷，即钟陵东麓也。入禅林，行五里松下，虬枝蔽亏天日，鹿呦呦千百为群，狎客而过。上无梁殿，击景阳钟㊱。殿皆瓴甋㊲，作三券㊳，不设椽桷㊴。钟制朴而平唇㊵，则望之知有古色。殿右一哑钟，敕置于风日之下，前朝选入为禁钟，不鸣，归之则鸣于寺中，僧云尔也。下殿试响墀，左入过琵琶街，又拍手试之，良如弹丝云㊶。其下多叠瓮，乃梁昭明太子读书处㊷。绕廊观吴伟画壁㊸，已蚀不存。入塔礼志公，犹肉身也。左立一异香如凤目，倚以锡杖。婆娑竟㊹，乃引至八功德水㊺，掬而饮之。昔法喜祷求西

119

域阿耨池[46]，以七日得之者。梁以前尝取以给御案，故在峭壁寺东。自迁志塔，水从之而涌，旧池遂涸，亦僧云尔尔。

出寺，问雨花台故址，云在高座。则又明日出聚宝门，趋高座寺。先过大报恩，浮图高三百六十尺[47]，瑶台缥瓦虽毁于火[48]，其遗者尚能煜耀天日[49]。即石刻龙神人兽，精工若生。盖寺之大，不在祈年、望仙之下[50]。过而去高座，登寺后台，则犹然一荒阜耳。然山川回薄[51]，能使人徘徊久之。下台问牛首、献花诸胜[52]，云自此去三十里可至。则遂即日命肩舆南行[53]。诸山俱朝钟陵，惟牛首外向。牛首者，两峰相峙而名也，又名天阙。从山背东折而南，始见浮图虚阁据山之高处。从麓又西行而北，乃入弘觉寺，上白云梯，梯上一银杏荫覆亩馀。乃左折登浮图，又从修廊出，攀数十级而至观音阁，凭栏俯视，则已足踏浮图之巅矣。阁之后有小石，为舍身台。阁之下倚空如垒，为兜率岩。从岩微径行，入一石窟，为文殊洞。逾洞又西行，有塔，则辟支佛所藏舍利也[54]。下塔过禅堂，右室阖门[55]，一隙如钱大，入塔影倒挂佛案，明晦皆然。

是夜宿寺中。明日出寺五里，上危磴，至献花岩，石益奇诡欲堕。僧懒融昔居之[56]，百鸟衔花而献。岩之南曰屯云亭，又南曰芙蓉阁。自此回顾牛首，更如绣壁可爱也。下山问燕子矶可跬步至否，云远在观音岩畔。则又明日出观音门，循磴道焉抵岩。岩逼霄汉，怪石礌垂[57]，大江南来，帆樯仅在扉屦间[58]。昔达磨于此折芦而渡。寺负山横起，垣槛如率然。阁在其西，亦傍岩悬构，下筑江唇为基[59]，上交九柱，置牟首焉[60]，凭之可瞰江。自岩道旧径西而数百武[61]，乃至燕子矶，飞崖掠江，如燕尾然，亦岩之分脉也。江水抱其三面，以铁锁曳矶趾，上植丘亭标之 ⑥²。江上阴风怒号，势欲飞动。若其晴光净练，江豚吹浪上下，或月上东山，视瓜步群峰，杳眇如落雁。隔江举杯酒酹之 ⑥³，良忘其身之非我矣。乃会汤奉常义仍、家弟圭叔，信宿江上，去而之白岳。昔左太冲赋《三都》⑥⁴，门牖堂厕咸置笔墨，且以十年成。余偶忆而奏单辞 ⑥⁵，何能以扬万一耶？独念王逸少犹有遗言，谓蜀都山川多奇，左赋未尽。余难乎为言矣！余难乎为言矣！

① 留都：指南京。王朝迁都后，旧都仍置官留守，称留都。明前期以南京为首都，后迁往北京。

② 岷、峨之山：岷山和峨眉山，前者由今甘肃西南部延伸至四川北部，后者位于今四川西南部。

③ 大庾：大庾岭，位于今江西和广东边境。

④ 彭蠡：鄱阳湖的古称，位于今江西北部。

⑤ 建康：今江苏南京的古称。

⑥ 神皋：神圣的土地，也代指京畿。　隩（yù）区：深险之地，腹地。

⑦ 指顾：手指目视。

⑧ 石头：即石头城，位于今南京。

⑨ 依丽：依附。

⑩ 宸（chén）居：帝王居住的地方。　华盖：帝王贵族所乘坐车辆上的伞盖。

⑪ 百司：各级官员。　庶府：政府各部门。

⑫ 步檐（yán）：屋檐下的走廊。

⑬ 九逵：四通八达的大路。

⑭ 穆卜：恭敬地卜问吉凶。

⑮ 埴土：用黏土制作人像。

⑯ 俎豆：祭祀时用来盛放食物的器皿。

⑰ 观象台：观测天文现象的机构。 范金：用模具浇铸金属品。 玑衡：观测天体的仪器。 步：推步，推算天象历法。古人认为日月星辰运行于天，如同人之行步。

⑱ 衢术：道路。

⑲ 朝宗：江河汇流。

⑳ 毂击而肩摩：车轮与车轮互相撞击，肩膀和肩膀相互摩擦，形容车辆行人往来拥挤。

㉑ 谢太傅、王右军：东晋谢安在与王羲之一起登临冶城时，有弃世归隐的念头。

㉒ 卞忠贞：东晋卞壶在平定苏峻之乱时以身殉国，谥忠贞，葬于朝天宫西侧。

㉓ 传舍：供行人休息住宿的地方。

㉔ 天孙：织女。

㉕ 雍门周：据《说苑》记载，雍门周去为孟尝君鼓琴，因琴声哀伤而使其流涕。

㉖ 孝陵：明太祖朱元璋和皇后马氏合葬的陵墓。

㉗ 缇（tí）：橘红色。

㉘ 中贵：有权势的太监。

㉙ 珠襦玉匣：帝后诸侯的殓服。

㉚ 志大师：南朝齐梁之际高僧宝志。 入定：进入禅定，即端坐闭目，心神专注，是一种僧人的修行方法。

㉛ 陵谷迁：山谷变成丘陵，丘陵变成山谷，比喻世事变换。

㉜　玄武湖：位于今南京玄武区，明代建有后湖黄册库，用来存放黄册档案。

㉝　樾（yuè）：树荫。

㉞　旸（yáng）：日出。　蠹鱼：银灰色的无翅昆虫，会蛀蚀书籍衣物。

㉟　灵谷：灵谷寺。宝志禅师圆寂后葬于南京紫金山独龙阜，明代迁至灵谷寺。

㊱　景阳钟：南朝齐武帝置钟于景阳楼，敲击景阳钟就宣告早朝开始。

㊲　瓴甋（líng dì）：砖。

㊳　券（xuàn）：拱券，建筑物上拱形的构件。

㊴　椽桷（chuán jué）：椽子，架设在屋面基层，用来承受屋面重量的构件。

㊵　唇：钟底部开口外张的部分。

㊶　弹丝：弹奏弦乐器。

㊷　昭明太子：南朝梁昭明太子萧统，字德施，编纂有《文选》。

㊸　吴伟：字次翁，号小仙，明代画家，擅长山水、人物。

㊹　婆娑：枝叶茂盛的树木。

㊺　八功德水：又称八支德水、八味水、八定水，佛教认为西方净土有八功德池，其中充满八功德水，具有澄净、清冷、甘美、轻软、润泽、安和、除饥渴、长养诸根等特性。

㊻　阿耨池：即阿耨达池，意即无烦恼。

㊼　浮图：佛塔。

㊽　瑶台：雕饰美丽的楼台。　缥瓦：淡青色的琉璃瓦。

㊾　焜（kūn）耀：照耀。

㊿　祈年：祈年殿，始建于明永乐年间，用来祭祀天地。　望仙：望仙台，唐代大明宫内建筑。

51　回薄：迂回绕行。

㊿ 牛首：牛首山。　献花：祖堂山上的献花岩，正对牛首山。

㊼ 肩舆：轿子。

㊺ 辟支佛：即辟支迦佛陀，指在无佛法的时代潜修独悟者。　舍利：佛或高僧的遗骨。

㊻ 阖门：关门。

㊾ 懒融：唐代禅宗牛头宗祖师法融，讲经说法时曾有百鸟献花来供养。

㊿ 礌（léi）：守城时从城上往下推的石头。

㊿ 屝屦：草鞋。

㊿ 江唇：江边。

㊿ 牟首：牛首。

㊿ 武：半步，泛指脚步。

㊿ 丘亭：空亭。

㊿ 酹（lèi）：把酒浇在地上，表示祭奠。

㊿ 左太冲：西晋文学家左思，字太冲，曾在家中各处放置笔墨，耗费十年才撰成《三都赋》。

㊿ 奏：陈说。　单辞：简短的言辞。

游武林湖山六记

苏子瞻云："天目之山，苕水出焉①。龙飞凤舞，萃于临安②。"则堪舆氏言也③。临安胜以西湖为最，白傅之函④，苏公之堤⑤，唐、宋以前，夫非潴溉地耶⑥？南渡后，山有塔院，岸有亭台，堤有花木，水有舸舫，阴晴不问，士女为群，猗与白云之乡⑦，遂专为歌舞之场矣。余自青衿结发⑧，肄业武林，洎乎宦游于四方⑨，几三十年，出必假道，过必浪游，晴雨雪月，无不宜者。语云："人知其乐，而不知其所以乐也。"余则能言，请尝试之。（屠评：此机局似古人，古人那有此藻丽⑩。）

当其暖风徐来，澄波如玉。桃柳满堤，丹青眩目。妖童艳姬，声色遝陈⑪。尔我相觑，不避游人。余时把酒临风，其喜则洋洋然。故曰宜晴。

及夫白云出岫，山雨满楼。红裙不来，绿衣佐酒。推蓬烟里，忽遇孤舟。有叟披蓑，钓得艖头⑫。余俟酒醒，山青则归，雨细风斜则否。故曰宜雨。

抑或璚岛银河，枯槎路迷。山树转处，半露楼台。天风吹雪，堕我酒杯。偶过孤山，疑为落梅。余时四顾无人，则浮大白，和雪咽之，向逋仙墓而吊焉⑬。故曰宜雪。

若其晴空万里，朗月照人。秋风白苎，露下满襟。离鸿惊起，疏钟清听。有客酹客，无客顾影。此于湖心亭佳，而散步六桥，兴复不减。故曰宜月。

余居恒系心泉石，几欲考卜湖畔⑭，良缘未偶，聊取昔游记之。然吾游夥矣⑮，每挟宾朋，止占一丘一壑，行踪未遍，夕阳旋归。惟戊寅春捧檄朗陵⑯，念走风尘，未卜再游何日，乃与所知蔡立夫、吴本学辈纵目全湖一周⑰，遂以斯游记。

① 苕（tiáo）水：在今浙江境内。

② 临安：即今浙江杭州的古称。按：这里所引苏轼语，见《钱氏表忠观碑》。

③ 堪舆氏：以勘察地理风水以预卜吉凶为业者。

④ 白傅之函：白居易任杭州刺史时，修筑西湖湖堤以增加蓄水量，并以石闸（函）控制水位。

⑤ 苏公之堤：苏轼任杭州知州时，利用疏浚西湖时挖出的淤泥修筑堤坝。

⑥ 潴（zhū）溉：蓄聚灌溉。

⑦ 猗（yī）与：感叹词，表示赞美。 白云之乡：仙乡。

⑧ 青衿：年轻学子穿的一种青色交领长衫。 结发：古代男性自成童开始束发，因以指初成年。

⑨ 泊（jì）：到，及。

⑩ 那：同"哪"。

⑪ 遝（tà）：纷乱繁多。

⑫ 艖（chā）头：鳊鱼。

⑬ 逋仙：宋代诗人林逋，隐居于西湖孤山，以种梅养鹤自娱。后世称其为"逋仙"。

⑭ 考卜：考槃卜居，指择地隐居。

⑮ 夥（huǒ）：多。

⑯ 戊寅：万历六年（1578）。 捧檄：接到担任官职的通知。

⑰ 吴本学：生平不详。

出涌金门过孤山至岳坟记 ①

出涌金门即见汪汪千顷，其间艅艎舴艋 ②，咸舣于西三门 ③，而涌金踞其中，独丛集焉。维时桃花开[④]，买舟者日一金犹竞不得[⑤]，馀时则五六倍减之。出门数百武，入柳洲亭。亭背女墙蘸湖，折柳持觞，多走其下。过亭为表忠观[⑥]，以祀吴越王镠也[⑦]。碑刻苏子瞻手笔[⑧]，树石于门。出祠引小鹢首至大佛寺[⑨]，佛头出地三丈，仅作一满月，云秦始皇游会稽系缆石也。旁一泉，石髓沁齿。东去凭小阁远望，酒舰往来湖面，如飞鸢点点堕水，最有致。俗善水葬，时正寒食，过断桥，士女招魂而野哭者如蚁焉。断桥绕孤山而西者，苏公堤也。孤山即林处士逋隐处，山无奇峰，陂陀立水中。处士生宅其阳，死荷畚焉[⑩]。冢前放鹤亭，亭东四贤祠，以祀李侯泌[⑪]、白公居易、苏子轼与处士，共俎豆之。冢前野梅三数株，虽非逋植，然诵"疏影""暗香"之句[⑫]，如与处士神俱。环孤山北麓穷，乃入岳鄂王庙[⑬]。庙西有斧鑨封者[⑭]，乾坤丘土，盖此孤忠。前像桧、峞辈三铜人[⑮]，晨夕锤击之，以泄英雄之愤。好事者复擘株桧植墓门，桧亦连理以上，大奇也。近复有买地斥驰道于湖滨者[⑯]，庙貌遂顿然改观。山南亦有于肃愍墓[⑰]，与岳坟南北相望，博千古游人一涕。出庙复挐舟[⑱]，东谒陆宣公祠[⑲]。危楼重阁，争高闉阇，疑片石合成，此孤山之南麓也。湖中暮色，远远如自西南至，画船箫鼓，尽笼烟水东归矣。岳庙以东，缙绅士大夫家多琪园雕榭，酒肆书堂[⑳]。近湖渔子，时复以竹篱茆屋，鸡犬其间，暮而灯火聚渡头如乱萤。为地近钱塘、涌金两门，故古所称横塘查下[㉑]，恐未胜之。

① 涌金门：杭州西城门之一，门临西湖。　孤山：西湖中最大的岛屿。　岳坟：南宋抗金名将岳飞的坟地。

② 舻艎（yú huáng）：船名。 舴艋（zé měng）：小船。

③ 舣（yǐ）：船靠岸。

④ 维时：当时，此时。

⑤ 买舟：雇用船只。

⑥ 表忠观：宋初为祭祀吴越国钱氏诸王而建立的一所祠庙，位于涌金门外。

⑦ 吴越王镠（liú）：吴越国的开国国君钱镠。

⑧ 苏子瞻手笔：苏轼《钱氏表忠观碑》，明嘉靖年间曾重刻。

⑨ 小鹢（yì）首：小船。

⑩ 臿（chā）：用来掘土的工具。

⑪ 李侯泌：李泌，见卷一《恒游记》注。

⑫ "疏影""暗香"之句：林逋《山园小梅》诗有"疏影横斜水清浅，暗香浮动月黄昏"之句。

⑬ 岳鄂王：南宋抗金名将岳飞，死后封鄂王。

⑭ 斧鬣封：坟墓封土的一种形式。

⑮ 桧：南宋秦桧，曾任南宋宰相，主张与金议和，阻挠岳飞抗金。 禼：南宋万俟禼（mò qí xiè），曾任南宋宰相，主治岳飞之狱，致岳飞被害。

⑯ 斥：拓展。 驰道：为行驶车马而修建的道路。

⑰ 于肃愍：于谦，字廷益，号节庵，明代政治家。在土木之变英宗被俘后出任兵部尚书，坚请固守。死后谥为肃愍。

⑱ 拏（ná）舟：撑船。

⑲ 陆宣公：陆贽，字敬舆，唐代政治家、文学家。死后谥为宣。

⑳ 书堂：书房。

㉑ 横塘：三国时东吴在秦淮河南岸修筑的堤坝。 查下：横塘附近的间巷名。

出清波门游湖南诸山至六桥记 ①

出清波门，聚景园，宋阜陵所筑②，圮而不存③。沿湖人家水上，掩半扉，植标种荷，或带以长簿④，袤广里许。花时水云如锦，香随风或闻入城中。游人以小叶舟阑入，赋《采莲》之歌，在净慈之藕花居为最胜⑤，今亦圮。净慈在南屏山下，殿内旋台藻井⑥，狮象山立⑦。后壁塑过海大士⑧，左堂五百应真⑨，种种变相⑩，具生人气。上有宗镜堂⑪，前为雷峰塔。堂前近种松、杉、桧、竹，蔓屏叠石，废院复兴。塔，钱氏妃建，毁于火。自净慈而至法因寺，路两岐，一行六桥堤上，一沿山而上南高峰。六桥者，大堤亘南北，分湖内外为半，如长虹卧涧中。映波、锁澜以下⑫，桥各有洞，洞各通步。画船入里湖，穿卷篷下，时时倚棹听堤上人歌舞。两行间植桃柳，不树它木。春时花飞絮落，撮以为茵，拥丽人、驰宝马而至者，更相枕焉⑬。彼噱此谭⑭，此赏彼态，互相点为景。醉则斗鸡走械，六博蹴踘⑮，无日无之。此湖堤之大概也。南高峰与北高峰对，自五云天际分支而来。其麓四出：一过大慈山，至虎跑、真珠二泉，南出龙山，抵六和塔；一度慈云岭，经凤凰、秦望二山，多吴越、南宋故迹，今改坛以祀山川；一落石坞、烟霞，下有玉岑山，山对高丽寺，界六通法相⑯；一入湖，过大、小二麦岭，大麦东至丁家山，小麦下饮马桥，南至凤篁岭，上有龙井，益而最灵⑰，葛洪炼丹其侧。四入道路参差，在所成境，然行人多亡羊矣⑱。

① 清波门：杭州西城门之一，濒临西湖。　六桥：西湖外湖苏堤上的六座

桥梁。

② 聚景园：南宋皇家园林，位于西湖边清波门外。　宋阜陵：宋孝宗赵昚，死后葬于永阜陵。

③ 圮（pǐ）：毁坏，倒塌。

④ 簿：同"薄"，密集的草木丛。

⑤ 净慈：净慈寺，位于西湖南岸。

⑥ 旋台：华美的高台。　藻井：建筑物内呈穹隆状的天花，饰以各种雕刻或彩绘。

⑦ 狮象：形如狮子、大象的假山。

⑧ 大士：观世音菩萨。

⑨ 应真：罗汉。

⑩ 变相：用绘画或雕塑来表现的佛教故事。

⑪ 宗镜堂：净慈寺中的讲经堂，五代时延寿禅师在此纂辑《宗镜录》，由此得名。

⑫ 映波、锁澜：都是西湖苏堤上的桥名。

⑬ 相枕：相互枕藉，形容数量多。

⑭ 噱（xué）：笑。　谭：同"谈"。

⑮ 六博：掷采行棋的博戏类游戏。　蹴踘：即"蹴鞠"，古代的一种球类运动，类似于现在的足球。

⑯ 六通：佛教所说的六种神通。　法相：佛教中指诸法真实之相。

⑰ 益：浓厚，洋溢。

⑱ 亡羊：迷路。

出钱塘门观戒坛至灵隐上三天竺记 ^①

出钱塘门，室庐蔽岸，时于隙处见青帘在木末^②，知有当垆以俟游人者^③。余乃舍舟命竹兜子^④，去里许，西北为昭庆寺，亦名万善戒坛。每岁上巳^⑤，律僧登坛说法，云水缁林托钵来授戒者^⑥，何啻千百徒^⑦。巨室富贾施金钱，计亦称是。寺毁于寇，戒禁于官，其后废不举。西行过石函桥，非白公所为贮水以时启闭者，千载之利也。又过宝石山^⑧，有塔焉。其下为葛岭，葛仙翁所居^⑨，有丹井悬泉，冽而寒。自此翠谷苍山，丹甍碧牖，无论平泉绿野，即半亩之宫，其题构多错出于大佛寺、岳坟左右，耳目多应接不暇。再西，踏歌堤上^⑩，步入金沙滩，过九里松，则三天竺在焉。三竺之间，两崖持道，身行重嶂，不见去来。其间古松鸣泉，四顾响答，呗声人籁^⑪，杂以成趣，寺不必佳而径佳。上天竺直北高峰下，踞盘谷中，庵在半山，足当静室。寺则士女市嚣^⑫，非修真栖也。归路左转由合涧桥，得飞来峰。岩屋肺覆，巧而空中，怪石流泉，与粤七星诸洞等^⑬，说者谓飞自西域灵鹫^⑭，何幻耶？峰对寺为灵隐，祇林方丈^⑮，不谢净慈^⑯。右行阴磴，斗室数椽，鸣泉在其屋下。问之，为峋嵝山房，良隐者之适也。又西，上有呼猿洞与月中桂子，树老猿亡，求之不得。出寺，夹峰见亭，曰冷泉，欲濯缨而归^⑰。比出山，夕阳尚早，复过白乐桥，寻徐神翁雷院^⑱，观鱼于玉泉。由玉泉东转至栖霞岭，问紫云洞。东山月出，众云月湖佳，余复舍舆买艇，戴月饮湖心亭，倚阑独啸，影落藻荇间^⑲，与流光上下，真自濯魄冰壶也^⑳。春寒夜寂，如有声自北麓起，余曰孤山鹤已回矣，遂返。

① 钱塘门：杭州西城门之一。　戒坛：万善戒坛，即昭庆寺。　三天竺：位于天竺山上的上、中、下天竺寺。

② 青帘：酒店门口的幌子。　木末：树梢。

③ 当垆：卖酒。垆，放酒坛的土墩。

④ 竹兜子：有座位而无轿厢的竹制轿子。

⑤ 上巳：农历每年三月初三。

⑥ 云水：到处漫游的僧人。　缁林：僧众。　授戒：佛教徒经过特定的宗教仪式接受戒律。

⑦ 何啻：何止。

⑧ 宝石山：位于西湖的北里湖北岸。

⑨ 葛仙翁：即葛洪。见本卷《留都述游》注。

⑩ 踏歌：唱歌时用脚踏地作为节奏。

⑪ 呗（bài）声：僧人诵经唱偈的声音。

⑫ 市嚣：市井喧闹声。

⑬ 七星诸洞：参见卷七《游七星岩记》。

⑭ 灵鹫：灵鹫山，在古印度摩揭陀国王舍城东北。飞来峰又名灵鹫峰，传说本是古印度灵鹫山上的小岭。

⑮ 祇（zhī）林方丈：寺庙。

⑯ 不谢：不亚于。

⑰ 濯缨：洗濯帽带，比喻超脱世俗。

⑱ 徐神翁：宋代道士徐守信，在早期道家神话中曾列名于八仙。

⑲ 藻荇（xìng）：水草。

⑳ 冰壶：月亮。

再出清波门至六和塔望潮记 ①

再出清波门，过慈云山，南去为万松岭，西入一峪，称天真精舍，阳明先生讲堂也②。天龙右耸③，长冈绾毂④，风气最佳。半山立像祠先生，龙形凤目，鹤骨清癯，真翩然风尘之表。祠前八卦亭，亭八方，田各以龟畴画之⑤，谓宋旧斋宫地⑥。宿上祠，望大江东南来，浮白一线。夜半而听，又如震雷殷殷起山足，渐轰虢上山⑦，崖谷俱撼，不知为海潮音也。若五更东海出日，适与潮会，则赤轮上涌，捧以瑶盘，更耀心目。（屠评：大好文字。）

出谷，过浙江驿，上六和塔，浮图六层，层构一佛宇，阁道四周之，顶有古刻《四十二章经》⑧。登上层，凭栏俯之，流长江其下，塔影半浸江中，势欹欲入，魂悸不自持。从六和塔望潮，则琼涛雪浪，翻天倒注，与山上视又差殊，觉大地尽震荡，如欲浮去。江中轴舻⑨，无问大小，咸曳首向之⑩，如轻鸥出水，乍见乍灭。八月弄潮儿执红旗⑪，徒手而泅⑫，意扬扬如也⑬，盖习之矣。说者谓素车白马⑭，员之怒也⑮。余其不然。至镠以万弩射之⑯，潮悉奔回，至今赖以甃石成岸⑰，又胡能尽谓无所依凭耶？江头烟火万灶，五商辏集⑱，咸倚堤岸以居。微禹其鱼⑲，尚思钱氏之烈乎哉？绝江横渡，则入会稽⑳；溯流上，则登严陵钓台㉑；顺而入海，则龛山、赭山如浮烟两点㉒，承日出入。

---

① 六和塔：又名六合塔，始建于北宋初。

② 阳明先生：王守仁，字伯安，号阳明子，浙江馀姚人，明代思想家、心学

代表。

③ 天龙：天龙寺，位于天真精舍西侧。

④ 绾毂（wǎn gǔ）：处于中枢位置。

⑤ 龟畴：龟背上的纹路。

⑥ 斋宫：帝王举行斋戒时的宫殿。

⑦ 觑（xì）：令人恐惧的样子。

⑧ 《四十二章经》：即《佛说四十二章经》，是第一部汉译佛经。

⑨ 轴舻：船舵和船头，指代船只。

⑩ 曳：牵引。

⑪ 弄潮儿：在潮水中嬉戏、搏击的年轻人。

⑫ 泅（qiú）：游泳。

⑬ 扬扬：得意的样子。

⑭ 素车白马：办理丧事时用的白色车马，比喻江潮。

⑮ 员：春秋时吴国大臣伍员，即伍子胥。相传吴王夫差不听从伍子胥的劝谏，
反而赐其自尽，并将其尸首抛入江中。从此波涛汹涌，时常可以看到伍子
胥乘着素车白马站在潮头。

⑯ 镠（liú）：吴越王钱镠，相传他曾安排弓箭手张弓射潮，潮水由此消退。

⑰ 甃（zhòu）石：垒石为壁。

⑱ 辏（còu）集：聚集。

⑲ 微禹其鱼：语出《左传》，意谓如果没有大禹治水，那么人都将变成鱼。后
也作为颂扬功德的套语。

⑳ 会稽：今浙江绍兴。

㉑ 严陵钓台：东汉隐士严子陵垂钓处，位于今浙江桐庐富春山。

㉒ 龛山、赭山：位于今浙江萧山，古时两山夹江对峙。

登吴山记①

行四日而西湖之游穷矣，然吴山叠巘②，天挺神皋，左江右湖，得趣较倍，乃复约登吴山。山下有泉，阔如广厦，瓷五石眼，丹鳞赤鬣之鱼，盈尺而跃，不避汲绠③。前树石楔④，为"吴山第一泉"。转庙巷入山，人家咸夹磴道而居，短扉小阁，荫以高槐，六月无暑。行居人屋檐下，如行山中，碧瓦断处，青山乃续。路入翠微，则有中兴观、星宿阁、重阳庵、青衣泉，门或扃或辟，辟者入，扃者过之。它如皮场、火德、佛龛、社树⑤，多阿堵所不能遍⑥。上金池山，至城隍庙，大江百里，时时从疏树中入。庙后登太虚楼，下瞰全湖，跃金沉碧，一日俱尽。庙临江，楼面湖，斯吴山之伟观也。下楼读碑，叹孙刺史之流风犹在。复登别垄⑦，有巨观焉。周庐百楹⑧，锦幢千道⑨，黄金为堂，碧琉为瓦，青玉为地，炉烟袅空，双龙抱之。余向闻三茅观之丽⑩，逼视之，果然。出观，望紫阳庵⑪，近矣。紫阳为仙人张平叔而名也⑫，左塑丁野鹤蜕骨⑬。玲珑一峪，叠石而成，腻过太湖，巧胜桂林，洞虚得月，径曲留云，丽堪揽胜，幽足采真⑭。初疑神工鬼斧，何以刓刻至此⑮，及谛观之⑯，满山石骨皆然，此偶为风水所漂露耳。三茅山名七宝，紫阳山名瑞石，城隍山名金池，青衣山名宝莲，各标所胜为题，总之皆称吴山。

① 吴山：位于西湖东南。

② 叠巘（yǎn）：重叠的山峰。

③ 汲绠（jí gěng）：汲水用的绳子。

④ 石楔（xiē）：石柱。

⑤ 皮场：土地神。 火德：火神，灶神。 佛龛：供奉佛像的小阁子。 社树：古代封土为社，以祭祀土地神，并随其地所宜栽种树木，称为社树。

⑥ 阿堵：钱。

⑦ 垄（lǒng）：土埂。

⑧ 周庐：皇宫周围所设的警卫庐舍。 桷（jué）：方形的椽子。

⑨ 锦幢：锦旗。

⑩ 三茅观：位于吴山之上，是道教符箓派的圣地，祀三茅真君。

⑪ 紫阳庵：位于吴山之上，用以纪念宋代道教紫阳真人张伯端，因而得名。

⑫ 张平叔：北宋道教学者张伯端，字平叔，号紫阳。

⑬ 丁野鹤：元代全真教道士，居吴山紫阳庵修道。 蜕骨：灵魂升天后留下的骸骨。

⑭ 采真：求仙修道。

⑮ 刓（wán）刻：研磨刻削。

⑯ 谛观：仔细看。

白岳游记 ①

岷山下天目以来，遍江南矣。其高崖大阪，盘礴际空者②，惟黟、婺间为胜③。环黟、婺皆山矣，其坻岊鳞朐④，如世所称玄都陕区者，惟白岳、黄山最胜⑤。二山并峙争雄，黄山称介丘矣⑥。而帝畤神灵为时所夸翊而趋焉者⑦，惟白岳尤胜。

　　余从白下来，过王将军石室，以丁亥午日会休宁令丁元父，次日遂为白岳之游。出休宁三十里，抵山，坐棹楔下，山中爽气，便觉依人。自白岳岭过桃源，缘梯历块⑧，就风嗑结⑨，团标当之⑩，视下方平楚苍然，暑色不上山麓，曰中和之亭。过亭，循石鳌坞旁深壑，于灌莽间听水声泠泠，曰桃花之涧。循涧而南，舆或高或下且十里，峭壁横截，路几穷矣。忽开一窦，如刓刻作卷篷大桥状，高负侔阙⑪，一石楠扶疏如盖，直阙前，曰东天之门。入门，飞巘嵌空，多成乳窦，圆通道德，广平逾丈。其最深者，樵蒸而入⑫，可达蓝渡。二石龙循洞门游鬣，如石甃然，杂塑释道应真于中，曰罗汉之洞。稍西，龙洞脊有飞泉洒下，入碧莲池，水旱不竭，瀑不成布，溅乃如珠，曰珍珠之帘。崖西石壁上有如虎迹印泥淖中者，曰黑虎之崖。度天梯岭，又里馀，入玄武观，彩斿甲帐，题构枙振⑬，中坐玄君塑像⑭。道流称百鸟衔泥以成，或谓神其说也。左峰为石鼓，右峰为石钟，夹观两峰为辇路。观后高峰千仞，白云封之，曰齐云之岩。直观孑立而上，顶齐观趾，铸铁亭笼之，曰香炉之峰。观西逾桥，斗崖中断，一小峰离立涧下，曰舍身之崖。逾浮云岭，层峦刺天，左龙右虎，至天门即见其巅，曰紫玉之屏。复西里馀，峰侧有石如虹卧，泉一缕旁注为洗药池者，曰鹊桥之峰。桥左巨壁崛起，横列如障穹然，而楼阁其下，曰紫霄之崖。驯伏峰前，昂首封鞍，似欲长鸣而起者，曰橐驼之峰⑮。丹楹桓础⑯，砀基绣闼⑰，架驼脊而筑者，曰无量寿佛之宫⑱。西北石俪俪人立⑲，篆岫如螺髻者[20]，曰三姑之岩。五峰比肩相倚，苍颜黛色，向文昌阁如矫首欲语者[21]，曰五老之峰。朱阁隐隐，扼山之吭[22]，曰西天之门。山北向东、西两天门，距可五里馀，然未及出西天门，以跨石梁之奇。

山高不及武当十之二，而黄冠羽士埒黄金[^]，以云集乎四方之士女者同；衺不及雁宕十之三，而奇峰怪石种种刻画肖形，以甲胜于宇内者同；曲不及武夷十之五，而凭高临水，舣棹看山，既兼舟舆，复当传舍，如青楼临广陌，以邀赏于往来之游人者同。说者谓真武自择取之，缘以上升，故奔走海内如市。余观世所艳称瀛洲、蓬莱之属，往往谓神仙栖止。余生不问徼福乞灵事[23]，即指顾山川，真不翅化人之居哉[24]！

① 白岳：即齐云山，位于今安徽休宁以西。

② 盘礴：广大，雄伟。

③ 黟（yī）：黟县，今属安徽。　婺（wù）：婺州，今浙江金华一带。

④ 坻（dǐ）：山坡。　崿（è）：山崖。　鳞峋（xún）：高峻的样子。

⑤ 黄山：古称黟山，位于今安徽南部。

⑥ 介丘：微小的土山。

⑦ 畤：祭祀天地五帝的固定场所。　夸诩：夸耀。

⑧ 历块：迅速经过。

⑨ 嗌（yì）：咽喉。

⑩ 团标：圆形的草屋。

⑪ 侔（móu）：等，齐。

⑫ 樵蒸：举着火把。

⑬ 怏振（yāng zhèn）：半边屋檐。

⑭ 玄君：道教神话中的玄武大帝，又称真武大帝、荡魔天尊等。

⑮ 橐（tuó）驼：骆驼。

⑯ 桓：柱子。　础：垫在柱子下的石墩。

⑰ 砀（dàng）基：用有花纹的石头造的墙基。　绣闼（tà）：装饰华丽的门。

⑱ 无量寿佛：即阿弥陀佛。

⑲ 俪俪：并列。

⑳ 螺髻：形如螺壳的发髻。

㉑ 矫首：抬头。

㉒ 吭（háng）：喉咙。

㉓ 徼福：祈福。　乞灵：向神佛祈求帮助。

㉔ 不翅：不啻，不止。　化人：仙人。

越游上

卷四

屏霞嶂

石屏

旗峰

靈峰寺

玉井

石珠岩

谷峰洞

天聰洞

五老峰

翔鳳峰

鳳

蝴蝶嶺

石門洞

老僧岩

越 游 上

越 游 注

东海之墟有二越焉，於越当其北^①，瓯越当其南^②。其始一越也，皆禹之后，王勾践之所治也^③。汉时无终始自别为东瓯^④。天台以北则於越之故都，雁宕以南则东瓯之别壤。余生台、宕间，饫其山川^⑤，而吊乎先生者之人，雄图霸业，蓬嶙绳枢^⑥，而今安在矣？问其山川，山川不知。余于是怅然兴怀，吾家右军不云乎^⑦，"后之视今，亦犹今之视昔"也^⑧。记越游自南明始。

南明山者^⑨，新昌城西南二里^⑩，五代钱氏所创宝相寺也。路经盘谷而入，峭岩逼汉，划其中为弥勒十丈，曲栏飞阁，锦棚缥瓦，咸自外附丽之，久而化为乌有。今移其寺于右偏，山巅有阙，中秋月正堕影于中。谷口有湖，筑长堤，植榆柳焉。风和日暖，柳丝垂垂荫人。谷中石气清无，留云障雾，枕流漱石^⑪，良不恶也。余为天台桃源主人，每出必假道于是，盖天台西行过天姥则入南明，东去过奉川则登雪窦。

雪窦在奉化之西^⑫。出县城十里，日岭之坂有石焉，亭亭然，伛而顾^⑬，锐而肖髻^⑭，以类人也，为夫人庙祀之。又二石，高与夫人肩，罅夹长石如巨鳅，齿齿足玩^⑮。又行四十里，山霭明灭，忽翠微有亭，榜"雪窦"焉^⑯。历峻坂再数十盘，近之，乃至望官曲，道树宋"应梦名山"碑⑰。复行数百武入山门，则平畴沃衍⑱，更忘其为万山之巅也。中起一石皋，广弗盈亩，楠柏森蔚⑲，海鹤巢之⑳，名含珠林。东、西两涧水合，为阁道覆之㉑，名观澜阁。南涧有沼，石文如锦，名锦镜池。又折而南，两涧合流之水垂泻于千丈岩下，悬为瀑布，虎豹吼而震雷轰也，寒飙从水中与飞沫俱起，四顾戟战不自持㉒，名龙隐潭。又行十里，至妙高台，为上雪窦。旧有藤龛，僧和庵巢其中㉓，日令双虎颈挂大竹筒来寺乞斋，为守龛弟子，今僧去而龛废矣。此山奇峭幽邃，烟云满壑，亦海上之一奇也。时华亭乔君令奉化㉔，为东道主。过雪窦则有四明之胜。

四明山者㉕，天台之委也㉖。高与华顶齐㉗，跨数邑。自鄞小溪入㉘，曰东四明；自姚白水入㉙，曰西四明；自奉川雪窦入㉚，则直谓之四明。行山中大约五六十里，山山盘互，竹树葱蒨，众壑之水，乱流争趋。入益深，猿鸟之声俱绝，悄然嘻呬通颢气㉛，觉与世界殊绝，不似天台近人也。道书称第九洞天，峰凡二百八十二，中有芙蓉峰，古隶"四明山心"字。山四穴如天窗，隔山通日月星辰之光，故曰四明。山北有潺湲洞，洞下曰过云岩，云缥缈不绝者二十里，人经行云中，故云。山南曰云南，山北曰云北。山无古刹，人迹罕至。大约东海之上，惟天台、四明，群山罕俪焉。下山回抵县东走鄞百里，则有东钱湖之胜。

东湖者㉜，去鄞东三十里，受七十二溪之流，灌鄞七乡，一名万金湖。湖口有堰，易舟而渡，山长洑远㉝，两崖青草，正啮秋水㉞，水中白蘋红蓼，洲以百计，海鸥片片往来。堰前乔木，咸史丞相弥远后㉟。泊舟霞坞，正当湖心，中藏补陀洞，凿深百步，则卫王为其母作之者⑯。登岸适余中舍别墅⑰，则背山面湖，葱蒨在门，琪花瑶草，大率取胜于湖色为多。出湖渡汇涧桥，陆行至玉几山，有阿育王寺焉⑱。昔刘萨诃得佛舍利于地中⑲，置塔以藏。塔高不及尺，四隅角起，非木非石，悬舍利于金钟下，大不逾菉荳⑳，色黄白，焜耀动摇无定时，盖宇宙之神奇哉。观毕，假宿焉㉑。时丙戌九月㉒，与友人陈大应同行。自此东行至定海㉓，渡海再潮汐，则有补陀之胜㉔。

① 於越：今浙江及周边地区。

② 瓯越：今浙江温州及浙南一带。

③ 勾践：春秋时越国的君主。

④ 东瓯：古越族的一支，分布在今浙江南部瓯江、灵江流域。　无终：疑当作"无馀"。古越族首领摇，在汉代被封为东海王，都东瓯，俗称东瓯王。一说摇即摇无馀。

⑤ 饫（yù）：熟悉。

⑥ 蓬：蓬户。　窞：同"罍"，小洞穴。　绳枢：以绳系门，代替转轴的门枢。

⑦ 吾家右军：指王羲之。

⑧ "后之视今"二句：语出王羲之《兰亭集序》。

⑨ 南明山：位于浙江丽水。

⑩ 新昌：今属浙江绍兴。

⑪ 枕流漱石：语出《世说新语·排调》，意谓头枕水欲洗耳，口漱石欲砺齿，指隐居生活。

⑫ 雪窦：雪窦山，位于今浙江奉化以西。

⑬ 伛（yǔ）：弯腰曲背。　颀：身材修长。

⑭ 肖：像。

⑮ 齿齿：排列如齿状。

⑯ 榜：榜书，写大字。

⑰ 应梦名山：北宋仁宗梦游八极之表，醒后认定是雪窦山。南宋理宗又特意书写"应梦名山"四字，赏赐给雪窦寺。

⑱ 沃衍：平坦辽阔。

⑲ 森蔚：繁茂。

⑳ 海鹤：海鸟名，一说即江鸥。

㉑ 阁道：栈道，高楼之间架空的通道。

㉒ 戟战：身体发抖。

㉓ 僧和庵：宋代雪窦寺知和禅师，讲说佛经时有两虎旁听。

㉔ 华亭：今上海松江。

㉕ 四明山：位于今浙江东部宁绍地区。

㉖ 委：支脉。

㉗ 华顶：天台山主峰华顶峰。

㉘ 鄞（yín）：鄞县，今属浙江宁波。　小溪：小溪镇，今属浙江宁波。

㉙ 姚：姚江，今浙江馀姚。　白水：白水山。

㉚ 奉川：今浙江奉化。

㉛ 嘻呬（xī xì）：吐气，嘘气。　颢气：清新洁白之气。

㉜ 东湖：位于今浙江绍兴。

㉝ 洑（fú）：回旋的水流。

㉞ 秋水：秋天江河的水。

㉟　史丞相弥远：史弥远，字同叔，鄞县人，出生于东湖，南宋宁宗、理宗两
　　朝时任宰相。

㊱　卫王：史弥远死后被追封卫王。

㊲　余中舍：余天锡，字纯父。史弥远曾延其为塾师。后以扶进宋理宗而贵显，
　　任中书舍人。

㊳　阿育王：古印度孔雀王朝的皇帝，后皈依佛教，推动佛教的传播。

㊴　刘萨诃：东晋南朝人，出家后法号慧达，曾至天竺取经，在阿育王寺中掘
　　出佛舍利。

㊵　菉（lù）：绿豆。　 菽（shū）：豆类的总称。

㊶　假宿：借宿。

㊷　丙戌：万历十四年（1586）。

㊸　定海：今属浙江舟山。

㊹　补陀：即普陀山，位于今浙江舟山。

　　补陀者，东海岛屿孤绝处，为大士道场，善财岩、潮音洞、盘
陀石、莲花洋俱在焉，其胜称绝。余友屠长卿住海上①，初欲拉与
俱往，而长卿方作客宛陵②，余乃独与陈生乘艚艒，至定海而渡。
适云雾连三日重，海气昏昏不辨。侯大将军力止之，仅得于招宝山
悬望焉③。招宝一名望涛，寡崖屹立海际，去城里馀，石磴岑崟④，
嗌隘且峻⑤，及其巅，始得平冈城之。谒大士不能渡海者，多于此
遥祝云。东有望海亭，望大海茫无津涯，与天为一。是日风觉霁，
日照海中诸岛，远近明灭，方壶、员峤如在几席间⑥。近者霍山，
又近蛟门，又近金堂、大榭，海舶过岛下，仅仅一木叶浮沤而已⑦。

正指顾间，忽飓风复吹人欲起，黄云满岛，惊涛拍天。余顾足下山，如欲浮去，乃悸而返。自此入姚江，出曹娥^⑧，走鉴湖^⑨，行四百里，则有会稽禹穴之胜^⑩。

禹穴者，在会稽山之麓。山之东陇，隐若剑脊，西向而下皆石也，石之中藏窀石焉^⑪，其形如权^⑫，高与首齐，扶之或摇，曳之不起，盖异物也。俗称禹葬衣冠于此。或曰禹陵在陇后，宬三峰而带湖^⑬，有穹碑"大禹陵"者是^⑭，此特以藏金简玉字书也。左行二里为会稽山镇，西北五里则接宛委山^⑮。山有石匮，穴其中为阳明洞天，名在道书第十一。昔大禹发之，得赤珪如日、碧珪如月^⑯，又得玉笥秘图^⑰，悟百川之理。贺季真则谓黄帝藏书于宛委^⑱，禹得之而复藏之，名禹穴云。行会稽山，群峰拥簇，水绕鉴湖，有贺季真旧宅。自鉴湖达枫桥，则美竹嘉树相望。十里而至王逸少之兰亭，亭有曲水，有鹅池、墨池。曲水非其旧，当是溪流失其处耳。昔人谓："行山阴道上，如行镜中。秋冬之际，殆难为怀^⑲。"旨矣哉^⑳！去而入苎罗村^㉑，观西施浣纱石。出桐江^㉒，则有钓台之胜^㉓。

钓台者，汉严光隐处也。两崖峭立，夹黟、婺之水而下桐庐，蜿曲如游龙者七里。水涨则矶激如箭，山腰二巨石对峙，突兀欲倾，名以钓台，天作之矣。好事者亭其上，左"垂纶百尺^㉔"，右"留鼎一丝^㉕"。登台而俯深渊，水靛如绿玉^㉖。山麓万木参天，其翠欲流。祠而颜之以"圣人之清^㉗"，然乎哉？山隔水为白云原，唐方雄飞隐居其上^㉘。有冢，则宋谢皋羽所恸哭而终焉者也^㉙。二子皆闻先生风，如梁伯鸾觅葬于要离之侧^㉚。自雪窦至此，咸与陈生俱，其游皆以丙戌之秋也^㉛。过严陵濑入兰溪^㉜，水行二百里，则有金华三洞之胜^㉝。

金华山高千丈，一名长山，又名北山。山巅双峦，曰金盆，曰玉壶。壶水分两派下，下乎山之阳者，由山桥以达于溪；泻乎山之阴者，由鹿田而入于洞。盆水惟一派，落而为赤松涧。山桥者，两崖崎百仞，上有石横跨之，溪流下注焉，故于诸涧为尤胜。（屠评：叙致沉雄。）山之右为赤松山，又右为知者寺。寺在芙蓉峰西畔，出城二十里乃至。西去则为三洞，东行乃望紫岩。岩东三里则赤松宫也。宫傍山，为皇初平叱石处^㉞。宫长松茂竹，涧水如环流。宫东北两崖间，则小桃源在焉。水石相搏，时引出桃花数片，可觞也^㉟。返观羊石，色苍白，卧立各异态。遂过小桥，西行三里为东、西鹿田，俗称玉女驱鹿而耕处也。复五里为三洞，上朝真，中冰壶，下双龙。双龙外洞堪百榻，石壁上现仙桃霞衣，龙首左昂而尾右垂。内一穴如蟆颐^㊱，水淙淙从中出^㊲，即伏流洞外。旧有覆石，可仰卧小舟以入。入则见华盖垂衣，猭猊龟蛇^㊳，町者为田^㊴，方者为床，滴者为砚，击有声者为钟，矫如玉者为双龙。兹水捍石塞，未入也。登又一里，至中洞，窥黑穴无底，徒闻水声暴至。久之，乃有帘泉飞下三十馀丈，盛以巨石，双石笋崭然壁立于前。复披莽三里至上洞，大石如龟，横当其穴。穴中数石如群仙俪立，内垂衣伸一足者为观音，此"朝真"所由名也。方韶卿所谓^㊵"洞口天日之光，斜射洞中石崖上，淡如月色。内有石梁高挂，白龙护其左，苍龙护其右。又有天池深广，四畔竣不可下。池之里有崖，如两扉而启其一，极暗中远望，石扉启处，天光下烛，盖洞天漏明。而人莫知其处，既隔天池，不得复深入也"，良然。自洞下复之九龙，庳甚^㊶。则北

一里，走紫微岩讲堂洞，梁刘孝标所卜筑者⁴²。洞飞霞涌水，广而
绀碧，如厦屋然⁴³，盖不减外双龙矣。日下春，复由赤松归。洞列
诸怪奇相，不类人世，道书亦以此为三十六洞天之一。时余游以甲
戌九日⁴⁴，与同年章德卿俱也⁴⁵。东南行二百馀里至缙云⁴⁶，则有仙
都之胜⁴⁷。

① 屠长卿：屠隆，字长卿，字纬真，号赤水，又号娑罗居士、鸿苞居士、一
衲道人等，浙江鄞县人。与王士性为同科进士。

② 宛陵：今安徽宣城。

③ 悬望：远望。

④ 岑嵚（qīn）：形容山高。

⑤ 嗌隘（ài ài）：狭窄阻塞。

⑥ 方壶、员峤：神话中的海上神山。

⑦ 浮沤（ōu）：水面的泡沫。

⑧ 曹娥：曹娥江，流经今浙江上虞。

⑨ 鉴湖：位于今浙江绍兴。

⑩ 会（kuài）稽：会稽山，位于今浙江绍兴，在曹娥江与浦阳江之间。　禹
穴：位于会稽山上，相传是夏禹的葬地。

⑪ 窆（biǎn）石：圹旁石碑，有孔洞供穿绳引棺。

⑫ 权：秤锤。

⑬ 庡（yǐ）：像屏风一样连接。

⑭ 穹碑：圆顶高大的石碑。

⑮ 宛委山：位于今浙江绍兴。

⑯ 珪：玉器名，举行祭祀、朝聘、丧葬等仪式时用作礼器，上端呈三角状，
　　下端为正方形。

⑰ 玉笥：传说中的玉筐。

⑱ 贺季真：唐代诗人贺知章，字季真。晚年请为道士，居住在鉴湖附近。

⑲ "行山阴道上"四句：见《世说新语·言语》所载王子敬语，文字略有出
　　入。难为怀，难以想象。

⑳ 旨矣哉：说得好。

㉑ 苎（zhù）罗村：今属浙江绍兴诸暨，相传为西施的故乡。

㉒ 桐江：富春江的上游，即钱塘江流经今浙江桐庐境内的一段。

㉓ 钓台：东汉初隐士严光曾在富春江畔垂钓隐居。

㉔ 纶（lún）：钓鱼的丝线。

㉕ 留鼎一丝：将鼎悬于一丝，形容形势危急。按："垂纶百尺"和"留鼎一
　　丝"都是题写在亭子上的文字。

㉖ 靛（diàn）：深蓝色。

㉗ 颜：在匾额上题字。　圣人之清：语出范仲淹《严先生祠堂记》。

㉘ 方雄飞：方干，字雄飞，唐代诗人。

㉙ 谢皋羽：谢翱，字皋羽，南宋文学家。宋亡后登钓台，写有《登西台恸
　　哭记》。

㉚ 梁伯鸾：梁鸿，字伯鸾，东汉隐士。因为仰慕春秋时的刺客要离，死后埋
　　葬在要离墓旁。　要离：春秋时吴国人，替吴王阖闾刺杀吴公子庆忌，事
　　成之后不愿接受封赏。

㉛ 丙戌：万历十四年（1586）。

㉜ 兰溪：钱塘江支流，流经今浙江兰溪、建德等地。

㉝ 金华三洞：金华山上的双龙、冰壶、朝真三洞。

㉞ 皇初平：又称黄初平、黄大仙、赤松子，东晋时金华丹溪人，修道后成仙。传说他在山上大声呵叱，将山石变为羊群。

㉟ 觞：流觞，将酒杯放在水流中任其漂流。

㊱ 颐：腮，颊。

㊲ 淙淙（còng còng）：水流的声音。

㊳ 狻猊（suān ní）：传说中的猛兽。

㊴ 町（tǐng）：田界，田地。

㊵ 方韶卿：方凤，字韶卿，南宋遗民诗人。以下所引方凤语，见其《金华洞天行纪》。

㊶ 庳（bì）：低洼。

㊷ 刘孝标：刘峻，字孝标，南朝梁代学者、文学家。曾在金华山讲学。

㊸ 厦屋：大屋。

㊹ 甲戌：万历二年（1574）。　九日：农历九月初九重阳节。

㊺ 同年：参加科举考试时同一年考中的人。　章德卿：章世盛，字德卿，浙江金华人。

㊻ 缙云：今属浙江丽水。

㊼ 仙都：位于缙云境内。

　　仙都者，鼎湖也。世称轩辕鼎成上升①，而五色云见，故邑称缙云，道书廿九洞天也。山去县二十里，过桑潭，遥见姑妇、仙释诸岩，皆以意名之，不甚肖。再历步仙桥，悬崖千仞，色白如抹，名仙人榜，上有谢康乐、王龟龄、朱晦翁诸刻②。览毕下舟，从小蓬莱穿合掌洞，至龙舌洲，复登峤百级，上忘归洞。下洞里许，入玉虚宫。宫右一石如天柱，高数百丈，方而围半之。巅有湖，久雨则湖水溢下。湖畔大木茏苁如虬龙^③，此鼎湖峰也。旁有伏虎岩、苍龙峡。出峡登舟，则顺流经练溪，上群玉台，登台则旁觑五峰。余乃酹之以酒曰："尔五老人者，蚁附如有所思，岂皆攀龙鬣不及^④，而相与乌号者耶^⑤？"下渡石桥，出响岩，则旸谷洞在焉^⑥。洞三窍如连环，其一宽敞见天，东壁二窦如瓮牖，中有悬柱隔之。初旸出时，巧当其窦。鼎湖峰屹立于前，宿雾欲收，翠色尚滴，澄波在下，倒影半浸，亦令人心目为舒。余游以丙子秋七月^⑦，赴王藩公惟谨之约^⑧，杖履自至。过仙都若干里至丽水，则有南明之胜^⑨。

南明者，丽水南明也，以别于新昌。新昌南明耸盘谷中，面孤崖；丽水南明踞城之南，旷览一邑。初入有石梁跨壑，如蛟龙蟠水中，然透露不及台、宕。寺后两石相倚，人行石下，不见日月之光，名合掌岩。上有高阳洞，葛洪隶"灵崇"字，并米元章"南明山"字^⑩，俱划于壁。崖下二井，天欲雨则井中出云，人呼为"龙窟"云。同游者王参藩惟谨、何臬使振卿也^⑪。过丽水则有石门之胜^⑫。

石门在青田境中，发括苍^⑬，放舟逾石帆^⑭，不五十里而至。洞口双峰鹄峙^⑮，巀嶪入云中，是名石门。迤逶而入，平原若旷。西南天表，瀑布落焉，击天壁而泻下潭，挂流几七十馀丈，非烟非雾，亭以喷雪。潭空洞沉碧，叠石中流，若砥柱当前。揭而过^⑯，则有欹洞在石壁下，飞沫随风，时时入洞，沾人衣俱湿。李白云："山光水色青于蓝^⑰。"然哉。上有轩辕丘，道书以为玄鹤洞天云^⑱。此地行溪涧中，大都岚气依人，曲曲如画，不独瀑流之奇也。自谢康乐创咏，唐宋诸贤相继有作。余游乃在南明之后。自此复东南行至永嘉，则有江心之胜[19]。

江心寺者，永嘉大江中孤屿也。城抱九山为九斗门，屿与之对峙，海涛日夜啮其下，左右造浮图镇之，如两龙角然[20]。当其青天不动，沧海无波，春日初长，晴江似镜，塔影东揶，晚渡争喧，凭江天阁而眺，亦一乐也。若夫隔江烟火，如天星错落，则在云阴之夕佳。海潮奔激，西去有声。自顾身在屿中，如泛银河上下，则月明之夕为最。时以丙戌秋七月[21]，同游者刘将军忠父、何山人贞父[22]，称初识也。自此南去平阳[23]，则有南雁宕之称[24]。

南雁宕者，以别于乐清雁宕也。北雁踞孔道[25]，士大夫乘传多过之[26]，惟南雁僻无闻焉。出平阳之南，舟下西塘十里，过荆溪而陆，饷于宝胜寺，又俟潮发棹，再憩于智觉禅林[27]，石齿挂舟，仍陆行，历三溪始达。先抵石门楼，山左巨石嵌空如琢，右为屏风三叠应之。它不能尽名者，如圭如笏，如芝房燕垒[28]，备极巧态。已乃两石十仞夹峙，名石华表，则入石柱寺。寺有数洞，游人以西洞为佳，上窿下窨[29]，钟乳自镈滴槽中，云仙姑泉也。前穴石为月牖[30]，可攀望其外。右行半里，双壁插天，石梁横跨之，下俯万丈，深窅不可测[31]。闻峰顶亦有雁湖，而迷无所问途。大都视北雁为小，而峻嶒峭拔，两宕无殊焉。回永嘉路至乐清，则有玉甑之胜[32]。

玉甑峰者，未至乐清三十里，岐路而入，夹石为门，流水中贯，桑麻满林，俨然避秦桃源也。远瞻峰顶，巨石成山，如负甑然。至山麓，羊肠盘曲，石立如人。蹑而至山腰，飞泉一道自空注下，正落马首，为风引之去。忽觉鸡声在余顶，仰而不见，疑所谓刘安鸡犬遗白云中响者 ㉝。问之，则洞中黄冠畜之 ㉞，当午啼声彻下界也。缘此梯而上之，不过廿丈，为峻壁，故复由山左陟其巅，反下而至洞。洞嵌空如檐，寺其中，不设椽瓦，塑孙真人像 ㉟。时方夕阳返照，四山林木如披绣，恍然身在巨鳌背上，乃望东海三山，招安期、羡门不至 ㊱。归宿洞中，盖欲未明观日，乃凌晨曀而下 ㊲。时游在江心之后，与潘司理去华 ㊳、何山人贞父俱，归则过北雁，别有记 ㊴。夫越，余家也，其山川是不一至焉，故次越游不以岁月，而次其山川。

① 轩辕：传说黄帝（轩辕氏）采铜铸鼎，鼎成之后即乘龙飞升。

② 谢康乐：谢灵运，东晋刘宋诗人，袭封康乐县公。　王龟龄：王十朋，字龟龄，南宋诗人。　朱晦翁：朱熹，字元晦，号晦庵，晚年又称晦翁，南宋理学家。

③ 茏苁（lóng cōng）：聚集的样子。

④ 攀龙髯不及：传说黄帝乘龙飞升时，身边小臣纷纷攀附龙髯，想要跟着一起升天。最后龙髯断裂，众人堕地。

⑤ 乌号：号哭。

⑥ 晹（yì）：太阳在云层中忽隐忽现。

⑦ 丙子：万历四年（1576）。

⑧ 王藩公惟谨：生平不详。藩公，对布政使的尊称。

⑨ 南明：今属浙江丽水。

⑩ 米元章：米芾，字元章，北宋书法家。

⑪ 参藩：明代承宣布政使司参议官的别称。　　何臬使：何镗，字振卿，又字
　　鸣仪，号宾岩，浙江丽水人。臬使，提刑按察使的别称。

⑫ 石门：石门洞，位于今浙江丽水青田。

⑬ 括苍：括苍山，位于今浙江中南部。

⑭ 石帆：属今浙江丽水青田。

⑮ 鹄峙：直立。

⑯ 揭（qì）：撩起衣裳。

⑰ 山光水色青于蓝：语出李白《鲁郡尧祠送窦明府薄华还西京》。

⑱ 鸐（dí）：山雉。

⑲ 江心：江心寺，位于今浙江温州江心屿。

⑳ 角：角斗。

㉑ 丙戌：万历十四年（1586）。

㉒ 刘将军忠父：刘懋功，字忠父，浙江永嘉人。　　何山人贞父：何白，字无
　　咎，一字贞父，号丹丘生，又号鹤溪老渔，浙江乐清人。

㉓ 平阳：属今浙江温州。

㉔ 南雁宕：位于今浙江平阳。

㉕ 孔道：交通要道。

㉖ 乘传（chuán）：乘坐驿车。

㉗ 智觉禅林：智觉寺，位于今浙江平阳。

㉘ 芝房：成丛的灵芝。　　燕垒：燕窝。

㉙ 窿（lóng）：高起，突出。　　窞（dàn）：深坑。

㉚ 月牖：透光的孔洞。

㉛ 深窅（yǎo）：幽深，深邃。

㉜ 玉甑（zèng）：中雁荡山上的玉甑峰。

㉝ 刘安鸡犬：传说西汉淮南王刘安修炼成仙后，家中鸡和狗吃了所剩丹药，
也都纷纷升天。

㉞ 黄冠：道士。

㉟ 孙真人：唐代医药学家孙思邈，宋代敕封为妙应真人。

㊱ 安期：安期生，道教神话中的仙人。　羡门：羡门高，道教神话中的仙人。

㊲ 曀（yì）：天阴沉。

㊳ 潘司理去华：潘士藻，字去华，号雪松，江西婺源人。曾任温州推官。司
理，掌理刑名的推官。

㊴ 别有记：参见卷四《游雁宕记》。

入天台山志

　　志称天台山高一万八千丈，山有八重，如张大帆，以其上应台
星①，故名天台。天台山以华顶为绝顶，如桐柏、赤城、瀑布、佛
垄、东苍，皆其别号。神邕以赤城为天台山南门②，徐灵府又以剡
县金庭观为北门③。天台山山脉起大盘④，而委为四明。其过天姥
发顶⑤，落地为五支，其入山四漫而非一途。自余为桃源主人，结
庐洞口，不啻数十至矣。

　　其始也，从国清入⑥，盖丙戌秋观海浦陀⑦，与天刑生探禹穴
而归时也。抵县出北门，过神迹石，咫尺国清矣。然西睹霞标在
望⑧，意不能舍，遂先趋焉。道书玉京洞⑨，十大洞天之一也。岩

皆赤色，望之如雉堞^⑩，因名赤城。绝顶浮屠七级，飞泉喷沫落于中岩。中岩寺嵌岩中。昙猷洗肠井^⑪，井边青韭今尚生也。

下山东十里入国清，浮屠比赤城倍之，然不见九里松矣，惟馀"万松径"三字，围八尺，凿石山门。寺负五峰如宸，石坎泉盈尺，普明师卓锡而成^⑫。左廊三石错立，则寒、拾旧灶石也^⑬。智颛建台山十八刹^⑭，此为定光授记第一道场^⑮。出门，平桥际崖，沿涧度盘回岭以入。涧水自高山落，与石齿啮，喧豗叫号^⑯，如玑如练，如翔鸾凤，倏忽万状。别涧而上金地岭，坐定光招手石，指银山，称佛垄焉。寺号真觉，则知大师所从蜕骨双石塔存^⑰，其未至塔头也。路侧有大慈寺，倚大雷峰，傍知者泉。寺毁，而唐梁肃石碑一坐尚树于畛垄间^⑱。东望灌莽中，有寺在其下，反颜其额为"高明"。路旁巨石，僧指堂书"天台山"，并隶"教源"二字。近白云峰下又有太平寺址，盖三寺相犄角焉。东北为司马悔山^⑲，道书第十六福地。又北为灵墟，则白云先生所栖息焉^⑳，亦七十二福地之一也。或者以天封当之^㉑，咸从金地。

别一岐而东行，既逾岭，折而西北数里，两崖如阙，巨石踞其表，罡风蓬蓬起，驱石如舞，人行不成步，即六月披裘而栗，名寒风阙。过阙数里为龙王堂，西岐乃去石梁，东则上华顶。东上华顶，经察岭，乱石飞鸾，在所成趣。石有峡焉，为书"留云"，汉征君高察隐居也^㉒。又数里下双溪，上天柱峰，磴道逼仄，下舆，拾级而上，十里至竹院，佛弟子真清兴教源^㉓，丛林精舍^㉔，经声喃喃，足称娑婆净土^㉕。转峰左侧路三里许，上下二深池绾谷口^㉖，沧漪破绿，金鱼数千头，最为高山之胜。池中为驰道，度莲华峰下，为华顶禅林。出其左三里，逾岭有王右军墨池焉。上为太白堂，堂废池存。余为建三楹，貌二公于中，颜以"万八千丈峰头"。再上二里则绝顶也，知大师于此降魔㉗，旧有塔与礼经台。时方盛暑，露坐见天星大于拳，动烨烨堪摘㉘，且皆四垂胫腨下。（屠评：奇。）夫兹山虽高，视地高耳，庄生所谓"远而无所止极者，其视下苍苍"㉙，亦若是耶？何得星辰四顾在下，且大于它时倍蓰㉚，心诧焉。凉飙起谷中㉛，杂天地二籁以号㉜，竟夕不成寐，计漏下五鼓矣㉝。道人报海底日上，与生急披衣起，东方大紫气笼聚黯黮中，上有金缕万丈，正射余衣上。（屠评：此顾虎头、李龙眠不能画㉞。）余大叫："云海荡吾心胸矣！"道人曰："未也。"已片时，则一赤轮如镕银汁，荡漾而上㉟，前五色尽灭，始知向所见影也，是为第二日哉。日轮渐高，溪原草木如画，东眺四明，西招括苍，南望雁宕，北睨钱塘，四方千里，隐隐可瞩。群山伏地，仅如田塍㊱，而此山孑然上出，如悬一朵青莲，华方开而瓣垂垂也。昔人故以"华顶"名之。始悟夜对星辰，非为群山无碍，若天下垂故耶？斯一游也，足雄生平矣，然犹未半天台也。

　　其继至也，则由桐柏入㊲。盖余家台城，繇间道龟溪㊳，可走南山。乃引二僮，自跨一蹇驴㊴，信宿翠屏，西下数十里，至寒、明二岩。二岩洞一山，以脊相背而倚。明岩道不容轨，两石峙如门夹之，岩窦嵌空，飞阁重橑㊵，半在岩间，不复覆以茨瓦㊶，即石成檐，如赤城也。洞口有帽影马迹，俗称为闾丘太守胤遗云㊷。胤谒寒山、拾得于国清灶中，追及之，二仙拍手，笑入岩去。岩阖，闾丘蜕焉。崖上飞泉百丈，以铁鎍斜接之㊸。又北行转五里馀，始至寒岩。马首望岩，真如天上芙蓉十二城，亦仿佛行黄牛峡也㊹。寒岩石壁高百丈，如屏，洞敞，容数百人，夏至不见日影。一石正方，则寒山子宴坐处也㊺。西临绝壑为天桥，堂宇皆置岩下，时有翠色入户牖堪挹㊻。

又北行五里，过清溪，入护国寺，寻桃源。绣壁夹涧，岞崿而立，水流乱石间，声如佩环者十里。三折乃至其奥㊼，每折似堂皇扃户㊽，不见去来。中折有潭，清冽沁骨，名金桥潭。立潭边仰望，三峰如罨画㊾，而东峰特秀，上有石如绾髻，名双女峰。昔人见双鬟戏水，或云其精灵所为。然蓬藋崄岨㊿，难于悬度。余乃于离别岩下凿石通道，构一室于洞口，为桃花坞，扁以“俪仙”。屋头种桃千树，茶十畦，买山田二十双，计作菟裘。它日二娥(51)，想当相俟于桃花碧落间也。左循麓至紫凝山，瀑布悬流一千丈，陆羽第为天下十七水(52)。

又数里上桐柏岭，始入山。岭峻可十里，宫其上，豁然夷旷，环以九峰，玉女、玉泉、华琳、玉霄、紫霄、卧龙、莲华、翠微也。道书七十二福地之一，谓王子晋治之(53)；又云伯夷、叔齐为九天仆射(54)，治桐柏宫。今宫有二子像，玉石铿然(55)，非山所产也。司马氏遗迹亦已杳然(56)。宫有醴泉，前为女梭溪，从印山转南水口为三井，下流入瀑布中。

① 台星：三台星，又称三能，属太微垣。古人习惯将天上星辰的位置与地面上的州国相互对应。

② 神邕：唐代僧人，撰有《天台山图》。 赤城：赤城山，位于天台山中，山

色赤赭如火，因此得名。

③ 徐灵府：唐代道士，撰有《天台山记》。 剡县：今浙属江绍兴。 金庭观：位于今浙江绍兴，原为王羲之故宅，其五世孙舍宅为观，称金真观，唐代改名为金庭观。

④ 大盘：大盘山，位于今浙江金华。

⑤ 天姥：天姥山，位于今浙江绍兴。

⑥ 国清：位于今浙江天台，因当地有始建于隋代的国清寺而得名。

⑦ 丙戌：万历十四年（1586）。

⑧ 霞标：东晋孙绰《游天台山赋》有"赤城霞起以建标"之句，后世遂以"霞标"代指赤城山。

⑨ 玉京洞：位于赤城山上，被道教称为第六洞天。

⑩ 雉堞（dié）：城墙上修筑的锯齿状矮墙，用来掩护守城者。

⑪ 昙猷：东晋时僧人，曾居天台赤城山，是天台宗的开山祖师。佛教有不食葱蒜韭菜等辛臭食物的戒律，传说昙猷母亲在怀孕时闻过韭菜，昙猷为此剖腹洗肠。

⑫ 普明：南朝僧人，曾居天台山，后世又称国清普明禅师。

⑬ 寒、拾：寒山、拾得，唐代国清寺僧人。

⑭ 智顗（yǐ）：隋代僧人，天台宗的第四代祖师，后世又称智者大师、天台大师。

⑮ 定光：南朝梁、陈时期僧人，曾将智顗招引至天台山。 授记：佛教语，指佛对菩萨或发心修行者给予将来证果、成佛的预记。

⑯ 喧豗（huī）：轰响声。

⑰ 知大师：即智顗。

⑱ 梁肃：字敬之，唐代文学家，撰有《台州隋故智者大师修禅道场碑铭
  并序》。

⑲ 司马悔山：隐居在天台山的唐代道士司马承祯曾应召赴京，中途懊悔而折
  返，故后世又称此为悔山。

⑳ 白云先生：司马承祯号白云子。

㉑ 天封：天封寺，位于天台山主峰华顶山南坡。

㉒ 高察：东汉末隐士，曾隐居天台华顶山麓。

㉓ 真清：明代僧人，曾居天台，万历年间因道高而获赐紫衣。

㉔ 丛林精舍：僧人聚居、布道的地方。

㉕ 娑婆：即娑婆世界，佛教中称世人所在的世界。　净土：佛教中称佛、菩
  萨等居住的世界，没有受到尘世的污染。

㉖ 绾（wǎn）：贯通，连接。

㉗ 降魔：传说智颛在华顶峰苦修时，抵御住鬼魅的种种恐吓诱惑。

㉘ 烨烨（yè yè）：明亮，灿烂。

㉙ "远而无所止极者"二句：语见《庄子·逍遥游》，文字略有出入。

㉚ 倍蓰（xǐ）：数倍。倍，一倍。蓰，五倍。

㉛ 凉飙（biāo）：秋风。

㉜ 天地二籁：天籁和地籁，泛指自然界发出的各种声音。

㉝ 漏：用来计时的漏壶。　五鼓：古代用鼓打更报时，五鼓相当于凌晨三时
  至五时。

㉞ 顾虎头：东晋画家顾恺之，小字虎头。　李龙眠：北宋画家李公麟，号龙
  眠居士。

㉟ 荡潏（yù）：腾涌起伏。

㊱ 田塍（chéng）：田埂。

㊲ 桐柏：桐柏山，位于今浙江天台北。

㊳ 繇：同“由”。间道：偏僻的小路。

㊴ 蹇（jiǎn）：跛足。

㊵ 橑（liáo）：屋椽。

㊶ 茨：茅草和芦苇。

㊷ 闾丘太守胤：唐代台州刺史闾丘胤，曾至天台山国清寺寻访寒山、拾得。

㊸ 铁鏁（suǒ）：铁绳。

㊹ 黄牛峡：长江三峡西陵峡的中段，位于今湖北宜昌以西。

㊺ 宴坐：闲坐。

㊻ 挹（yì）：舀。

㊼ 奥：深处。

㊽ 扃（jiōng）户：关门。

㊾ 罨（yǎn）画：色彩鲜明的绘画。

㊿ 蓬藋（diào）：草丛。　崄岨（xiǎn qū）：道路艰险而有阻碍。

(51) 二娥：指上文所说“双鬟”。娥，美丽的女子。

(52) 第：品第。

(53) 王子晋：即王子乔，传说中的仙人。

(54) 伯夷、叔齐：商末孤竹君的两位王子，商亡后隐居首阳山。　仆射（yè）：职官名，始于秦，汉代以后职权渐重，隋唐时实领宰相之职。

(55) 铿（kēng）然：声音响亮有力。

(56) 司马氏：司马承祯。字子微，唐代道士。

自桐柏西行五里至璚台，台在大壑之心，石山突起，状如削瓜，下俯百丈潭，心骨惊悸。沿流南转至双阙，皆翠壁一抹，森倚相向，宋山人张无梦结跏焉①，称仙人座。折而回，仍过崇道观，行罗汉岭，数里而入万年寺。寺抱八峰，晋帛道猷所振锡而营也②。门外巨杉百本，其大参天。凡供五百大士③，必于是邀请。家司寇公建阁其后④，藏向慈圣所赐经⑤。出寺又且十里而至慈性寺，寺当山西北僻处，经岁无游人，良修真者所栖也。东五里穿丛樾⑥，路绝，复攀藤而进，乃得断桥。两崖接栋，中不合者一线。飞流注岩下如帘状，成二石池，有龙居焉，石壑之最奇者也。又循鸟道西十里而至石梁，山壁对峙，一巨石如长虹横架之，龟脊莓苔，广不盈咫，前临万仞壑。上游涧水二，并流堕石梁下，如震霆昼夜鸣，非遗生死，真莫能度。上有昙华亭，楹半外垂，王龟龄碑刻存焉⑦。其前身，此桥严首座也⑧。旁为盖竹洞，三十六洞天之一。志称石桥方广寺，五百应真示现处⑨，隐于石中，樵人牧子时闻钟磬之响，然皆不可睹矣。是夕宿海会庵，明日从间路上山，不经天柱而登华顶。大雨雾，一无所见，然余所构堂成矣。

其又至也，则从楢溪入。楢溪者，欢溪也，为处士顾欢而名⑩，孙兴公所谓"济楢溪而直进"是也⑪。时昆仑山人王子幻访余于丹丘⑫，余取道自智福寺送之，过陆龟蒙所铭"怪松"⑬。循苍山而西，三十里至慧明禅林，始入欢嶴⑭。沿溪入十里而抵天封寺，寺最巨丽，右楹有异僧以木屑缚为柱，尚存。东为智者岭，中有卓锡泉。过天封，一涧从华顶流下，亦循涧上十里而至二池。入寺，子幻已先俟太白堂矣。山高风寒甚，草木不生，惟太白堂前三婆罗树，四月花开如芍药。寺前一杉一桧，绿成阴耳。馀则咸烟雾栖扃户，非中秋左右无镇日晴[15]。又雪甚早，时方霜降，山顶已三日雪封山矣。余挂二竹筒酒，蛤蜊百枚，持铤夜火[16]，冲虎迹而至。顾池中有巨石，呵冻蘸墨池水，为书"昆仑"二字。昔王右军之来以许玄度[17]，李谪仙之来以司马子微[18]，余何敢望二子，且使后人识昆仑生于石上耳。信宿，买舟而别。子幻曰："右军昔游恶溪，乐其奇，书'突星濑'于石。君舟行谛视，其在否？"余唯唯，竟不知所在而归。

其他从护国寺、从天姥岭，咸寓足焉，而独未从山北上。天姥者，天台之来山也[19]，故称姥焉。天台山北水二：石梁水流入剡，双溪水流入明。天封水东流过宁海入海，万年水西流出黄杜入剡，馀皆会清溪而下灵江。

王生曰：余读《天台山志》[20]，盖自古为仙佛窟宅云。彼洞天福地之说，儒者谓诞不经，然宇宙大矣，圣人存而不论，然哉！及余行山中，见其川谷盘互，气象自不类人世，则又疑信半焉。久之，见上有灵芝、醴泉，又木有罗汉、菩提，草有观音、长生，花有娑罗，药有茯苓、黄精，则非独人有之，于物亦然。

① 　张无梦：北宋道士，曾隐居天台山。　结趺：即结跏趺坐，坐时双足交叉置于大腿上。

② 　帛道猷：南朝刘宋时期的僧人。　振锡：僧人手持锡杖出行。

③ 　大士：佛和菩萨。

④ 　家司寇公：王宗沐，字新甫，号敬所，王士性从父，曾任刑部侍郎。司寇，

职官名，掌管刑狱、纠察。

⑤ 慈圣：明神宗之母慈圣皇太后李氏，曾于万历十五年（1587）颁赐藏经给万年寺。

⑥ 樾（yuè）：树荫。

⑦ 王龟龄：南宋诗人王十朋，字龟龄，有《题石桥二绝》。

⑧ 严首座：据王十朋《题石桥二绝》自述，他游览此处时有僧人称其为高僧严首座转世。首座，寺院中的僧官，地位仅次于主持。

⑨ 示现：佛、菩萨、罗汉等应机缘而现种种化身。

⑩ 顾欢：字景怡，南齐时学者，曾在天台山隐居。

⑪ 孙兴公：孙绰，字兴公，东晋诗人。 济楢（yóu）溪而直进：语见孙绰《游天台山赋》。

⑫ 王子幻：王叔承，字子幻，号昆仑山人，江苏吴江人。

⑬ 陆龟蒙：字鲁望，唐代诗人。 怪松：陆龟蒙有《怪松图赞》，记天台道人示其《怪松图》。

⑭ 欢噢（ào）：天台山中一处地名，为纪念顾欢而得名。

⑮ 镇日：整天。

⑯ 铮（zhēng）：铜制的长柄打击乐器，在行军时敲打。

⑰ 王右军：王羲之，东晋书法家，任右军将军。 许玄度：许询，字玄度，东晋诗人。两人曾结伴漫游天台。

⑱ 李谪仙：唐代诗人李白，被称为谪仙人。 司马子微：司马承祯，见前注。李白曾至天台山寻访司马承祯。

⑲ 来山：所从出的山脉。

⑳ 《天台山志》：佚名《天台山志》一卷，有明正统刻道藏本。

游雁宕记

余尝怪谢康乐凿山开道[①]，遍寻宇内名山川，其守永嘉也[②]，乃游止斤竹涧[③]。沈存中则谓[④]："祥符中[⑤]，土人伐木造玉清宫始见之，其前未闻有雁宕。"今航海与行台、温传道，诸山巅咸历历可睹，而当时辄云未见，难以解矣。志称东西四谷，然谷中刹宇废十之九，多不成游。余游所及，则东入度石门潭，抵石梁；西入沿斤竹涧，入能仁。其中可游，得四巤区：下石梁，过谢公岭，从丛莽望见巨岩一窍，洞则风穴，峰则五老、翔鸾，为灵峰洞者一；出洞循溪，过响岩，入驰道，峰则天柱、卓笔、绀珠、展旗、玉女、双鸾，石则僧抱，谷则安禅，洞则天窗，水则龙鼻、龙湫，障则平霞，为灵岩者二；出寺过观音岩，逾马鞍岭，峰则剪刀，水则瀑布，为大龙湫者三。三者皆游人所至。一则龙湫之上有雁湖焉，是山所得名也，游屐反无闻矣[⑥]。此山之概也。（屠评：恒叔最善形容山川胜处，体调多变，神鬼出没，亦其精神所冥合也。）

马鞍岭界东、西二谷，谷东峰五十有三，谷西四十有八，谓之百一峰。东西亘五十里，咸片石为底，插汉为峰，如巧匠园丁叠缀而成。游人赏之，幽栖则否，谓其耕渔业左也[⑦]。即有山田数畦，溪流数圳，徒栖岩之土，拂石之泉已尔。若其刻物肖形，如镂木石，则种种天巧，咸可指数，请列于左方：

石门潭者，水出荡阴诸谷，两巨石捍其口，湛绿如玉，渔舟出没于初晹返照之时佳。此为入山门户。

老僧岩者，十丈石立山口，宛然一祝发昙瞿[8]。过其背视之，项颈衣褶襜如[9]，腰隆起，若襆被而游方者[10]；坐石梁视之，又若拱手而谭天[11]；过谢公岭视之，又如坐绳床伸足也[12]。乍见无不听然笑者[13]，真造化之巧哉。

石梁者，侧石如枯木斜倚崖端，空其下，入可坐百人。远望之，又如长虹下饮于涧。洞中左右庑，楹而不椽。秋夜宿焉，明月入洞如水，风吹落木，槭槭自岩窦下[14]，甚悲。所不及天台者，彼两崖水石搏激，能四时作风雨声。

谢公岭者，俗称灵运为临海峤开山而至也[15]，然谢无诗。

风穴者，未至灵峰，左麓下一窍大如斗，风蓬蓬出窍。人近之，六月皮毛粟起。云通括苍[16]。

五老峰者，洞前五石相撑，为人立而肩摩者，似庐山而小。

翔鸾峰者，两石首相对峙，影入照胆潭，如双鸾舞镜前。

灵峰者，与灵岩异。"峰言锐，岩言大也"，旨哉，元李孝光其言之也[17]。谓灵峰，两大石相倚如合掌，入天数尺。从合掌根入，两旁植石阑，直上千尺，乃至掌中，望见山宕中青天[18]，如悬一片冰。岩罅泉水下滴，唧唧如秋雨鸣屋檐间。令人大呼，呼声绕洞中不即出。泉堕半，未至于地，为声所轧则飘吹[19]，衣冠草木尽湿。谓灵岩，及阶举头，见巨石孤立如人俯。月出，正悬东南角，星象累累，下垂四旁。客胁息不可上[20]，如游鱼喁喁[21]，以身为浮游在颢气上也。夜分又数数开南牖视之[22]，月欲坠，夜色如霜雪，诸峰相向立，俨然三四老翁，衣冠而偶语[23]，独西南一柱，白而长身者也，盖谓天柱峰云。（屠评：读恒叔诸记，真当卧游。）

绀珠岩者，入寺有峰，累一石如珠。

僧抱石者，寺右一石，如浮屠礼拜状，前凭一几。

屏霞障者，寺后平石千丈横，色杂苍翠，如负扆，如叠重楼，如倚雉堞，寺依以立。

安禅谷者，障左半崖，缘鸟道攀之，谷邃无人声，泉出谷入池，临寺如听下界钟鼓。

龙鼻水者，障胁洞顽石而窍，高俸阁^㉔，陷入一龙，独绀碧夭矫，鳞鬣咸具，从洞西南峡中奔而下，一爪踞地，垂首悬鼻如瓠^㉕。鼻孔石髓，时时下一滴，甘已目翳^㉖。

玉女峰者，洞口端正一瘦石，锐顶如髻，杂蔓奇葩，宛如簪花状。

双鸾峰者，去玉女不远，丽立作舞势，亦如灵峰之翔鸾也。

卓笔者^㉗，孤峰直立，而锐如笔卓。

展旗者，群峰联络于左，横曳之，如取郑伯蜜弧以登也^㉘。

天聪洞者，展旗之半有穴焉，空百尺，光自下生。投以石，訇然不及其底。外复有孔，如口目然。

小龙湫者，卓笔旁流泉堕涧，视大龙湫而小也。

铁板障者，出灵岩口，山上石正方如屏，色如铁，雄峙，当罡风不坏。

将军抱者，貌类石将军斜倚槛，秋风起时，甲胄如欲动摇。

观音岩者，从马鞍岭视之，峭崖矗天，如佛背圆光焰也。

剪刀峰者，石千丈，上成两岐画天。每朝云夕雾，当岐过之，真如剪绮。

大龙湫者，高山四围，中盘一谷。初至剪刀峰下，疑有大声起壑底，四盼不知其倪[29]，逼近之则见一飞瀑从天下，然无水状，仅如烟云抟聚而落，落地为珠玑。（屠评：形容一至此乎！）或朔风久盘桓不下，忽迸裂，响如震霆。又谷围如瓮，声出则谷传。游人每二三十鼓噪[30]，或以金鼓佐之，则瀑随风飞过涧，如暴雨洒人衣面。群走避之，水激石射，咸腻滑不可立。东为讵那观瀑亭[31]，抱膝如眠，扁其亭者云："六龙卷海上银汉，万马呼风下铁城。"庶几哉！此雁山一大奇观也。

能仁者，西谷外寺，僧了全于太平兴国间始居山之浅者[32]，曰芙蓉庵，即此，则其开山始也。

斤竹涧，由飞泉南经寺侧入于海，亦有岭焉。

火焰峰者，能仁所见之峰，簇拥如火上炎也。

石罗汉者，一闽僧闻讵那至，航海来参之，登岸觅未得，偶遇一樵者，遂化为石。

灵云寺者，在西谷外，从灵云南入山，牵藤而上，日午可到，是为雁湖，阔顷亩。雁过南海，常栖止其中。湖水堕入涧，流谷口为大龙湫。旧有白云庵，嘉靖间，五台二僧来居之。元孝光所谓"望见永嘉城下，大江如牵一线白，东面海气苍苍如夜色，山上无膏烛，烧木叶、苇竹为明。山鼠来与人相向坐，如狐狸大"者是[33]。然余迷道，不得上，意甚恨之。

它如宝冠、瑞鹿、古塔、飞泉诸处，皆圮不存。说者谓春游石梁，秋游雁宕，盖谓春夏多雾雨，篁竹青草长没人，又多马蜞云[34]。

然天台春夏时山蒸湿，固亦如之。大都东南地气，不甚相远也。余家海上，南趋雁宕，北走天台，咸百里而遥，二山故余家物也。余于华顶桃源一再结庐，而独雁宕欲蕞芮于岩隈^㉟，久而未就，山灵有知，得毋移余以北山之文哉^㊱！

① 谢康乐：晋宋山水诗人谢灵运，袭封康乐县公。

② 永嘉：永嘉郡，辖今浙江温州一带。谢灵运曾任永嘉太守。

③ 斤竹涧：位于今浙江绍兴东南，一说在今浙江乐清东。两者均在永嘉以北。

④ 沈存中：沈括，字存中，北宋学者，著有《梦溪笔谈》。以下所引即见《梦溪笔谈·杂志一》，文字略有出入。

⑤ 祥符：即宋真宗年号大中祥符（1008—1016）。

⑥ 游屐：游踪。

⑦ 左：相反，不一致。

⑧ 祝发：削去头发。　昙瞿：僧人。

⑨ 襜（chān）如：衣服整齐的样子。

⑩ 襆（fú）被：用包袱裹束衣被，整理行装。　游方：云游四方。

⑪ 谭天：聊天。

⑫ 绳床：可以折叠的轻便坐具，用绳索穿织木板而成。

⑬ 听（yǐn）然：笑的样子。

⑭ 槭槭（qì qì）：风吹动树叶的声音。

⑮ 海峤（qiáo）：海边的山岭。

⑯ 括苍：括苍山，位于浙东中南部。

⑰ 李孝光：字季和，号五峰狂客，元代作家，早年隐居于雁荡五峰山下。前

引数语见其《雁山十记·暮入灵岩记》。

⑱ 峃（xué）：多石头的山。

⑲ 轧（yà）：碾压。

⑳ 胁息：屏住气息。

㉑ 噞喁（yǎn yóng）：鱼口开合的样子。

㉒ 数数（shuò shuò）：屡次，经常。

㉓ 偶语：相聚交谈。

㉔ 侔（móu）：等同。

㉕ 瓟：一种葫芦科植物，果实呈长圆形。

㉖ 已：治疗。

㉗ 卓笔：植立的笔。

㉘ 郑伯蝥弧（máo hú）：春秋时郑伯的军旗名。

㉙ 倪：端倪，边界。

㉚ 鼓噪：喧嚷。

㉛ 诺讵那：大阿罗汉诺讵那，雁荡山佛教的开山祖师。

㉜ 了全：北宋初僧人。　太平兴国：宋太宗年号（976—983）。

㉝ "望见永嘉城下"诸句：语见李孝光《雁山十记·雁名山记》。

㉞ 马蜞：水蛭。

㉟ 蕞芮（zuì ruì）：陋小丛聚的样子。

㊱ 北山之文：南朝齐孔稚珪撰《北山移文》，假借山灵口吻，调笑貌似崇尚隐逸而实则企羡利禄的行为。

台中山水可游者记

　　台郡上应台星^①，汉时曾迁江、淮，空其地，后复城于章安之回浦^②，回浦山川亡它奇。至唐武德^③，徙治于大固山下^④，近佳山水，则今城也，盖千馀年矣。余生长于斯，颠毛种种^⑤，即身所钓游，与乡先民遗踪古迹所尝留焉者，咸得而言其概：

　　巾子山，一名帢帻^⑥，当城内巽维^⑦，云黄华仙人上升^⑧，落帻于兹山也。两峰古木虬结，秀色可餐，各以浮图镇之。山腰窅处一穴，为华胥洞，其趾有黄华丹井焉。

　　前对三台山，半山为玉辉堂。登堂见灵江来自西北，环抱于前，流东北以去。江上浮梁卧波，人往来行树影中，海潮或浮白而上，百艘齐发，呼声动地，则星明月黑之夕共之。唐任翻题曰："绝顶新秋生夜凉，鹤翻松露滴衣裳。前村月照半江水，僧在翠微开竹房^⑨。"

　　大固山，一名龙顾，北障如屏，架以雉堞，夷崚崛巍^⑩，篱落相望。禅房道院，精舍名园，得十五焉。山巅石罅有佛眼泉，旧庙城隍于上，而上蔡、考亭、十贤、八忠咸祠其麓。^⑪

　　东湖，在城东偏，东无山，故凿池以当之。广袤百顷，堤分内外，通三桥，祀革除樵夫于中^⑫，亦月夜泛舟之一适也。

　　云峰寺，当郭外坤维^⑬，登山十里而后至，至则山谷郁盘，松阴满门，间以篔筜万种。有异僧来居之，见烹螺而熟者放之池中，至今螺生咸漏其底。

西上五里，三峰岿然，名望海尖。

又十里至九龙，一穴暖气，亘四时不断。又攀藤上峻坂五里，接苍山，为道者基，蔡、李二仙人修真地也[14]。有鳅，时以风雨至，听法焉。二仙以杖画地而分其潭，浊者鳅居，清者人汲，至今祷旱辄应也。此地九月即雪封山。东望郡城，仅蕞尔一聚落[15]。西北指天台、括苍，乃挥手可招。

象鼻岩，踞江上游三十里，横石百丈，宛然真象从山顶掀鼻吸潭水，水复浟波凝碧，游鱼娓娓。余葺茅树其上，为白象山房。山之左右有坎焉，深无底，流瀑布其中，为石塘。其下流二里，石龟蛇相向锁之，为小海门。

百步者，蹲天台下流，未至郡六十里，石崖飞突，水如绿玉沉汇。紫阳张平叔尸解于此[16]，崖下足迹尚存。

恶溪者，大小二恶滩，飞涛喷雪，在百步下。王右军游天台，奇之，书"突星濑"于石。后人划石以便舟行，字失所在。

仙岩，去城东百里，滨海一巨石如屏，下有窍，可建五丈旗，坐千人。宋文信国航海卜宿焉[17]，遂俎豆于中[18]。

涌泉者，灵江东去五十里，谷中天柱屹立，前有泉焉，四时涌不竭，则比丘怀玉所卓锡而成者[19]。

楼石岩，俯江之汜[20]，与涌泉对。山顶怪石礌砢阑干[21]，如架重楼，可望而不可陟。

海幢庵者，江海交处，两石崖天然束之，为海门。左崖有石阙焉，结屠苏[22]。以两崖如幢而名也。坐庵中看大海，潒漾天际，不知孰为天为海也，惟日轮初出水，隐约辨别之。及高春[23]，目力复穷矣。徐市昔称三山在水中^㉔，舟且至，为风引之去。而磷磷海岛，一如恒沙微尘，欲求其似而不可得，惟视初出日如腥染，其大倍于车轮，为山海伟观。

① 台郡：明台州府，辖境包括今浙江台州、宁海一带。

② 章安：东汉时置章安县，治今浙江章安。　回浦：西汉时置回浦县，治今浙江章安。

③ 武德：唐高祖年号（618—626）。

④ 大固山：位于今浙江临海。

⑤ 颠毛种种：头发短少。

⑥ 帢（qià）：便帽。　帻（zé）：头巾。

⑦ 巽维：东南方。

⑧ 黄华仙人：唐代女道士黄灵微，往来江、浙间，得道后升化。后世祀为花神，称其为黄华姑。

⑨ "唐任翻题曰"诸句：任翻，一作任蕃，晚唐诗人，曾寓居台州。以下所引语见其《宿巾子山禅寺》。

⑩ 嵏（zōng）：数峰并列的山。　峛崺（liè yǐ）：山势曲折连绵。

⑪ 上蔡：北宋理学家谢良佐，河南上蔡人，所创学派被称为上蔡学派。　考亭：南宋理学家朱熹，晚年定居建阳考亭，并建考亭书院以讲学，所创学派被称为考亭学派。　十贤：南宋十位台州籍人士，包括徐中行、徐庭筠、石𡐖、潘时举、赵师渊、杜烨、杜知仁、杜范、车若水和黄超然。　八忠：明代八位台州籍人士，包括方孝孺、叶惠仲、王叔英、徐垕、郑华、卢原质、郑恕和卢回。

⑫ 革除樵夫：明建文四年（1402），建文帝朱允炆被逼自尽，燕王朱棣攻破南京后即位，建文朝大臣殉难者众多。当时有东湖樵夫闻讯之后投湖自尽，后人在东湖建祠祀之。

⑬ 坤维：西南方。

⑭ 蔡、李二仙人：道教神话中的两位仙人蔡经和李脱，都曾在括苍山修道。

⑮ 蕞（zuì）尔：极其微小。

⑯ 紫阳张平叔：北宋道教学者张伯端，字平叔，号紫阳。　尸解：道教认为得道后可以遗弃肉体而升仙，或不留遗体，假托一物（如衣、杖、剑等）遗世而升天，称之为尸解。

⑰ 文信国：文天祥，字履善，号文山，南宋末年率军抗击元军，封信国公。

⑱ 俎豆：奉祀。

⑲ 怀玉：唐代净土宗僧人，居涌泉寺。

⑳ 汜（sì）：不流通的小沟渠。

㉑ 礧砢（lěi luǒ）：众多石头聚在一起。　阑干：纵横错落。

㉒ 屠苏：茅庵。

㉓ 高舂：日影西斜近黄昏时。

㉔ 徐市（fú）：又作徐福，秦朝方士，宣称海上有蓬莱、方丈、瀛洲三座仙山。秦始皇遣其入海求仙，后一去不返。

卷五

蜀游上

鳳嶺

大散嶺

陝峯口

白水江

聖尊宅

宝鷄

褒城

渭水

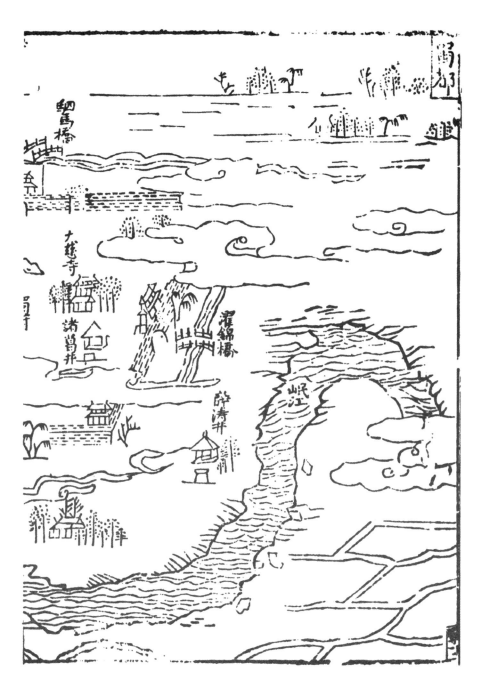

駟馬橋

大慈寺

諸葛井

濯錦橋

醉濤井

岷江

三峡

秭归
矬䂡
巴东
归峡
兽洞
新滩
黄牛山
夷陵

舟屋

三殿

佛光

雷洞坪

老僧村

觀音岩

七十二線

龍鳥坐

牛心寺

思坡

泉寺

老洞

白龍洞

桃木林

玉積寺

老君樓

蘇稽渡

蜀游上

入蜀记上

　　左太冲赋《蜀都》，王右军叹彼土山川多奇，恨左赋未尽，乃致意岷山汶岭①，思得一至。及读陆务观《蜀游记》、范致能《吴船录》②，益脉脉焉。乃今得与元承刘君拥传以往③，搜奇履险，大益昔贤所未闻见。效陆、范二公记《入蜀》三篇，俟它日老而倦游，取枕上辄读一过。

　　古称益州天府④，至明兴则四川辖也。沔、渭之墟本秦属⑤，乃自昔以为入蜀咽喉，故益门镇在焉。记入蜀者，当自宝鸡始⑥。宝鸡，古陈仓县也。七月四日乙卯，出县南门，度渭水，十五里至镇，关尹喜故宅在焉⑦。下太华，走秦川⑧，即武功太白⑨。黄土不毛，至此乃见青山。沿溪直入，白石累累可把。午饭稽留铺后，又十里而登山，则入栈道矣。高坪插云，颜以“陈宝重关”，即大散关也⑩。关下水北流入渭，南流入汉⑪，堪舆家谓为“中龙过脉”云⑫。晚宿冻河，则下平坂也。虎豹昼夜伏道旁，二十馀步则起独楼，杂以槛阱⑬，即二三烟突聚落，亦斫木为城环避之。

　　丙辰，饭东新店，始过偏桥。路绝处插栈崖壁间，偏山架木，下临白水江源，始真栈也。是日宿草凉驿。明午过百岁村，远望山下一屯，云凤县，解鞍焉。自宝鸡至此，覆屋咸以板，真西戎俗矣[14]。又一宿，上凤岭，上下五十里，岭南、北水各入白水江。暝投三岔。三岔者，一去凤[15]，一去褒[16]，一去郿也[17]。郿道在丛山枯礨中，众谓孔明出斜谷即此[18]。

己未，发三岔十里，水自松林北流，亦合白水。午抵陈仓口，路崄巇，仅容单人。西行二百里，可径达沔之百丈坡[19]，韩淮阴明修栈道[20]、阴度陈仓者是。又三十里至松林宿，驿始冻河，咸军夫[21]，以百夫长长之[22]。军多故绝，而车徒络绎甚苦。独松林治以厩置长，犹军民半也。陈君棐题驿墙[23]："流水横桥带石田，悬崖茅屋起青烟。松林岭北多寒谷，春色随人到柳边。""青松丹崿翠岚遮，路转山回石磴斜。春日阴阴鸡唱午，隔溪西畔有人家。"

庚申，行十里上柴关，五里至其巅，复下十里为紫柏署。前列双峰，左山深处有寺，树石苍翠错落，栈中第一胜地也。出署，平砂如砥，晴雨皆可人。此地青山夹驰，绿水中贯，丰林前拥，叠嶂后随，去来杳无其迹。倘非孔道，真隐居之适矣。关上流北仍白水，南入黑龙江。

辛酉，发留坝，饭武关，则悉随黑龙江南矣[24]。水深处约二丈馀，然皆巨石激湍。汉张汤欲从此通漕于渭[25]，不知当时水石何似。时有小鸬鹚，千百为群，飞水际，立磐石上，为注目久之。入马道宿，雷雨大作，信宿乃行。过青桥，岑嶔难步。又三十里而上七盘，盘尽为鸡头关，一石如鸡冠起逼汉，下俯江水。出白石盆，两崖突兀，为出栈最奇处。郑子真耕焉[26]，称郑谷也。下坡陁则宿褒城。

壬戌，饭黄沙，溯汉水行，将至沔，入谒孔明庙，墓在江南十里定军山[27]。风雨，不成行也。次日发沔，饭沮水上[28]。沮入汉处，

其水自略阳来^㉙。时雨大注，大安河不得渡，乃再留青阳。自沔至
青阳，缘江乱石无路。乙丑达金牛。

丙寅，早肃入谒禹庙。庙前水涓涓，则汉源也。此去墦冢尚馀
百里^㉚，水初出名漾，又名沔，故云沔、汉一水。又《禹贡》云^㉛：
"道墦冢自漾。"然大安河来略阳^㉜，更大而遥，不知何以表汉为源，
或以墦冢故也。再十数里入五丁峡^㉝，则石牛粪金处。崖头高耸矗
天，中盘一壑，石蹟蹶塞路^㉞，真若斧凿所馀。过柏林驿，又十里
而抵宁羌州^㉟，州前高陵大麓。出南门半里许，山两乳下垂，城其
上。黄壩水自西南来，绕城北趋东南，接五丁峡流入汉。是日驻宁
羌，次日止黄壩。

戊辰，行十馀里过溪，溪南、北树二桌楔^㊱，则秦、蜀分矣。南
崖有关，杜陵云："五盘虽云险，山色佳有馀^㊲。"今益之为七盘。一
宿神宣而发^㊳，循溪行，远见石巘横阏溪流^㊴，乃其下一洞如堂皇。
（屠评：善形容。）穿山而过，稍见天，又穿一石。如是者三，乃出
谷。水落时可蹑石而游，名乾龙洞，旧有龙在。洞口石山圆如车盖，
百丈顶又起一石如浮图，大奇也。下山则见嘉陵江，度峭壁为明月
峡，其上则朝天岭。上下约二十馀里，若度重霄矣。下宿沙河。

己巳，从千佛崖下至广元^㊵，即古利州也。自是缘嘉陵拏舟行，
一日泊昭化，一日舣虎跳，一日倚桌苍溪，癸酉乃至保宁。自广元
至府，湍流捍急^㊶，舟过处左转右回，仿佛剡川之曲。红崖青草，
又自可爱。保宁江环三面，南对锦屏山，即纯阳所游^㊷，非宜城
也^㊸。盖吕诗有"君平川"云^㊹。旁有三陈书院^㊺。

甲戌，出保宁，又行大山中不断，至汉州乃止^㊻，然皆大道，划

石平甃，即村落市镇皆然。是夕息足柳边。乙亥于盐亭，丙子于潼川，丁丑于建宁，戊寅于古店。缘保宁而来，馆谷舆马之供㊼，往往出自军伍。如隆山、富村、秋林、建宁、古店，类沃阜㊽。秋林诸生至百人㊾，小邑不如也。郡邑止潼川、中江为最，其地在在有盐井㊿，民居视水脉咸处掘坎如斗，深四五百尺，以瓜锥凿其土石起之(51)，用二竹大小相贯，吸水和土以煎。下古店，过新都，则入平川，所谓沃野千里者，盖流渠走水不能以十亩远。至牟弥镇，孔明八阵在焉。石卵埋灌莽中，成百二十八聚，有门有伍，土人窃其地种植者犁平之，久复隐隐隆起，亦神矣。余与元承各取一石而行。以八月二日癸未按辔于相如驷马桥上(52)，会藩臬大夫与直指何君而入成都。

① 岷山：位于今四川北部，绵延至今甘肃西南部。　汶（mín）岭：即岷山。

② 陆务观：陆游，字务观，南宋文学家，撰有《入蜀记》，为其入蜀途中日记，即此处所说《蜀游记》。　范致能：范成大，字致能，南宋文学家，撰有《吴船录》，为其从蜀地至临安途中日记。

③ 拥传：使用驿站的车马。

④ 益州：今四川一带的古称。　天府：土壤肥沃、物产富饶的地方。

⑤ 汧（qiān）：汧水，源起甘肃，流经陕西，汇入渭河。　渭：渭水，源起甘肃，流经陕西，汇入黄河。秦代曾在汧、渭交汇处营建城邑。

⑥ 宝鸡：今属陕西。

⑦ 关尹喜：相传曾任函谷关令尹，遇到出关西去的老子，促其写下《老子》。

⑧ 秦川：泛指秦岭以北的关中平原地带。

⑨ 武功太白：位于今陕西武功的太白山。

⑩　大散关：位于今陕西宝鸡南郊秦岭北麓。

⑪　汉：汉水，流经今陕西秦岭南麓。

⑫　堪舆家：以相地看风水为业的人。

⑬　槛（kǎn）阱：捕捉野兽的机关陷阱。

⑭　西戎：古代对地处西方的少数族部落的统称。

⑮　凤：凤县，今属陕西宝鸡。

⑯　褒：褒城，今属陕西汉中。

⑰　郿（méi）：郿县，今陕西眉县。

⑱　斜谷：位于今陕西眉县西南，谷有二口，南为褒，北为斜，故又称褒斜谷。
　　诸葛亮率军北伐曾取道斜谷。

⑲　沔（miǎn）：沔水，汉水的上流，流经今陕西。

⑳　韩淮阴：西汉开国大将韩信，封淮阴侯。韩信率兵从陈仓故道突袭，最终
　　夺取关中，原本并无"明修栈道"之事，实出自后世假托，意谓用假象迷
　　惑敌方以达到某种目的。

㉑　军夫：在军队中服役的人。

㉒　百夫长：军队中统率百人的小头目。　　长：管理。

㉓　陈君棐：陈棐，字汝忠，号文冈，一作文岗，河南开封人，明嘉靖年间人。

㉔　黑龙江：今陕西横山西北无定河北岸的支流淖泥河，又名黑水。

㉕　张汤：西汉时官吏，建议开通褒斜道，以保障漕运畅通。

㉖　郑子真：郑朴，字子真，西汉隐士，其故里位于今陕西汉中褒谷。

㉗　定军山：位于今陕西汉中勉县城南。

㉘　沮水：汉江的支流，流经今陕西。

㉙　略阳：今属陕西汉中。

㉚ 墦冢：墦冢山，位于今陕西宁强以北，是汉水的发源地。

㉛ 《禹贡》：《尚书》中的一篇，主要记录各地山川形势，托名为大禹所著。

㉜ 大安河：流经今陕西。　略阳：属今陕西汉中。

㉝ 五丁峡：秦惠王将石牛赠送给蜀侯，并将金帛置于牛后，称作牛粪。蜀侯贪图宝物，派五位大力士前去迎接。秦国军队随后赶到，将蜀国消灭。

㉞ 踬蹶（zhì juě）：绊倒。

㉟ 宁羌州：治今陕西宁强。

㊱ 棹楔：木柱。

㊲ "五盘虽云险"二句：语见杜甫《五盘》。

㊳ 神宣：恢复精神。

㊴ 阏（è）：堵塞。

㊵ 广元：治今四川广元。

㊶ 悍急：水流湍急迅猛。

㊷ 纯阳：道教传说中的仙人吕洞宾，号纯阳子。

㊸ 宜城：治今河南宜阳，城南也有一座锦屏山。

㊹ 君平川：相传吕洞宾题保宁锦屏山诗中有"只为君平川里去，不妨却到锦屏来"之句。君平，西汉隐士严遵，字君平，隐居于蜀中。

㊺ 三陈书院：始建于明成化年间，用以纪念北宋陈尧叟、陈尧佐、陈尧咨三兄弟。

㊻ 汉州：即今四川广汉。

㊼ 馆谷舆马：食宿车马。

㊽ 沃皋：肥沃富饶。

㊾ 秋林：今属四川绵阳。

(50) 盐井：生产井盐的竖井。

(51) 瓜锥：挖凿土石的工具。

(52) 驷马桥：西汉司马相如赴长安求取功名时，在此桥发下誓言，如果不能乘坐驷马车，就不再回来。驷马，地位显赫者乘坐的由四匹马拉的高车。

入蜀记中

入成都，以六日丁亥锁闱①，九月辛亥朔歌《鹿鸣》飨士②。从藩司大门右见高阜，为武担山③。昔五丁为蜀王担土成冢，旧有石担，今不存。前数十家一窪焉④，书“杨子云墨池”⑤，池洿不足观⑥，亦即其宅也。次日诣蜀藩朝⑦，宫阙卤簿⑧，视我朝廷，不啻半之。其国人多能道吾乡正学先生教授时事⑨。

乙卯，詹牧甫约为浣花之游，乃与元承自中和门出，过万里桥南。昔费祎使吴⑩，诸葛孔明送之，曰“万里之行始于此”矣，杜子美亦云“门泊东吴万里船”也⑪。江流绕雉堞如靛⑫，即村舍扃扉⑬，田塍沟渎⑭，无非流水，盖秦守李冰之绩云⑮。冰从灌口凿离堆⑯，引岷江以入，分流百道，溉田千万顷，遗迹依然。水上林木翳映，在所皆佳境。西行十里，遥见万绿参天，其色欲流，则青羊宫也⑰。老子谓尹喜曰：“寻我于青羊之肆。”有古铜羊，筑宫穴地得之。翚飞鸟革⑱，制岿然起，后为讲经台。出宫西度小桥，扁“缘江路”⑲，入谒武侯祠。问老柏，化去久矣。祠前即浣花溪也⑳，以夜不得至草堂。溪有月洲，联舟而下焉，泊于水月楼下，登楼命琴，僧弹《落梅》一曲而去。

戊午，与元承至大慈寺^㉑。寺阁高数丈，望城中尽。僧出佛牙一具^㉒，大于拳，色莹黄，如余家所藏佛顶^㉓。次诸葛井，甃甚工，腹寻丈，十倍于口。志称孔明凿以通井络王气^㉔，或然。此皆城东隅也。出城过濯锦桥，三里而至薛涛井^㉕，水味甘冽，异于江泉。淬为笺，比高丽特厚而莹^㉖，名"薛涛笺"^㉗。涛一妓，留其名至今也。西行五里入中园，则蜀国奉御辇夜台^㉘。路旁植高柏，摩空差胜，无他奇。复南数里至昭烈陵^㉙，祠先主、武侯^㉚，配以关、张、北地王、诸葛瞻、傅佥^㉛，蜀都忠义可想。坊名"际会"，殿称"明良"。陵在殿右，登陵，城内外俱在眇中。又西三里而至五块石，磈硐叠缀，若累丸然，三面皆方，不测所自始。或云其下海眼也，昔人启之，风雨暴至。余奇之，书"落星"二字，请于中丞亭其上。又西数里，上升仙桥，过青羊不入，乃遵浣花潭^㉜。潭水急，织流成花纹，"浣花""濯锦"之名意起此，谓神僧洗足流花者，附会矣。先与牧甫篝灯至无睹^㉝，至是行溪边挹景物，真如在画图中。右为工部草堂，堂内碑多周公瑕手笔^㉞。后有乾坤一草亭。日暮，王稚玉携觞至^㉟，相与放舟而归。

己未，重九节。成都故无山，每登高于城东、西角楼。时直指邀于东楼，中丞则西。西楼为锦江春色，从者掇黄花佐酒，绝胜也。

庚申，直指君复约登草堂，乃由城西隅至君平卖卜处。今为真武宫，宫前尚勒砥存古迹也^㊱。再西至石犀寺，一石立殿左，牛形，又似未成琢者。或云李冰所作，然冰镇灌口^㊲，非此也。成都故多水，是处为石犀镇之。城东有十犀九牧，立于江边可按。佛座下一井，深盎不测^㊳，水不减薛涛。又西至支机石，入使星亭。石正方，长与人等，中一浅窖，立亭中。乘槎事^㊴，恐好事者寓言，无论此非天河石也。出城西门五里，寻相如琴台，止田间培塿^㊵，树数株耳。志称文君宅^㊶，然王孙乃居临邛也^㊷，岂其卖车骑分家僮而来归此乎？路树一坊为"琴台径"，旁为老子度人观。从小径仄逼趋青羊，复入草堂，盖三至矣。满地青莪红苁^㊸，秀色错出，云"锦城"，不虚也。业已尽揽城内外诸神皋奥区，乃以十日癸亥解缆而南。

① 锁闱（wéi）：科举考试时，待考生进入试场后即封锁院门，以防范舞弊。
按：王士性于万历十六年（1588）曾典试四川。

② 《鹿鸣》：《诗经·小雅》首篇，用来宴乐群臣嘉宾。　 犒士：用酒食款待士人。

③ 武担山：位于今四川成都。传说蜀王因思念已故的爱妃，派五位大力士担土，为其营建坟茔。

④ 窊（wā）：水坑。

⑤ 杨子云：杨雄，一作扬雄，字子云，西汉辞赋家，故宅位于今四川成都。传说他经常在家旁水池中洗笔砚，以致池水变黑。

⑥ 洿（wū）：污染。

⑦ 蜀藩：明代蜀地藩王。

⑧ 卤簿：帝王出行时扈从的仪仗队。

⑨ 正学先生：方孝孺，之希直，一字希古，号逊志，浙江宁海人，明初学者。曾任汉中府学教授，受到蜀献王朱椿的礼遇，将其读书庐舍命名为"正学"，后世遂称他为正学先生。

⑩ 费祎（yī）：三国蜀汉名臣，深受诸葛亮器重，多次出使东吴。

⑪ 门泊东吴万里船：见杜甫《绝句》。

⑫ 靛（diàn）：蓝紫色。

⑬ 扃（jiōng）扉：闭门。

⑭ 田塍（chéng）：田埂。

⑮ 李冰：战国时任蜀郡太守，兴修过都江堰等水利工程。

⑯ 离堆：李冰开凿过多处离堆，以便引导江流用来灌溉。

⑰ 青羊宫：道教著名宫馆，位于今四川成都。

⑱ 翚（huī）飞鸟革：像野鸡一样展翅飞翔，像鸟儿一样张开双翼。形容宫室
华丽。翚，羽毛五彩的野鸡。革，张开翅膀。

⑲ 缘江路：杜甫居成都草堂时作《堂成》诗，有"背郭堂成荫白茅，缘江路
熟俯青郊"之句。

⑳ 浣花溪：位于今四川成都西郊。杜甫曾住在溪旁草堂。

㉑ 大慈寺：位于今四川成都。唐代玄奘法师曾在此受具足戒。

㉒ 佛牙：释迦牟尼遗体火化后所留下的牙齿。

㉓ 佛顶：释迦牟尼遗体火化后所留下的头顶骨。

㉔ 井络：天上井宿所对应的地上分野，专指蜀地而言。　王气：象征帝王运
数的祥瑞之气。

㉕ 薛涛：唐代乐妓、女诗人，居浣花溪畔。

㉖ 高丽：古代高丽国擅长制作笺纸。

㉗ 薛涛笺：薛涛曾设计制作笺纸，被称为"薛涛笺"。

㉘ 夜台：坟墓。

㉙ 昭烈陵：三国蜀汉昭烈帝刘备的陵墓。

㉚　先主：即刘备，陈寿《三国志》为其列传时称"先主"。　武侯：诸葛亮，死后谥忠武侯。

㉛　关：关羽，蜀汉大将。　张：张飞，蜀汉大将。　北地王：刘备之孙刘谌，封北地王。　诸葛瞻：诸葛亮之子，蜀汉大臣。　傅佥：蜀汉大将。

㉜　遵：沿着。

㉝　篝（gōu）灯：用竹笼罩着灯光。

㉞　周公瑕：周天球，字公瑕，号幼海，江苏太仓人，明代书画家。

㉟　王稚玉：王亮，字茂洪，一作茂宏，号稚玉，又号楼峰，浙江临海人。

㊱　勒砥：刻石碑。

㊲　冰：李冰，战国时秦国水利专家。他在治理岷江时，用石犀牛镇江，其地位于今四川都江堰。

㊳　盎：盛大，满溢。

㊴　乘槎（chá）：传说大海与天河相通，有人曾乘坐木筏到达天河。槎，木筏。

㊵　培塿（péi lǒu）：小土丘。

㊶　文君：西汉时蜀地巨富卓王孙之女卓文君，寡居时爱慕司马相如，与其私奔。

㊷　临邛：治今四川邛崃。

㊸　茋：锦葵。

入 蜀 记 下

　　时诸大夫饯于江皋，王稚玉、詹牧甫复至舟中，遂泊焉。次日甲子，行次木马驿，犹然丹山绿水也①。一宿而过彭山，再宿而过眉^②，三宿而入青神之中岩^③。中岩去县十里，峨江之东。上水月楼，俯长江玦抱^④，胸次洒然。下楼，傍溪入东北里许，青壁十仞，下瞰细流，为唤鱼池，僧呼则鱼出。过桥上丹磴里许为罗汉洞，崖头刻佛像数千。又前里许为玉泉亭，泉自岩窦出，泠泠也。坐泉上久之，幽怀入梦，恍然身在层城、阆风间^⑤。（屠评：遂令龙眠老居士拂轻绡，睥睨不能到。）又度小桥而南，则中岩寺^⑥。寺左穿虚岩之悬构数十楹，为伏虎崖。崖前历飞阁，峨石如门，有诺讵那尊者陶像倚焉。稍转过之为三石笋，则牛头僧击木寻讵那处^⑦。余登台为书"问月"二字，则上岩也。再蹑石磴百级，石台与笋齐，名睹佛台。又数十级，上藏经阁。又百馀级，北至蔚蓝天界亭。古松一株，偃蹇虬屈^⑧。见江水在松梢内，山左右抱平畴大道，殊不似山巅也。稍转，又二石笋而小，则称石笋分支处。山后可望仁寿、富顺、井研，昔苏长公舣舟欲登，惜为僧诒以崄而止。

丁卯，至嘉定州^⑨，州在川、雅二江合处^⑩。东一山为凌云寺，九峰环峙，左为东坡墨池，又为注书台。台上望江流有声，三峨隐隐在云雾间^⑪，绝景也。东下石崖万丈，倚江刻弥勒像，高三百六十尺。又东南一山孑立水面，为乌龙山，则郭景纯注《尔雅》处^⑫。凌云茶^⑬，蜀中称佳。次日去峨眉，别有记^⑭。

癸酉，还自峨眉，宿犍为。犍有油井，其水见火即燃。次日，泊下坝。乙亥，至叙州。李臬副邀登翠屏山，岷江后缠，马湖江前绕之，合于城东。岷江清，合马湖始浊。丙子，过南溪，止江安。丁丑，过纳溪，止泸州，泸江左岸也。城东为岷江，北为资江，又合焉。戊寅，止合江。己卯，在江津。

庚辰，过铜鐶故驿[15]，居民蔽堑[16]，环石蹲江，竹树荫岩扉间，景色堪画。又过落鸿市[17]，连山岩岩，亦奇也。晚宿重庆，石城天险，依岩而立，过处石脉如蒂，而嘉陵、岷江合于东。其县有巴峡及温阳峡，登朝天楼，了然在目也。次日，宿长寿，则十月辛巳朔矣。

壬午，过李渡[18]，蜀雄镇也。烟火千家，南通播、贵[19]，为估客往来停舶之所。晚次涪州。

癸未，达酆都[20]，上平都山[21]，道书第十八福地也。山横峭围邑后，唐断碑五段，书"洞天道山"字置山门。汉王方平、阴长生于此上升[22]，亭塑二仙围棋像如生。因忆乙酉春乩仙别余诗云[23]："相别都门下，相逢益水边。平都江上路，晴日锦帆悬。"固知人生行止有数也。

甲申，次忠州。次日，过曹溪十里，有石蹲山顶，高十数丈，阔倍之，远望如天柱，为石宝寺。是夕宿万县。又次日发，过周溪，至巴阳峡，峡长二十里。是夕抵云阳[24]，即古云安也。隔江为张桓侯庙[25]，祭而后发。先是，渔人洪、穆二家得飞首，以塑土像，腹中像，故像也。二家即食庙中土为祝[26]，今其子孙尚存。

丁亥，至夔府[27]，上城东观图亭，视八阵石在鱼腹上[28]，左右八碛[29]，其一尚在明灭间，谓六十四蕝者非[30]，左复垒石为城形。元承诵"江流石不转"句[31]，似为武侯饮恨者。余乃酹酒于侯庙曰："即今日江山，已非汉室久矣，侯何恨？"复笑而下。城东一水为左瀼[32]，数里为杜公草堂，又数里有城跨二山，犹古白帝城也[33]。问旧柏柱[34]，无存矣。左山昂，据为赤甲[35]，对江为白盐[36]，江水奔流，如在石罅中出。下白帝，一石堆巍然踞瞿塘口 [37]，为滟滪 [38]。盛夏雪消，水没滟滪，顶如象马，则峡封舟。兹已出水二十丈，舟安流过其下，渐入削壁，开蓬仰天一线 [39]，昔人谓非亭午不见日景，固然。（屠评：山川大奇，巨笔故自不减。）数里石刓成窦，见箱形，俗称风箱峡 [40]，即瞿塘峡。二十里出峡，夜宿巫山 [41]，高唐观在县西山顶上。

己丑，发巫山，二十里复入峡中。峡更奇峭，石末远见明星，迫视之，隙光也，土人呼弹穿峡。出峡，谒神女庙，石坛土偶，剥蚀殆尽，何啻无神鸦送客也 [42]。庙正对巫山，中峰屏立，两翼如刀戟，成"巫"字，与江水称"巴"同。其他十二峰各有名，不能尽识也。过此，崖壁方者、锐者、仆者、蹲者、倾欲堕者，争相献奇。夜宿巴东 [43]，邑据山亦壮。庚寅，下巴东，至归州 [44]，即古秭归也 [45]，以屈原姊女嬃而名 [46]。州前石铦利矛立 [47]，水汇成盘涡，舟入不出，名吒滩，亦名人鲊瓮 [48]。黄鲁直谪涪云 [49]："命轻人鲊瓮头船，行近鬼门关外天。"今讳之，改"瞿门关"，在巫山路上。过州二里为莲花滩，又为石门滩。又十五里为香溪，范成大谓溪中鱼洞生成幢幡、日月、仙兽之类，天下岩窦，巧莫过之，惜舟急不得至也。再过为归峡，即兵书峡 [50]，峡长十馀里，两崖如巫峡。出峡口为新滩。二滩上下，浪激如飞，震雷昼夜鸣。每一舟下滩，后舟始发，恐卒遇于石罅，难解也。嘉靖间山崩而成，故名新滩。余宿于滩上。次日盘滩而下三里 [51]，阻石尤风 [52]，不进。再过一峡为马肝峡，出峡十里为空舲滩，泊焉。

壬辰，谒黄陵庙 [53]。庙后山数叠如屏，舟人指其中叠，有丈夫牵牛道水影，则黄牛神也。孔明曾志其事于庙⁵⁴。庙左右石壁环江排列数十里，如芙蓉城。记云："朝见黄牛，暮见黄牛。三朝三暮，黄牛如故⁵⁵。"庙前滩声雨色，幽寒逼人。又过石牌峡、黄金藏，皆在峡中。再过南井关则至州，州称夷⁵⁶，险至此平也。州守殷无美谓庙有神龟⁵⁷，缘甲具八卦像，如剖劂成者⁵⁸，大奇。道人常于石坎呼出之，余乃无缘矣。大约川江行三千里至夷陵，都如从石岘出，三峡中视之较显。余行以霜降水涸，不遇险，不及睹千里一日与榜人舟子击汰鸣榔绝技⁵⁹，乃蜀都山川撑拄余腹，较左太冲所赋什百倍之。元承少时曾过此，不能忆。余乃初至。

屠评：天孙织锦，五丁凿石，灵心伟手，妙绝无双。

① 犹然：仍然。

② 眉：今四川眉山。

③ 青神：位于今四川眉山，分为上、中、下三岩。

④ 玦（jué）抱：环绕而有缺口。

⑤ 层城：神话中昆仑山上的高城。 阆（láng）风：神话中昆仑山的巅峰。

⑥ 中岩寺：相传为诺讵那的道场。

⑦ 牛头僧击木：相传诺讵那在募化途中得到牛头禅师救助，临别时将一把木钥匙赠予牛头禅师，约定日后有难可以到中岩寺寻求帮助。其后牛头寺佛额明珠被窃，牛头禅师至中岩，以木钥叩击巨石，见到诺讵那，在其帮助下寻回明珠。

⑧ 偃蹇（yǎn jiǎn）：仰卧。

⑨ 嘉定州：治今四川乐山。

⑩ 川、雅二江：川江和雅砻江。

⑪ 三峨：峨眉山有大峨、中峨和小峨三座山峰。

⑫ 郭景纯：郭璞，字景纯，东晋学者，曾为《尔雅》作注。 《尔雅》：解释词义的一部词典，成书约在战国。

⑬ 凌云茶：凌云寺出产的茶叶。

⑭ 别有记：参见本卷《游峨眉山记》。

⑮ 铜鐶（guàn）：今属重庆。

⑯ 堑（qiàn）：壕沟。

⑰ 落鸿市：今属四川泸州。

⑱ 李渡：今属四川南充。

⑲ 播：播州，治今贵州遵义。 贵：贵州，治今贵州贵阳。

⑳ 酆（fēng）都：今属重庆。

㉑ 平都山：位于今重庆丰都东北。

㉒ 王方平：王远，字方平，东汉人，弃官修道。 阴长生：东汉人，不好荣贵，专务道术。相传两人都在平都山升天成仙。

㉓ 乙酉：万历十三年（1585）。 乩（jī）仙：用扶乩的方式请示神明，即将丁字形木棍置于沙盘上，由两人手扶木棍，使其在沙盘上画出文字，以显示吉凶，所请托的神明称作乩仙。

㉔ 云阳：今属重庆。

㉕ 张桓侯：三国蜀汉大将张飞，死后谥桓侯。

㉖ 祝：庙祝，寺庙祠堂中掌管香火的人。

㉗ 夔府：治今四川奉节。

㉘ 鱼腹：鱼腹浦，位于今四川奉节城外，相传诸葛亮在此布有八阵图。

㉙　碛（qì）：浅水中的沙石。

㉚　蕝（jué）：用茅草束立在地上以标记位次。

㉛　江流石不转：语见杜甫《八阵图》。

㉜　瀼（ràng）：瀼水，分为东瀼、西瀼，流经今四川奉节。

㉝　白帝城：位于今四川奉节。

㉞　柏柱：在白帝城西，相传原为楼柱。

㉟　赤甲：赤甲山，位于四川奉节长江北岸。

㊱　白盐：白盐山，位于四川奉节长江南岸。

㊲　嶷（nì）然：屹立的样子。　瞿塘：瞿塘峡，位于今四川奉节。

㊳　滟滪（yàn yù）：滟滪堆，位于瞿塘峡口的江中巨石。

㊴　开蓬：张开船帆。

㊵　风箱峡：位于白帝城下行处，因长江北岸石壁形似风箱而得名。

㊶　巫山：今属重庆。

㊷　神鸦：庙里吃祭品的乌鸦。

㊸　巴东：今属湖北恩施。

㊹　归州：治今湖北秭归。

㊺　秭（zǐ）归：今属湖北宜昌。

㊻　女嬃（xū）：相传为屈原之姐。

㊼　铦（xiān）：利器。

㊽　人鲊（zhǎ）瓮：长江险滩之一，位于今湖北秭归瞿塘峡下。

㊾　黄鲁直：黄庭坚，字鲁直，北宋诗人，因党争被贬至涪州。以下所引诗句见黄庭坚《梦李白诵竹枝词三叠》其三，"行近"原作"日瘦"。

㊿　兵书峡：位于今湖北秭归。

(51) 盘滩：盘转船只以越过险滩。

(52) 石尤风：逆风。

(53) 黄陵庙：又称黄牛庙、黄牛祠，位于今湖北宜昌。

(54) 志其事：明人辑录的诸葛亮文集中有《黄牛庙记》(又作《黄陵庙记》)，当系后世伪托。

(55) “朝见黄牛”四句：语见郦道元《水经注》，“朝见”原作“朝发”，“暮见”原作“暮宿”。

(56) 州称夷：夷陵州，治今湖北宜昌。

(57) 殷无美：殷都，字无美，一字开美，嘉定人，时任夷陵知州。

(58) 剞劂（jī jué）：雕刻。

(59) 击汰（tài）：拍打水波，指划船。 鸣榔（láng）：敲击船舷，用来惊鱼，使入网中，或作为歌声之节奏。

游峨眉山记

志云宝掌三藏千岁①，来自天竺②，指其地为震旦第一山③，与夫睹佛光与西域雪山，盖皆谓峨眉云。峨山去巴西不远④，询之其人，则咸谓七八月雪封山，山僧弛担⑤，弗能上也。先是，直指何君闻余欲登峨，已檄邑令除道⑥，然亦曰姑尝试云尔。或又曰，秋霖后佛光多不现。余咸为不闻也者，与元承径趋焉。

以九月望后二日丁卯至嘉州⑦，登凌云⑧，挹九山环峙，左憩注书台。时岷江南流，滚滚有声，大渡河自西来注之。遥望三峨，隐隐在云雾间，若招余者。次日发嘉州十五里，乱流而渡，过苏稽镇，午至县。又西行五里至圣积寺⑨，左重廊翼然⑩，为老宝楼，署魏鹤山"峨山真境"四字⑪，则登峨第一山门也。复过龙神堂，上凉风桥，数里而至一垒，为解脱坡。高山大崖，深林巨涧。度溪桥而听，风声蓬蓬然，水声泠泠然，意恋之，以夜故促去，宿华严禅寺。

　　己巳旦发寺北，首过青竹桥，转楠木坪，上五十三步，一平台可坐数人，覆以翠竹，为歌风台，云接舆避楚而隐地也⑫。前见一石，远伏山口如舴艋，为普贤船。又前，片石踞立路侧，为大峨石。后有石并峙，下深成井，水自石井瀺瀺出⑬，为玉液泉，石镌陈图南"福寿"二字⑭。西入数里为呼应台，则茂真尊者与孙真人精舍也⑮。北数里，倚白云峰为中峰寺，过寺上大坂，凡三望乃至，为三望坡。下坡抵壑，双溪合流，障以石山，如葫芦出物，楹其背为牛心寺，寺僧出真人丹鼎与继业三藏锡杖焉⑯。寺后绿阴簇抱，蔽亏天日，景幽绝不类人间。右去过十二峰头，为九老仙人洞。寺左右为双飞桥，桥流合处，怪石礌砢，飞瀑怒出其间。一石悬峙焉，为牛心石。两石崖夹飞涛而去。余与元承置蒲团石上，结跏趺坐之，听流水砅洄呜咽⑰，神骨俱寒，即不能忘死，堪忘世。（屠评：元承与君同志，信有山川之缘。）此峨山山水最佳处也。再历危磴为白龙洞，洞两翼树楠千本，空翠欲滴。上四会亭为白水寺，寺有宋兴国铸普贤骑白象相⑱，并赐袈裟宝环，旁有三千铁佛，廊庑鳞集，此北麓之穷也。嗣是悉南行，乃始称登峨。

　　饭毕，从寺后直上一千步为顶心坡。顶心者，足行与心相着也^⑲。又一千五百步为息心所，左右俱瞰空壁。又过大小深坑，坑穷无嶝道，板缘岭巇而上五里许为长老坪。始偏山左行至鹭店，雾雨蒙昧，衣袂尽沾湿。披雾复行，行竹箭间，两腋丛合，差不甚见险^⑳。又下深谷如井，为九岭冈。既下又起，为蛇倒退。又下至谷，乃上猢狲梯，犹言鸟道也。路绝则倚木栈悬接之，故亦言梯。一步一堕，经十里馀乃至一坪，为初欢喜，亦称错欢喜也。饭罢，又升高馀八里，为木皮店。过此十日九霜雪，陶瓦龟坼^㉑，覆屋以木皮矣。再下谷，将升处石壁横亘数十丈，为梅子坡，坡长与木皮等。至高处稍平，为白云殿。自白水上白云，两崖无倚，俱行马鬣中也^㉒。殿陡崖万丈，直至睹佛台而止。缘崖为雷洞坪，崖石卧路，尽青碧腻理^㉓，玲珑如琢，与古楂老树相盘错，虬龙虎豹，两欲斗巧。崖断处下窥无际，杳然深黑。世传雷神居之，闻人语声，则风雷暴至，旧树一禁语铁牌。下有十二大洞穴，人不得至也。过雷神洞而上，长十数里，险视猢狲梯过之，为八十四盘。道旁积雪皑皑，高山茶不甚佳，雪可嚼。（屠评：此等语，令人口齿俱香。）盘尽则一石穿云而立，为观音岩。岩前树抱石而生，藤萝鬖发^㉔，为普贤线。岩旁巨石如门。又数折至莎萝坪，为大欢喜，盖有莎萝花云。过欢喜亭，无险矣。秉烛斜蹑而南至通天堂，又南为老僧树。树两岐直立，枯而空中。一游僧来定焉^㉕，复荣抱为一。僧定，故未出也，乃知龙渊慧持之事不诬^㉖，奇矣。右折，二石矗天，开一罅为天门石。转而过为七天桥，盖犹谓瓦屋九天也^㉗。乃趋三殿顶礼^㉘，先锡瓦，次铜瓦，上绝顶为铁瓦，皆像普贤也。一名光相寺。礼罢，就性天头佗宿焉。头佗年九十，苦行，与之语未了，门外雪复大下，余乃拥楣柮^㉙，披重裘，尚皮毛粟粟^㉚，盖山中连三夕雪矣。

庚午晨起，望西山尽雾，独一山衣白巉岏^㉛，仅咫尺间，诧之。性天曰："正西域大雪山也。此浩劫积雪不消，六月乃益明，去此数千里矣。"余瞪目久之。初阳起射，雪色更荧荧照人，如沁肝胆，即世称璚楼玉宇^㉜，不足状之，又一奇观也。然目力所穷，尚视山而遥，乃不皆雪，岂太阴积气独凝结此山也耶^㉝？再登铁瓦殿，黑云覆东方未开。僧曰："此山顶雾，非云也，倏开合耳。有大重云在其下^㉞，是称兜罗绵云^㉟，则常住不散。"雾已，果如僧言，现大银海。已复诣通天观，观大藏宝幢^㊱。报午矣，一僧奔称佛光现，余亟就之。前山云如平地，一大圆相光起平云之上^㊲，如白虹绵跨山足，已而中现作宝镜空湛状，红黄紫绿五色晕其周，见己身相俨然一水墨影。时驺吏随立者百馀人^㊳，余视无影也。彼百馀人者亦各自见其影，摇首动指，自相呼应，而不见余影。余与元承亦皆两自见也。僧云此为摄身光^㊴。茶顷光灭，已又复现复灭，至十现，此又奇之奇也。（屠评：宰官神僧再来身^㊵，故如来圆相光为宰官示现若此，非偶然也。）

春夏时有鸟称"佛现"，食人掌中，寒不来矣。二黑韶尚盘桓栏楯^㊶，见人不甚怖。山后岷山万重，僧一一指之，近瓦屋，远晒经^㊷，侧为青城、玉垒^㊸，又缥缈中指火焰、葱岭^㊹，余不能悉。馀山则皆累累砂塍也，所谓旷然天游者，非耶？已而暝色至，复篝灯与元承露坐台上，因思吾家右军动称峨山伯仲昆仑^㊺，而竟乏足迹；杜陵诗篇满巴、蜀，而未识嘉州，名山福地，故有缘矣。元承曰："固然。"相携俟圣灯一至^㊻，僧云："月明之夕，数十百如乱萤自二峨来[47]，扑之皆木叶也。兹夕雨气重，隐矣。"仍回宿卧云庵，览三大师所传西竺像[48]，文殊、普贤虬须，观音大士则头佗而髯也，与入中国变相异[49]。僧又出放光石为赠，石色如水晶，生六棱，从日隙照之，虹光反射。余携数颗袖之。

辛未早下山，将及雷洞坪，岚烟踵趾相失[50]，雨纤纤随之。至白水，则云昨大雨，而绝顶乃快晴也[51]。余病渴，亟命寺僧掬饮之。盖山顶无泉，仅一坎受雪水，不堪为食具。范石湖所谓"万古冰霜之汁不能熟物"[52]，宜其汲水而登也，余识不及此矣。

自县至寺四十里，寺至顶又六十里，蜀山无出其右者。然蜀地又高于天下地几许，则峨眉与海内山絜高量短[53]，可知已。白水以上雨雾十二时，无一日霁者，以山高多寒故。初欢喜以上皆千年大木卧路侧，古苔茸挂[54]，以山饶雨雾，即高山木如生水中。故大欢喜以上，路皆栈木而行，以四时积雪，土泞滑不能成路。故观音辟支岩以上皆有光，第不若睹佛台以时显。僧云佛家以此为大光明山。至检《华严·住世品》[55]，则云西南山贤首居之[56]。天竺视此，非西南也。又胜峰亦称西方，而强合以名兹山。意好事者未思竺、震殊方之故，而普贤道场则又自古记之矣。愿力显化[57]，理固有之。或曰山有金银之气则光；或曰木石之异者，山灵鬼物附之则光；或曰云雨射日，如蟛蜞则光[58]，此皆讳言于佛故。要之，六合神奇[59]，多难意度[60]。乃与元承庆兹游之遭，题名于天门石而去。元承者，刘君奕；余，天台王士性也。时岁在万历戊子[61]。

屠评：象色词华，通入神境。

① 宝掌三藏（zàng）：又称宝掌千岁和尚、千岁宝掌，中印度人，魏晋时东游中土，至蜀地参礼普贤，传说享年一千多岁。三藏，对精通佛教经、律、论三藏者的尊称。

② 天竺：古代对现在的印度及其他印度次大陆国家的统称。

③ 震旦：古代印度对中国的一种称呼。

④ 巴西：治今四川阆中。

⑤ 弛担：放下担子。

⑥ 除道：修治道路。

⑦ 嘉州：治今四川乐山。

⑧ 凌云：峨眉山凌云峰。

⑨ 圣积寺：位于今四川峨眉山下，为入山第一大寺。

⑩ 翼然：像鸟张开翅膀。

⑪ 魏鹤山：魏了翁，号鹤山，南宋理学家。

⑫ 接舆：春秋时佯狂不仕的楚国隐士，见到孔子时曾唱歌，歌中有"凤兮凤兮，何德之衰"的句子。

⑬ 灝灝（hōng hōng）：水流相互冲击的声音。

⑭ 陈图南：陈抟，字图南，北宋道教学者。

⑮ 茂真尊者：隋唐之际的高僧，居峨眉山。　孙真人：孙思邈，唐代医药学家，居峨眉山，与茂真尊者交好。

⑯ 继业三藏：宋初奉命至天竺求取佛经的高僧，归国后居峨眉山牛心寺修习。

⑰ 砯淘（pīng hōng）：水流冲击岩石的声音。

⑱ 宋兴国：宋太宗年号太平兴国（976—984）。

⑲ 相着：相互接触。

⑳ 差：稍微，尚。

㉑ 龟坼（chè）：开裂。

㉒ 马鬣（liè）：马颈上的长毛。这里用来形容山路的狭险。

㉓ 腻理：纹理细润。

㉔ 鬖（sān）发：蓬松散乱的头发。

㉕ 定：禅定，僧人修行的一种方法，需要端坐闭目，心神专注。

㉖ 龙渊慧持：东晋高僧慧持，曾至蜀地传法，居住在龙渊寺中。

㉗ 瓦屋：瓦屋山，位于今四川眉山。

㉘ 顶礼：佛教中最高的礼拜仪式，跪下后两手伏在地上，用头顶着所尊敬的人的脚。

㉙ 榾柮（gǔ duò）：短小的木头。这里指烧炭取暖的小火炉。

㉚ 粟栗（sù lì）：寒冷时皮肤起颗粒。

㉛ 巑岏（cuán wán）：高峻。

㉜ 璚（qióng）：同“琼”，美玉。

㉝ 太阴：月亮。

㉞ 重（chóng）云：重叠的云层。

㉟ 兜罗绵：木棉树上柳絮状的绵。

㊱ 宝幢：刻有佛号或经咒的石柱。

㊲ 圆相：佛教徒参禅时在空中或地上所画的圆圈。

㊳ 驺（zōu）吏：骑马的侍从。

㊴ 摄身光：各自只能看到自己的身影。

㊵ 再来身：再世。

㊶ 栏楯（shǔn）：栏杆。

㊷ 晒经：晒经山，位于今四川汉源。

㊸ 青城：青城山，位于今四川成都。　玉垒：玉垒山，位于今四川成都。

㊹ 火焰：火焰山，位于今新疆吐鲁番盆地北缘。　葱岭：今帕米尔高原。

㊺ 伯仲：兄弟间排行的次序，形容两者不相上下。

㊻ 圣灯：峨眉山金顶在夜晚出现的飘浮光团。

㊼ 二峨：峨眉山共分为大峨、二峨、三峨和四峨，二峨又名绥山。

㊽ 西竺：天竺，指古代印度及其他印度次大陆国家。

㊾ 变相：佛教的绘画或雕塑。

㊿ 岚烟：山中雾气。　踵趾：脚后跟和脚趾。

(51) 快晴：爽朗的晴天。

(52) 万古冰霜之汁不能熟物：语见范成大《吴船录》，“冰霜”原作“冰雪”。

(53) 絜（xié）高量短：比较长短。

(54) 茸挂：像茸毛一样悬挂着。

(55)《华严》：《大方广佛华严经》，大乘佛教华严宗经典。　住世品：当作“住处品”。

(56) 贤首：贤首菩萨。按：据《华严经·住处品》，在西南方光明山居住讲法的是贤胜。此处疑王士性误记。

(57) 愿力：誓愿的力量。　显化：神灵显现化身。

(58) 蝃蝀（dì dōng）：彩虹。

(59) 六合：上下四方，泛指天地之间。

(60) 意度（duó）：揣测。

(61) 万历戊子：万历十六年（1588）。

卷六

楚游上

黄州
赤壁
江

太孤山

老

白鹿

南康

匡山

南屏石

鄱湖

敷淺原

滕王閣

徐亭

儒學亭

鐵柱宮

旗棚

鍾靈山

章貢永

信州

楚

江

佛手岩

大林寺

宇樹

竹林寺

毛峰

三叠水

九叠屏

大小孤山

白鹿洞

卧龙桥

大会亭

洗心橋

棲賢橋

淡水

大坝

杜陵

隳澌岬

峴首

龐公隱居

鹿門山

楚 游 上

太和山游记 ①

太和山，一名武当，地隶均 ②。均，春秋时麇国也 ③。道书称玄君降于神农之世 ④，为净乐国太子，乃亦治麇，缘是上升。我明文皇感而尊为帝時 ⑤，赐太岳名。至肃皇复尊称玄岳 ⑥，欲以冠五岳云。云武当者，则《水经》已先之矣 ⑦。志称山拥七十二峰、三十六岩、二十四涧，周环八百馀里，谓此天下名山，非玄武不足以当之，然乎哉！山既以擅宇内之胜，而帝又以其神显，四方士女持瓣香 ⑧、戴圣号 ⑨，不远千里，号拜而至者，盖肩踵相属也 ⑩。

余以戊子十月望抵襄阳 ⑪，取道穀城，次日宿界山，又次日经草店，乃入山。过"治世玄岳"棹楔 ⑫，忽长冈缩壑，路穷，从左入，已乃更旷朗。右绾亦如之。松杉满门，廊庑翼张，是为遇真宫。左庑铸三丰真人像 ⑬，丰颐瓠领 ⑭，锐目方面，髭磔出如戟 ⑮，殊不类所谓闲云野鹤，山泽之癯。黄冠出斗蓬、扇、杖各一，皆范铜为之 ⑯。真人所自御者，则已移入上方矣。饭毕，乃从右绾出，始入仙关，自此咸为驰道。至山顶，緜元和、回龙二观顾瞻圣母滴泪池。久之，盖行三十里而抵太子坡，坡扼陂陀之嗌为复真观 ⑰，缭以周垣，键以重关 ⑱。入已，从吏请下卧榻焉。已乃苍然暮色自天柱峰至，四山野烧忽起 ⑲，风从壑底吹磷上，如乱萤过短墙。余卧视，不能寐。

次早西行十里而至龙泉观，观对天津桥，流九渡涧其下。涧道幽绝，始入行栈磴中。出翠微，穿怪石，忘其返也。已复沿涧上除道[20]，曲折逾时，乃望见紫霄宫。宫背展旗峰，若负宸。石障铁色，横上方千仞，前对灶门峰，云气常如炊烟。左右翼山拱而出，衔两员阜[21]，为大、小宝珠。金水渠窦，小宝珠汇焉，泓停缥碧[22]，名禹迹池。亭其上，池右山为福地，道书七十二之一也。入宫登百级之阶，池三：日、月、七星；泉二：真一、大善。宫后转山椒石窍处名太子岩，好事者为书"蓬莱第一峰"。岩上又为三清石，削不可上。其下则棚梅园，岁贡实也。园右万松亭，松杉翳天。从此跨山而去，路甚径[23]。然宫外古道甚治，余仍由官道掠三公、五老诸峰，过棚梅祠，回望北壁，嵌岩绣柱，恍若蓬、壶。问之，南岩也。然余欲登顶急，舍之去。每过颠崖崭石，必有道流结窝其上[24]，垂双绳于下，甚至坭门枯树中[25]，经年不出。然非必皆清流也[26]，止眩奇以求施耳[27]。有顷，至杉木林，分二岐，从左则下舆杖履，攀索而上天门。余乃右行山之阴，下涧披灌莽，挟左右奇峰而上，积雪皑皑，满丛薄不化。十里许而至朝圣门，乃得当太和山。山子立七十二峰之中，即天柱峰也，峰头南北长七丈，东西半之。玄武正位，四神在列，贮以金屋，承以瑶台，拥以石栏，倚以丹梯，系以铁緪[28]，护以紫金城，辟四门以象天阙[29]。羊肠鸟道，飞磴千尺，香炉、蜡烛三峰恍惚当席前。（屠评：非此手段，遇如许景界，气沮神夺耳。）俄有白云一片西来，起足下，笼金屋之上而止。茫然四顾，身影缥缈，颢气淋漓而俱[30]，夫非天上五城十二楼耶？山既斗绝，无寻丈夷旷之阿[31]，诸道流倚崖之半，架木而栖，椓杙借地[32]，顶与崖齐，重楼层阁，叠累以居，如蜂房之结缀而累累也。罡风刺刺起^㉝，吹屋离崖，骈肩动摇^㉞，欲堕不堕，又如坐楼船荡漾于惊涛怒浪中，而彼了不为意也，盖习之矣。

已循城下，礼元君、圣父母诸殿^㉟，绕出天柱峰后，盼尹喜岩^㊱，挽悬于三天门而下。三门从山顶直落如矢，几五里馀。栏楯纠缠，十步一息，至摘星桥而始就舆。复由棚梅祠抵南岩，岩擘崖之半为宫^㊲。从殿后左折，大石延袤百丈如飞，餐其下^㊳，前绝大壑，荟蕵蒙茸^㊴，正黑无底，天阴籁发，噫气洒淅^㊵，满山谷间。中为紫霄岩，岩前一龙首石出阑外，瞰之胆落。礼神者往往焚瓣香于鼻，从颈上望天柱拜以为虔。东为五百灵官阁，为双清亭。西为南熏亭，为石枰。一台崛起为礼斗^㊶，道绝，不得至也。西望舍身崖，上为飞升台，下为试心石。日已下春^㊷，欲去佛子岩寻不二和尚^㊸，不果。昔朱升志岳^㊹，谓得三大观："栖危巅，凭太虚^㊺，如承露仙掌^㊻，擎出数千百丈^㊼，日月出没其下，不如太和；立神以扶栋宇，凿翠以开户牗，逞伎巧于悬崖乱石间，因险为奇，随在成趣，不如南岩；右虎左龙，前雀后武^㊽，虽当廉贞、贪狼二兽之下^㊾，而环抱天成，楹石所栖，各有次第，不如紫霄。故论太和之胜，于其高，不于其大；论南岩之胜，于其怪，不于其丽；论紫霄之胜，于其整，不于其奇。"信夫！

次日下南岩而趋五龙宫，宫在灵应峰曲，去岩就涧愈益下，北过滴水、仙侣二崖，回首昨游尽失。时木落天空日冷，路上多虎迹，行者咸束炬钹金^㊿。下青羊涧，久之，山忽平朗，南岩、天柱复隐隐在西南霄汉间。逾涧复西，盖三十里而至五龙宫。宫东向而北其门，以逆涧水。门外绕九曲，崇墉盘绕，如乘率然[51]。玄帝、启圣二殿，阶合九重，前后百五十三级，足称帝居矣。殿前天、地池二，龙井五。右廊阴日、月二池，如连环然，日池黛，月池缃，可异也。左为玉像殿，紫玉、苍玉、菜玉、碧玉各一，沉香一，咸肖帝像，高数寸，云得之地中。去宫半里自然庵，道士李素希旧隐也[52]，倦不欲往，取其所藏衣敕视之。渡磨针涧，谒圣姥祠，又过仙隐岩，则趋玉虚宫。玉虚乃负展旗北，为遇真故址，三丰真人尝遇此，云是后当大显。宫内为殿者三，亭称之，为楼望仙者一，斋堂、浴堂、钵堂、云堂、圜堂为堂者五，东西为道院者二，遇真、仙源、游仙、东莱、仙都、登仙为桥者六。崇檐大树，高垣驰道，巨丽不下王宫。紫霄五龙，又未有能先之者矣。出玉虚，仍归遇真宿焉。

次日行三十里至迎恩宫，宫在石板滩，当郧、襄孔道[53]。又十里而至均州净乐宫，宫规城而半之[54]，然规模犹谢玉虚也[55]。山之灵奇，更仆未悉[56]。所憾者，山饶水瘠，诸宫泉池仅涓流焉已，若山顶则已窨雪而饮之。至宫庭之广，土木之丽，神之显于前代亡论，其在今日，可谓用物之宏也矣。志云聚南五省之财，用人二十一万，作之十四年而成。大哉，我文皇之烈乎！非神道设教[57]，馀山安望其俦匹耶[58]？

① 太和山：又名武当山，位于今湖北十堰丹江口。

② 均：均州，治今湖北丹江口。

③ 麇（jūn）国：春秋时位于南方的诸侯国，与楚国相邻。

④ 玄君：武当山供奉的真武大帝，又称玄天上帝、玄武大帝等，相传原为净

乐国太子，入武当山修道成仙。

⑤　文皇：明成祖朱棣，谥号文。　　時：祭祀的固定场所。

⑥　肃皇：明世宗朱厚熜，谥号肃。

⑦　《水经》：旧题东汉桑钦撰，记述各水系的基本情况，后由北魏郦道元作注。

⑧　瓣香：一炷香。

⑨　戴：尊奉。　　圣号：真武大帝的名号。

⑩　相属（zhǔ）：相连接。

⑪　戊子：万历十六年（1588）。　　襄阳：治今湖北襄阳。

⑫　治世玄岳：武当山入口处建有牌坊，上有嘉靖帝所赐"治世玄岳"匾额。

⑬　三丰真人：金元至明初道教学者张三丰，武当山道教祖师。

⑭　丰颐：丰满的下巴。　　瓠（hù）领：洁白的脖颈。

⑮　髭（zī）：上唇的胡须。　　磔（zhé）：伸张开。

⑯　范铜：用铜铸造。

⑰　嗌（yì）：交通要道。

⑱　键：封闭。　　重关：层层的屋门。

⑲　野烧：野火。

⑳　除道：开辟出来的道路。

㉑　员阜：圆形土山。

㉒　泓停：深广平静。

㉓　径：直。

㉔　道流：道士。　　结：造。

㉕　坭：同"泥"。

㉖　清流：德行高洁，负有名望的人。

㉗ 施：布施，施舍。

㉘ 緪（gēng）：大绳索。

㉙ 天阙：天上的宫阙。

㉚ 颢（hào）气：清新洁白盛大之气。

㉛ 夷旷：平坦宽阔。　阿（ē）：山陵。

㉜ 椓（zhuó）：敲，捶。　杙（yì）：小木桩。

㉝ 剌剌（là là）：风声。

㉞ 骈肩：肩并肩。

㉟ 元君：斗姆元君，道教供奉的神，为北斗众星之母。　圣父母：道教神话
中真武大帝的父母，即净乐国的明真大帝和善胜皇后琼真上仙。

㊱ 尹喜：即关令尹喜，相传曾在武当山三天门石壁下修道，后被道教楼观派
奉为祖师。

㊲ 擘（bó）：裂开。

㊳ 寁（láng）：洞穴。

㊴ 荟蔚（huì）：草木茂盛的样子。

㊵ 噫气：风。　洒淅：寒颤。

㊶ 礼斗：道教中礼拜北斗星君的场所。

㊷ 下舂：日落。

㊸ 不二和尚：明代高僧，曾得到明武宗的接见褒奖，后在武当山修炼。

㊹ 朱升：当作"方升"，方氏于嘉靖年间编纂《大岳志略》，以下所引即出自
该书。

㊺ 太虚：天空。

㊻ 承露仙掌：汉武帝为求仙而铸造金铜仙人，舒掌托盘以承接甘露。

㊼　擎（qíng）：向上托举。

㊽　右虎左龙，前雀后武：代表四个方位的白虎、青龙、朱雀、玄武。

㊾　廉贞、贪狼：北斗七星中的两颗星，在道教神话中都能化为怪兽。

㊿　束炬：扎起火把。　㧐（cōng）金：敲击金属。

(51)　率然：传说中的一种蛇，击其首则尾至，击其尾则首至。

(52)　李素希：元末明初的道士，曾任武当山五龙宫主持，后退隐于自然庵。

(53)　郧（yún）：郧阳府，治今湖北郧县。　襄：襄阳府，治今湖北襄阳。

(54)　规：依照。

(55)　谢：比不上。

(56)　更仆：数量多，数不胜数。

(57)　神道设教：用神明来作为教化的手段。

(58)　俦匹：可以相提并论者。

庐山游记

《山海经》云："庐江出三天子鄣[①]，入江彭泽西[②]。"盖谓庐山也[③]。或又云：殷、周际有匡续先生者[④]，隐居此山，仙去唯庐存，人因以命其山。余少读远公记与欧阳子《庐山高》[⑤]，心识之。已余参粤藩[⑥]，维舟扬澜左蠡[⑦]，望乾维有山如黛[⑧]，与友人毛翰卿自南康间道往[⑨]，信庐山也，则遂行十里至开先寺。寺倚鹤鸣峰下，南唐李中主幼慕物外[⑩]，问舍兹山，后赐名开先寺。故寺后有读书台，台后石壁镌黄太史《七佛偈》与阳明先生纪宸濠事[⑪]，王敬美为书

"宝墨亭"⑫。下亭登云锦楼，面锦屏山而峙，下有洗墨池。右转紫氛阁，睹西南两石笋，廉利插天⑬，为双剑峰。双剑之南，一员阜蠹立，为香炉峰。每过雨返照，紫烟缕缕从香炉出也。鹤鸣之右，水奔洒成千百缕而短，曰马尾水。双剑之左，悬挂千百丈，如匹练而长，曰瀑布泉。二流合山峡，石扇礀訇⑭，中为青玉峡。出峡练飞而绀汇⑮，为龙潭。前有小石坎，为浴仙池。从潭引水过石溜，凿为泓，曰龙井。亭其上，为漱玉。今废，立小石塔当之。而亭其南崖，石栏倚碧，飞沫时上人衣袂，最胜也。李白云："银河倒挂三石梁⑯。"今无之矣。

出寺北走庆云峰，下为万杉寺，惟馀"龙虎庆岚"四大字在邃壑，一杉不存。复行东北廿里，循五老峰坡陀南下，一山而四环之。唐李渤驯白鹿⑰，读书其中，枕溪石窦处为白鹿洞。升元中⑱，建庐山国学⑲。晦翁为请书赐额⑳，拓而大之，与嵩阳、石鼓、岳麓并㉑。礼圣殿居中，左右列书屋百楹，以廪饩诸来学者㉒。石镌"风雩钓台""枕流漱石"字㉓，晦翁手迹居多。洞前水自凌云来，泙湃下石峡。东为洗心桥，亭于其上为独对，又亭独对之上为闻泉。重山若抱，古松千树，丙夜天籁叫号㉔，如波涛起松间，拉水声度岭去，往往令人起讶床头风雨鸣也。面山亭为高美，高美西下为大意，又过濯缨桥，西有钓台石，稍北亭为朋来。朋来一亭则创在山之巅，登亭视五峰巉削，横列天表，时有白云衣之，真如五老人轩然连袂儡立㉕，下窥重湖。李青莲爱其胜，卜筑焉。五老南下有狮子峰，其东北有九叠屏，屏下有三叠水，以日落，远未能至，宿洞中。

次日大雨，翰卿循山麓北行，余乃笋舆问天池路^㉖。复西南回二十里至栖贤桥，三峡涧出焉。两崖峭壁，水堕下百仞，声撼山谷。再上十里而过楞伽院，又十里山陡绝无路，下舆而步，策短筇，挈以两人^㉗，犹十步五堕，失足龁齿，凛凛不自持。大石亭以上，雨翻盆下，益无着趾处，颇似太华诸险，然岚石奇怪不如。又过小石亭至含鄱口，乃匍匐上大汉阳峰。

匡庐无主山，以高下各自雄长^㉘，大汉阳最高，五老次之。登汉阳四望，乃知此山拔地无倚，自高梁迤逦而来，东、南、北三面据江湖之会，其西则大陆群山所奔凑也^㉙。南望鄱湖，烟水苍茫，轻鸥片片，落星一点，明镜之翳也。北望九江，尽乎溢浦^㉚，风帆上下，千里瞬息。顺流而东，则石钟、大小孤山之所错而踞也。其时雨脚初断，仰见青天，懒云归山，雄风出壑，快哉披襟，不忍去者久之。已下岭而北，路稍夷，然大石千百，阑卧如群羊^㉛，恨无王方平叱之去^㉜。十里而至掷笔庵，又五里而入天池寺。寺前二池，世称帝释天尊手揸也^㉝。西有聚仙亭，以祀周颠、天眼、赤脚、徐道人^㉞。又西，片石危立，瞰无底谷，一老松偃盖卧前，为文殊台。漏下月明，有大光自空来，一化为百，如乱萤落台前，是为佛灯。台前有白石，霁后日射之，五色隐起，是为佛光石。上有石浮图，是为佛舍利塔。塔南下有舍身崖，崖有狮子岩，岩下为锦涧，隔涧为铁船峰。览毕，夜分禅榻宿。

次日行东北里许，石阜卓立^㉟，为白鹿升仙台。台有高皇帝传周颠碑。又东北数百武，石窍成洞，洞上石缝参差如指，为佛手岩。岩北苍崖巉崿^㊱，下临不测，一径萦纡，广不盈咫，望之如画图然。

路穷处为访仙亭，亭下二石突起，为钟鼓山。后隶"竹林寺"三字，寺隐名存，风雨中时有钟梵声[37]，周颠盖于此示幻云[38]。又数里为大林寺，寺有两宝树，昔西域僧自其土携种之，鸟雀不栖。其一为两龙挟风雷拔去，今尚卧路侧也。乃循披霞亭下甘露亭，为竹林后门。又过蹑云亭至锦绣亭，鸟道百盘，始抵山麓。复行二十里入东林寺，晋远公所开山也。山门外水为虎溪，有三笑亭，其墙犹鬼垒故址也[39]。门内左右为康乐所凿莲池[40]，其右尚存。远造寺时，木自池中溢出，为神运殿，池今故在殿下。远公影堂后为冰壶泉[41]，览十八贤像，想其素心，尽洗肠中积垢。独渊明醉石与栗里、柴桑、康王谷、陆羽泉在锦涧桥西，未至也。又北过太平宫，翰卿始从石塘来会。山中短松瘦竹，五月披裘，三月桃始华，气候大都后一月。至烟云雨雾，肤寸触石[42]，一日无虑十数变，则瑰奇之至也矣。传称此山咏真之天[43]，周回千七百里。今登汉阳峰，一目尽之，未然也。《白玉经》谓二百馀里[44]，似为近之。然《禹贡》山川不登秩祀[45]，自匡君始，至远公、李博士而著，固知地以人显，自古记之。时岁在己丑仲夏朔日[46]。

① 三天子鄣：又称三天子都，其所在地旧说不一，今人以为或即今江西婺源西北的大彰山。

② 彭泽：今属江西九江。以上所引见《山海经·海内东经》。

③ 庐山：位于今江西九江。

④ 匡续：相传为周武王时人，师事老聃，屡征不起。汉武帝时封为南极大明公，立祠于庐山虎溪。

⑤　远公记：东晋高僧慧远所撰《庐山记》。　欧阳子《庐山高》：北宋欧阳修所作古诗《庐山高》。

⑥　余参粤藩：万历十七年（1589），王士性曾赴粤西任职。

⑦　扬澜左蠡：鄱阳湖，位于今江西北部。

⑧　乾维：西北方向。

⑨　南康：今属江西赣州。　间道：抄小路。

⑩　南唐李中主：南唐皇帝李璟，字伯玉，又称中主。　物外：世事之外。

⑪　黄太史：北宋文人黄庭坚，曾任国史编修官，后世以太史称之。　阳明先生：明代政治家、学者王守仁，号阳明，曾平定宁王朱宸濠的叛乱，在庐山刻有纪功碑。

⑫　王敬美：王世懋，字敬美，号麟洲，江苏太仓人，明代文士。

⑬　廉利：锋利。

⑭　礚礚（hōng hōng）：巨大的声响。

⑮　绀（gàn）：略微带红的黑色。

⑯　银河倒挂三石梁：语见李白《庐山谣寄卢侍御虚舟》。

⑰　李渤：中唐时人，曾与其兄李涉隐居庐山，驯养一头白鹿，世人称之为白鹿先生，称其读书处为白鹿洞。

⑱　升元：南唐烈祖李昇的年号（937—943）。

⑲　庐山国学：南唐时李善道、朱弼等在庐山聚徒讲学，称为庐山国学。

⑳　晦翁：南宋学者朱熹，号晦庵，又称晦翁。

㉑　嵩阳：位于今河南郑州的嵩阳书院。　石鼓：位于今湖南衡阳的石鼓书院。　岳麓：位于今湖南长沙的岳麓书院。

㉒　廪饩（lǐn xì）：供给膳食津贴。

㉓ 风雩（yú）：语本《论语·先进》"浴乎沂，风乎舞雩"，后世借指不愿出仕为官的志向。　钓台：东汉初严光隐居在富春山，以垂钓为生，不愿出仕。　枕流漱石：见卷四《越游注》注。

㉔ 丙夜：三更时分，即晚十一时至次日凌晨一时。

㉕ 轩然：形容笑的样子。　儷（lì）立：并立。

㉖ 笋舆：竹轿。

㉗ 捎（chōu）：扶。

㉘ 雄长（zhǎng）：称雄。

㉙ 奔凑：聚集。

㉚ 湓（pén）浦：即湓江，位于今江西九江。

㉛ 阑：分散。

㉜ 王方平：东汉末人，曾入山修道。按：此处作者似有误记，据葛洪《神仙传》，皇初平在山中修道，能够叱白石化为羊群。

㉝ 帝释天尊：佛教中的护法神。　揸（zhā）：手指张开。这里指用手开挖。

㉞ 周颠：元末明初人。明太祖朱元璋视其为仙人。　天眼：天眼尊者，曾与周颠在市集中对弈。　赤脚：赤脚僧，曾为明太祖朱元璋送药。　徐道人：相传与周颠等人交好。

㉟ 石阜：石山。

㊱ 巀嶭（jié niè）：高耸。

㊲ 钟梵声：寺院里的钟声和诵经声。

㊳ 示幻：展现幻象。

㊴ 鬼垒：堆叠石块作为祠坛，以供奉鬼神。

㊵ 康乐：晋宋之际的诗人谢灵运，封康乐公。

㊶　影堂：寺院中供奉佛祖、师尊的地方。

㊷　肤寸：一指的宽度为寸，四指的宽度为肤。

㊸　咏真之天：道教将庐山列为第八小洞天，称作"仙灵咏真之天"。

㊹　《白玉经》：道教典籍《龟山白玉上经》。

㊺　《禹贡》：见卷五《入蜀记上》注。

㊻　己丑：万历十七年（1589）。　朔日：农历每月第一天。

楚江识行

　　楚本泽国[①]，环亘六千里。洞庭、左蠡、江、汉，皆楚也，今为豫章、鄂渚诸郡[②]。古今所艳称江楼泽宫、奇岛巨浸[③]，多余入粤所必繇，如买舟信江而抵洪都[④]，阁则有滕王[⑤]，湖则有鄱阳。滕王为唐元婴[⑥]，尝都督洪州，工书画音律，善蛱蝶，时乘青雀舫选芳洲渚，今帝子风流远矣。阁其旧址于章江门外[⑦]，高五十尺，四周步櫩[⑧]，咸复陆阁道[⑨]，垂以帘柠，下刻三王词与韩昌黎记[⑩]。章、贡二水自西南来[⑪]，蜿蜒右角，去东北入湖，凭栏浩渺无际。鄱阳一名彭蠡，又名扬澜左蠡，居南、饶、九江四郡之中[⑫]，春水方涨，挂帆截洞[⑬]，瞬息百里，茫无津涯，足配洞庭。霜降水落，则长堤曲岸，纵横秋草而已。中有徐孺子亭[⑭]，苏云卿隐居[⑮]。东则康山功臣祠[⑯]，高皇与伪汉百战之地也[⑰]。东北为古敷浅源，水与豫章铁柱井盈涸相上下[⑱]。湖北穷处，落星一岛[⑲]，翳于镜中，是为星子县。书院则有白鹿。宋四大书院，楚居其三。白鹿则踞匡庐之支，对平岫，临碧流，松杉千本，夜半随风作涛谡谡[20]。

出鄱湖，晨坐大意亭，五老翠色未收，往往若俯视与溪上人语者。洞在礼圣殿后，石壁刻晦翁墨迹为多，此山水之最秀者也。出湖口，水则有江，岛则有大孤、小孤。大江出蜀三峡，合汉、沔、七泽、九江之水而下[21]，怒涛射日翻空，至湖口复会湖水。二山浮水面，直截狂流，与鞋山相望为砥柱[22]。近县又有石钟寺，弄月最佳。过浔阳至黄冈，矶则有赤壁，亦名赤鼻。苏子云："东望夏口，西望武昌，非孟德之困于周郎者乎[23]？"或云此苏公所赋，非孙、曹战处也。峣榭出高橹下[24]，三面临水，平洲浅渚，多蘋蓼乱流，浴鸥飞鹜，晴日为胜。溯游至鄂渚[25]，水则有汉，矶则有黄鹤。阿阁翚飞[26]，乃临城头，周立十二楹，拓架作菱花状，雕栏画栋，丽谯无竞巧于此者。坐对晴川，丹朱在目，鹦鹉洲浮其上[27]，汉水自西来数千里，注其下，旷望视滕王过之。又溯而上巴陵[28]，矶则有城陵，湖则有洞庭，楼则有岳阳，岛则有君山。城陵乃江、湖交处，风樯千树，烟火万家，岳之巨镇也。夏涨则江浊，而湖高以清；秋落则江清，而湖低以浊。湖盘三郡，潇湘晶漾[29]，齐旱潦而视彭蠡为深[30]。登岳阳楼望之，浮白天际，杳不见四山有无，日月若晨昏出没其中者。时而长风鼓浪，可高于屋。风平浪恬，则君山浮黛如螺髻然。故三楼望远，又以岳阳为甲观[31]。山上祠湘君、夫人[32]，旁有酒香亭、柳毅井[33]。时暴风巅余舟，帆半掠水，怒与毛翰卿曰："此钱塘武夫为暴耶[34]？余安得袖青蛇剑，坐洞庭君珊瑚床上[35]，手执君山竹如意，叱而歼之？"翰卿摇手曰："咄嗟，毋益其暴也。"日午乃渡，过三十六湾，则湘流之曲也，瞻衡岳近矣[36]。

长沙书院则有岳麓，衡阳则石鼓。夫白鹿秀而间结约，岳麓陕而动郁蒸㊲。惟石鼓当蒸、湘之合㊳，通九疑地穴㊴，石崖斩削，居爽垲而视莽苍㊵，故三泽宫又以石鼓为高第㊶，舞雩沂水，致足乐焉。自此沿潇水则登九疑，余乃循湘流而入桂林。

王生曰：楚在春秋时摈为夷狄㊷，今声名文物乃甲大江之北㊸，然而洞庭、彭蠡、长江、巨汉非有加也㊹，以昔若彼，以今若此，岂天运地脉，亦待人事而齐哉！

① 楚：泛指今湖南、湖北一带。

② 豫章：相当于今江西。　鄂渚：相当于今湖北。

③ 巨浸：大河。

④ 信江：位于今江西境内，鄱阳湖水系的主要河流。　洪都：今江西南昌。

⑤ 滕王：位于今江西南昌赣江东岸的滕王阁，由唐代滕王李元婴任洪州都督时修建。

⑥ 元婴：唐高祖李渊第二十二子李元婴，封滕王，任洪州都督时兴建滕王阁。

⑦ 章江门：南昌古城的城门之一，临近滕王阁，往来客商大多于此上岸。

⑧ 步檐（yán）：屋檐下的走廊。

⑨ 复陆阁道：楼阁上下的两重通道。

⑩ 三王词：唐代王勃《滕王阁记》、王绪《滕王阁赋》、王仲舒《滕王阁记》。　韩昌黎记：唐代韩愈《新修滕王阁记》。

⑪ 章、贡二水：章水即赣江，贡水是赣江的东源。

⑫ 南：南康府和南昌府，前者治今江西星子，后者治今江西南昌。　饶：饶州府，治今江西鄱阳。　九江：九江府，治今江西九江。

⑬ 截洞（jiǒng）：深广的江河。

⑭ 徐孺子：徐稚，字孺子，豫章南昌人，东汉名士。

⑮ 苏云卿：南宋隐士，曾居住在豫章东湖。

⑯ 康山功臣祠：朱元璋在鄱阳湖击败陈友谅后，在鄱阳湖中的康郎山修建忠臣庙，以祭祀死难将士。

⑰ 伪汉：元末陈友谅自立为帝，国号大汉。因与朱元璋敌对，故明朝称其为"伪汉"。

⑱ 铁柱井：西晋许询为治理水患而在南昌造铁柱井。

⑲ 落星一岛：位于今江西星子县鄱阳湖中的巨石，相传为天上星辰陨落于此。

⑳ 谡谡（sù sù）：风声呼呼作响。

㉑ 汉：汉水，长江支流之一。　沔：沔水，一名沮水，与汉水合流后通称汉水或沔水。　七泽：相传楚地有七处沼泽，后以"七泽"泛指楚地湖泊。　九江：赣江及其八大支流合称为九江。

㉒ 鞋山：大孤山的别称，因山形似鞋而得名。

㉓ "东望夏口"三句：语见苏轼《赤壁赋》。夏口，夏口城，故址位于今湖北武汉黄鹤山上。武昌，武昌郡，治今湖北鄂州。孟德，三国时曹魏的曹操，字孟德。周郎，三国孙吴名将周瑜。

㉔ 峣榭（yáo xiè）：高台。　高橹：军中用以瞭望、攻守的无顶盖高台。

㉕ 溯游：逆流而上。　鄂渚：鄂州的代称，治今湖北武汉。

㉖ 翚（huī）飞：形容宫室高峻壮丽，犹如山雉展翅高飞。

㉗ 鹦鹉洲：位于今湖北武汉西南长江中。

㉘ 巴陵：治今湖南岳阳。

㉙ 湗淲（pēng huò）：水浪相激声。　淼漾（xiǎo yǎo）：水势深广的样子。

㉚　旱潦（lào）：气候干旱或雨水过多。　彭蠡（lǐ）：鄱阳湖的古称。

㉛　甲观：排名第一的景观。

㉜　湘君、夫人：湘君和湘夫人，神话中湘江的水神。

㉝　柳毅：唐李朝威撰传奇小说《柳毅传》中的主人公，替婚姻不幸的洞庭湖龙女传书。

㉞　钱塘武夫：《柳毅传》中洞庭湖龙女的叔叔钱塘君，性情暴躁。

㉟　洞庭君：《柳毅传》中洞庭湖龙女的父亲。

㊱　衡岳：南岳衡山。

㊲　隩（ào）：深。　郁蒸：湿度大，气温高。

㊳　蒸、湘：蒸水和湘水，两者在今湖南衡阳附近汇合。

㊴　九疑：九疑山，又作九嶷山，位于今湖南宁远南。

㊵　爽垲（kǎi）：高爽干燥。　莽苍：一望无际的样子。

㊶　泽宫：古代习射取士的地方，这里借指书院。

㊷　摈（bìn）：排斥。　夷狄：外族。

㊸　声名文物：声教文明和典章制度。

㊹　巨汉：汉江，长江的支流之一。

吊　襄　文

　　襄阳当汉之下委①，居江之上游。西南叠嶂，东北环流。用武则英雄战争，冶游而舟车辐辏。矧也地灵②，凤多耆旧③。遗踪百世，天地悠悠。夫非问奇吊古者之所抉目而穷搜也耶④？

余也岁在困敦⑤，律中南吕⑥，舣棹江陵，揽辔荆西。携尊藉草⑦，首憩习池⑧。青山后倚，碧沼前规。亭台丹垩⑨，物是人非。余仰天击缶⑩，欲招山公魂起⑪；而拍手《铜鞮》⑫，喜马上之醉翁者，谁家儿耶？今非其时矣！

连冈左转，是为岘首⑬。桓楹丰碑⑭，化为乌有。青莲居士不云乎："晋朝羊公一片石，龟头剥落生莓苔。泪亦不能为之堕，心亦不能为之哀⑮。"白之怀与汉水俱长矣。余三复朗吟，仍下拜于公像而去。

去之郡城，遂行大堤。白水满江，平沙如砥。月明芳草，王孙路迷。谁家女郎，踏歌连袂⑯？盖余荫乔木，诵错薪，而知江、汉之好游也⑰，自昔记之矣。

郡东北隅，为夫人城⑱。雄图烈烈，丈夫之英；哲妇城城，哲夫而倾⑲。余登陴而望⑳，有深慨焉。

樊城以西㉑，有水瀰然㉒。凝碧百仞，为万山潭㉓。勒石沉之㉔，陵谷倘迁㉕。区区之功，何异触、蛮㉖。余睹沉碑堕泪，而因叹二子度量之相越也㉗。

西北高冈，是为隆中㉘。考槃在涧㉙，山谷龍嵷㉚。有士高卧，管、乐自雄㉛。三顾后出，为世人龙。余尝行南阳道中，假宿草庐，时惟风雷之夕，林木震撼，乃夜半披衣，讬卧龙欲起也。陈晦伯谓非宛南阳㉜，乃襄阳之墟者是。

鹿门山里㉝，庞公隐处㉞。冰鉴同清，贤者避世。惟孟夫子㉟，亦称天游㊱。江村月色，晚渡归舟。余慨然想见三君子遗世之风，虽执鞭所忻慕焉㊲。

缅怀杜陵㊳，子美故宅㊴。落魄不归，天涯作客。白酒牛炙㊵，藁葬耒阳㊶。大雅千年，朽骨为香。余昔行浣花草堂，拜其遗像，而踌躇者久之。眷兹故乡㊷，悲斯人之流落无成，而稷、高空许也㊸。世之以诗人目公者，浅之乎其识公矣！

嗟士君子，尚友古人㊹。得遗言于败简，恨不识其面貌，问其子孙。况余之履斯地也，婆娑乎断碑残碣㊺，眄睐其故趾荒坟㊻。俯仰今昔，有不为之泣下沾襟者乎？虽然，咸与其人俱往矣！事异时迁，古今旦暮。惟此山川，依然如故。即岘山之泣，非襄阳之旧事乎？羊叔子曰："自有宇宙，便有兹山。"由来贤达胜士㊼，登此者何限，而皆湮灭无闻。然则余之可纪者，数公耳，又多乎哉？呜呼！九原可作㊽，吾谁与归？后余而来游者，与余之视数公又何如？

屠评：又是一体，当画家逸品。

① 下委：水的下游。

② 矧（shěn）：况且。

③ 夙（sù）：旧有的。　耆（qí）旧：年高望重的人。

④ 抉目：原指挖出眼睛，这里似形容瞪大眼睛。

⑤ 困敦：十二支中"子"的别称，用以纪年。这里指戊子年，即万历十六年（1588）。

⑥ 律中南吕：古人以十二律配十二月，南吕对应于农历八月。

⑦ 携尊：携带酒具。　藉草：坐在草垫上。

⑧ 习池：东汉襄阳侯习郁营建的私家园林，故址位于今湖北襄阳。

⑨　丹垩（è）：油漆粉刷。

⑩　缶（fǒu）：一种瓦质的打击乐器。

⑪　山公：西晋名士山简在襄阳时，经常到习家池上饮酒，虽然喝得酩酊大醉，仍能骑马归来。

⑫　《铜鞮》：《白铜鞮歌》，又称《襄阳蹋铜鞮》，乐府清商曲名。

⑬　岘（xiàn）首：岘首山，位于今湖北襄阳南。

⑭　桓楹：天子、诸侯落葬时为下棺所植的大柱子，上有孔洞，可以穿过绳索，悬棺而下。　丰碑：殡葬天子、诸侯时，用以下棺的工具。

⑮　"晋朝羊公一片石"四句：语见李白《襄阳歌》。羊公，羊祜，字叔子，西晋政治家，曾登临岘山。一片石，碑碣。羊祜去世后，百姓为纪念他而立碑。龟，安置石碑的石龟。

⑯　踏歌：以足踏地作为节拍，手拉手唱歌。

⑰　"盖余荫乔木"三句：《诗经·周南·汉广》有"南有乔木，不可休息。汉有游女，不可求思"，"翘翘错薪，言刈其楚"等句子。错薪，杂乱丛生的柴草。

⑱　夫人城：东晋时，前秦将符丕率兵围攻襄阳，守将朱序母韩氏带领婢女及城中女丁修筑新城以御敌。后人称其为夫人城，故址位于今湖北襄阳西北。

⑲　"哲妇城城"二句：《诗经·大雅·瞻卬》有"哲夫成城，哲妇倾城"的句子，这里化用其语，意谓韩氏足智多谋，筑城御敌，男子也为之倾倒拜服。

⑳　登陴：登上城楼。

㉑　樊城：今属湖北襄阳。

㉒　滃（yūn）然：水深广的样子。

㉓　万山：位于今湖北襄阳西北。

㉔ 勒石：在石头上刻字。西晋杜预曾刻有两块纪功碑，一块沉在万山之下，另一块立于岘山之上。

㉕ 陵谷：丘陵和山谷，用来比喻世事巨变。

㉖ 触、蛮：据《庄子·则阳》记载，蜗牛角上有触氏和蛮氏两个小国，经常争斗，死伤惨重。

㉗ 二子：羊祜和杜预。　相越：相去。

㉘ 隆中：位于今湖北襄阳西。三国蜀汉的丞相诸葛亮早年隐居在此。

㉙ 考槃在涧：语见《诗经·卫风·考槃》，原指在山涧之间敲击乐器，自得其乐，后即用来喻指隐居。

㉚ 龙嵸（lóng zǒng）：山势高峻的样子。

㉛ 管、乐：春秋时的管仲和战国时的乐毅。诸葛亮曾自比管仲、乐毅。　自雄：自豪。

㉜ 陈晦伯：陈耀文，字晦伯，明代学者。　宛南阳：今河南南阳。

㉝ 鹿门山：位于今湖北襄阳东南。

㉞ 庞公：庞德公，东汉隐士，曾隐居于鹿门山。

㉟ 孟夫子：孟浩然，唐代诗人，曾隐居于鹿门山。

㊱ 天游：放任自然。

㊲ 执鞭：举鞭为人驾车，表示景仰追随。　忻（xīn）慕：高兴而仰慕。

㊳ 杜陵：今陕西西安东南。

㊴ 子美：唐代诗人杜甫，字子美。

㊵ 牛炙（zhì）：烤牛肉。

㊶ 藁（gǎo）葬：草草埋葬。　耒阳：治今湖南耒阳。杜甫晚年在耒阳被洪水围困，耒阳县令闻讯送来白酒牛肉，杜甫饱食之后去世，就埋葬于耒阳。

㊷ 眷：眷念。

㊸ 稷、卨（jì xiè）：即唐虞时代的贤臣稷和契。杜甫曾自比为稷、契。

㊹ 尚友：上与古人为友。

㊺ 婆娑：眼泪下滴的样子。

㊻ 眄睐（miǎn lài）：向四周看。　故趾：过去的踪迹。

㊼ 胜士：才识过人的人士。

㊽ 九原可作：已经死去的人再生。

滇粤游上

卷七

隱山六洞

西湖

華景洞

疊川

獨秀山

華山

御天閣

青苕石

紫石屏

白

渡濤筏

蛟龍窟

石鐘

沉霞島

昆池

碧雞山

太華山

高嶢

滇海

五子山

金馬山

漢三

故光塔

麗江雪山

点蒼

礼佛臺

虎跳澗

東日峡

華頂門

曹溪

功德水

玉皇閣

放光寺

華嚴

傅大寺

八角庵

滇 粤 游 上

桂 海 志 续

昔宋范成大帅粤^①，爱其土之山川，及移蜀犹不忘，忆而作《桂海虞衡志》^②，称其胜甲于天下。余以万历戊子典蜀试^③，揽胜纪游，乐焉忘死。已自蜀改粤，时犹恍惚行巫山、锦水中也，亦为刻《入蜀》三记于郡斋^④，是何与范先生易地而同思耶？其后范镇蜀，未知志蜀山川否？余乃为《粤游志》，首独秀山，次叠彩，次宝积，次七星岩，次省春，次漓山，次隐山六洞，次龙隐，次伏波，次白龙，次虞山，又次尧山，而终以訾家洲。

独秀山，居郡城之中，圆数百步，高千尺。石山铁色，上下亭亭如削，四无坡阜，亦不与群山接。上有雕栏画阁，翠幕彤亭，下渐月池^⑤，临朱邸，则是靖江宫府也^⑥。余以己丑九日赴王宴而入^⑦，登高俯视，如坐危桅之颠，四野碧篸^⑧，一目俱尽。其下有读书岩、五咏堂，宋始安太守颜延之居也^⑨。城中之胜，此为最。

叠彩山，旧在八桂堂后。八桂堂今不知何地矣，惟郡城直北重门夹山，东行，石文横布，五色相错，故图经以"叠彩"名之。唐元常侍晦三记堪读^⑩。一洞屈曲，穿山之背，南北两向，如提连环，土人又名为"风洞"。洞左小山曰千越，右小支戟立曰四望。余以赴张大将军饮，初至南望，日轮当午，独秀在前，绣闼朱甍^⑪，映带城郭。比酒阑北眺^⑫，尧山积翠，又与漓水俱来。及东循而坐四望亭，则夕阳返照，间以残霞，石山飞动，片片如上人衣上。亭榭人绘，溪山地绘，云物天绘，何直叠石称彩焉已耶？既乐而忘归，遂卜其夜^⑬。

宝积山，与宝华连，夹北城之西，续以雉堞，下开华景洞，容二十馀榻。前有横塘百亩，盈冬不涸，朝阳夕霞，浮绮在面，故元常侍亭之曰岩光。石屋前张，比省春、龙隐^⑭，上则铁壁无际，祠诸葛武侯于巅。洞面东，与风洞对峙，祖帐折柳，云集于兹矣。余亦与藩臬大夫饯张阃帅^⑮，得首览焉，乃莅官之次日。

七星岩，峙江东里许，列岫如北斗，山半有洞名栖霞。时惟中秋，与臬副李君约入洞，而后至省春岩。李君畏，不敢入，余乃径入。入洞，石倒挂峻嶒^⑯，手扪壁，走暗中百馀武，已复大明，犹然上洞也，下洞更在其下，下数十级，更益宏朗如堂皇。仰首见鲤鱼跃洞顶，正视之，忘其非真也。已过三天门，每过则石楹垂立，仅度单人，第乏扃锸耳^⑰。过已，则又黝然深黑，目力不能穷，高或十寻，阔或百尺。束炬照之，旁列万形，命黄冠一一指之，为象则卷鼻卧，为狮则抱球而弄，为骆驼则长颈而鞍背，为湘山佛则合掌立^⑱，为布袋和尚则侧坐开口而胡卢^⑲。半为石乳，万古滴沥自成，巧于雕刻，如水精状；半乃真石，想其初亦乳结也。谁为为此，真造物之奇哉！其他如床，如几，如晒网，如弈棋，如鱼，如鸟，如佛手足，顾此失彼，不得尽瞩，亦不得而尽名之。风凛凛出崆岈间^⑳，虽傍烟炬尚寒栗。行稍远则鸣钲鼓噪，恐有怪物逼也。又多岐路，恐迷行，则时相呼集。或云通九疑山^㉑，龙潭一水，冽而深黑，不得底，久立魄悸。业已可七八里，忽复璃涛雪浪，中立一圆阜丈许，俗称"海水浴金山"也，怪矣。近游者又得一岐里许，名"禅房"，半壁坐一菩萨像，黑石隐隐可七寸，房中暖气更融融也。从此又东行，见白圆光，乃有一洞口，出山之背，下庆林观。粤中多蛇虺[22]，独洞中不栖，故得酣游焉，亦若鬼神呵护之。洞有玄风、弹丸，为左右翼，余未暇去。

省春岩，在七星山之右，如檐覆。前有石乳承溜[23]，又如枯槎倒挂，长七尺馀。桂林四际溪山，不留寸土，惟此平田广稗，一望豁如，故令长行春省耕于此[24]。山势面东，夕阳不入洞，前甃以瑶台，围以石槛。右有小洞二三，穿山而过，架以层楼，更衣燕息，此延宾之善地也[25]。余以过栖霞洞，留饮于此。

漓山，据漓江之滨，横障江流，与伏波、斗鸡峙[26]。前有水月洞，后有古云崖轩，宋方信孺故居也[27]。羽士起数椽，祀方与范致能[28]，故以九月廿日约余为泛舟之役。《虞衡志》云："水月洞在漓山之麓，其半枕江，剜刻大洞门[29]，透彻山背，顶高数十丈，其形正圆，望之端整如大月轮。江别派流贯洞中，踞石弄水，如坐卷蓬大桥下[30]。"大月轮之中又一小规[31]，穿山而南出。暑月坐规中，风飕飕起洞口，真不减北窗羲皇也[32]。其下可以观鱼，亦可濯足[33]。乘舟过之，如象掀鼻，俗亦称象鼻岩。是日欲遂游南溪龙洞，日下春，不果。

隐山，出城西里许，当夹山之南，唐李公渤始浚西湖中之浮山也[34]。湖今斥为桑田[35]，山峙于陆。山北高南下，峰不露奇，惟中藏六洞为佳。余以九月望约张羽王至[36]，初从东入朝阳洞，谒佛宇。山转处溢一清池，蹑级上之，其半稍平，坐石刻老子像。又从左穿洞心，悬汲而出井口。其洞为北牖，团标四楹㊲，正扼风嗌㊳。又转为白雀洞，穿石硖而下㊴，为夕阳洞，为嘉莲洞。旋而南，为南华洞。自北牖至南华，大小随趣，石穹窿处列十席，小则具趺跏，水漫流可厉㊵，弗可舟也。唐吴武陵记隐山㊶，刻意描画，至称“石室东岩水，虬螭所宅。浚三丈，载舟千石㊷。石渠深七十尺，渠上为梁，曲折绕三百步，日月所不能烛，又动陟飞梯三四十级㊸”，今皆无之。武陵至今仅千年，何陵谷古今之异如此，因与羽王叹息而别。

龙隐岩，踞江之东，近七星山之麓，然能不依附七星而自为洞天，以枕江流。洞门高倅阙，石上裂一龙形，夭矫如生，鳞鬣皆具，其长竟洞。夏水溢，刺舟竟入洞中，阴风凄清，如坐冰壶。宋诸公多游此，刓石殆遍，为阛阓物也㊹。余时以九日独行，水落石出，缘麓过碛，趺坐大岩之上，滴玉泉琤然，堕石穴作声。

伏波山，迫城外，屹立千丈，趾没于江流之西。洞乃东向，维舟始入，别无他道。洞前悬石如柱，去地一线不合，俗名伏波试剑石㊺。初阳起射，光照岩室，后渐潭水，潭清晃入，岩影倒挂，千尺之内跃金。余至在水落时，石齿齿足玩㊻。水涨溢，无奇也。张羽王谓伏波军行未出此道，邳离、新息俱下湟水而西㊼。元丰间游者题为“洑波”㊽，盖取麓遏澜回之义，近之。

白龙洞，繇斗鸡山口别有派㊾，曰南溪。挐小舟问津而入，四壁峭悬，苍翠时落人衣袂。溯流南去，高山丽空㊿，其半有洞。蹑衣而上，洞口有物倒悬如龙首，故名白龙。入度右磴，石室硿礐(51)。洞前朱栏小阁，倚栏平畴绿绕，碧流涓涓出藻荇间，注桥而下，即李公所凿新泉也(52)。余以游省春后十日，与韦阃帅至(53)。山有二洞九室，白龙当巽维⁵⁴，其西北曰玄岩，岩之上曰丹室，白龙之右曰石室，皆渤所名。总之，俱让白龙。

虞山，起城东北隅，漓波左绕，皇潭后承之，亦名皇泽湾。山下有韶音洞，洞前平原，舜祠在焉。古松数十，虬枝若盖。余以六月朔至，问所谓韶音者而不得。已乃薰风南来⁵⁵，吹落松间，蓬蓬然卷涛撼空向东北而去。余曰："是矣。"及俯漓波激石，砰湃磅訇，则又疑此为近之。南巡之游⁵⁶，其附会与？

尧山，城东北二十里，连冈磅礴，奄数邑界⁵⁷。桂山百里皆石，而惟此积土以成，更益为奇。韦闿帅以九日约余与枭副李君登高其上，山上有天子田，佛宇五层，旧白鹿禅师故庵地也⁵⁸。天将阴雨，先有白云起山中。登其巅，则万石叠于西南，漓江来自东北，良足快也。尧祠乃在山下，不知所自始。

訾家洲，在漓江中，土人称为浮洲。虽巨浸排山⁵⁹，此洲不没，子厚之记具之⁶⁰；亦借水月洞为胜，而柳记不及也。今已鞠为茂草⁶¹。余以九月望下苍梧⁶²，舟过此。

王生曰：桂林无山而不雁宕，无石而不太湖，无水而不严陵、武夷，兹特就人所已物色者而志之。余言洗不能穷矣⁶³。柳之立鱼⁶⁴，融之仙岩⁶⁵，亦皆得其一隅，而阳朔江行⁶⁶，抑又过之。谭粤胜者每云："藉令巨灵、六甲可移于吴、楚间，不知游屦何如⁶⁷？"噫！何渠知其不终而为吴、楚耶⁶⁸？

① 帅粤：范成大于乾道二年（1166）出知静江府（治今广西桂林）。

② 《桂海虞衡志》：范成大于淳熙二年（1175）由广西入蜀，途中撰作此书，

主要记述广西一带的风土民俗。

③ 万历戊子：万历十六年（1588）。

④ 《入蜀》三记：即卷五《入蜀记》上、中、下三篇。　郡斋：郡守起居处。

⑤ 渐：浸润，流入。

⑥ 靖江宫府：明代靖江王的藩王府，故址位于今广西桂林。

⑦ 己丑：万历十七年（1589）。

⑧ 簪（zān）：同"簪"，用来绾定发髻或冠的一种长针状饰物。

⑨ 颜延之：字延年，南朝刘宋文学家，曾任始安郡守。其代表诗作有《五君
咏》，五咏堂即由此得名。

⑩ 元常侍晦：元晦，唐代作家，曾任桂管观察使，撰有《叠彩山记》《四望山
记》和《于越山记》。

⑪ 绣闼（tà）：装饰华丽的门。　朱甍（méng）：朱红色的屋顶。

⑫ 酒阑：酒筵将尽。

⑬ 卜其夜：彻夜饮酒作乐。

⑭ 省春：即下文所述省春岩。　龙隐：即下文所述龙隐岩。

⑮ 张阃（kǔn）帅：生平不详。阃帅，地方上的军事统帅。

⑯ 崚嶒（léng céng）：高峻险要。

⑰ 扃（jiōng）：从外面关闭门户而用的门闩、门环等。　镢（jué）：门锁。

⑱ 湘山佛：位于今广西桂林全州的湘山寺由唐代高僧全真大师创建，相传全
真大师为无量寿佛化身。

⑲ 布袋和尚：五代后梁高僧，相传为弥勒佛化身。　胡卢：笑的样子。

⑳ 嵰岈（hān xiā）：山中深邃的地方。

㉑ 九疑山：位于今湖南宁远南。

㉒　虺（huǐ）：一种毒蛇。

㉓　承溜：承接雨水的槽。

㉔　令长：县令。　行春省（xǐng）耕：春日出巡，视察耕作。

㉕　延宾：邀请宾客。

㉖　伏波：即下文所述伏波山。　斗鸡：斗鸡山。

㉗　方信孺：字孚若，南宋诗人。

㉘　范致能：即范成大。

㉙　刓（wán）刻：研磨、刻削。

㉚　"水月洞"诸句：语见范成大《桂海虞衡志·志岩洞》。

㉛　规：圆洞。

㉜　北窗羲皇：语本陶渊明《与子俨等疏》："常言五六月中，北窗下卧，遇凉风暂至，自谓是羲皇上人。"羲皇上人，上古伏羲氏以前的人，生活闲适，无忧无虑。

㉝　濯（zhuó）足：语本《孟子·离娄上》："沧浪之水浊兮，可以濯我足。"本意指洗去脚上的污垢，后也喻指清除尘俗，保持高洁的品格。

㉞　西湖：隐山原本四周皆水，称为西湖。

㉟　斥：扩展。

㊱　张羽王：张鸣凤，字羽王，广西桂林人。曾为王士性《入蜀稿》撰序。

㊲　团标：圆形草屋。

㊳　嗌（yì）：咽喉。

㊴　硖（xiá）：峡谷。

㊵　厉：涉水而过。

㊶　吴武陵：唐代作家，曾任桂管观察使李渤副使，撰有《新开隐山记》，以下

所述，即节引自该文。

㊷ 石：古代容量单位。

㊸ 陟（zhì）：登高。

㊹ 阛阓（huán huì）：街市，商铺。

㊺ 伏波试剑石：相传东汉伏波将军马援曾在此削石试剑。

㊻ 齿齿：排列如齿状。

㊼ 邳（pī）离：西汉伏波将军路博德被封为邳离侯。　新息：东汉伏波将军马援被封为新息侯。　湟水：又名洭水，即流经今广东西北的连江。

㊽ 元丰：北宋神宗赵顼年号（1078—1085）。

㊾ 派：江河的支流。

㊿ 丽空：悬挂在空中。

(51) 硿礲（kōng lóng）：石块掉落的声音。

(52) 李公：李渤。

(53) 韦阃帅：生平不详。

(54) 巽（xùn）维：东南方。

(55) 薰风：和暖的风。

(56) 南巡：传说舜曾经巡行南方。

(57) 奄：覆盖。

(58) 白鹿禅师：唐代高僧，任尧山中的尧庙主持。

(59) 巨浸：大水。

(60) 子厚：柳宗元，字子厚，唐代文学家，撰有《桂州裴中丞作訾家洲亭记》。

(61) 鞠为茂草：杂草塞道，形容衰败荒芜的景象。

(62) 苍梧：今属广西梧州。

㉓ 诜（shēn）：数量众多。

㉔ 立鱼：立鱼山，又名鱼峰山，位于今广西柳州。

㉕ 仙岩：真仙岩，又名灵岩，位于今广西融水。

㉖ 阳朔：今属广西桂林。

㉗ 游屦（jù）：游人。

㉘ 何渠：表示反问的语气。

游七星岩记

粤东、西盖有两七星岩云：桂林七星洞行十馀里，景在内；端州七星洞行止百馀武①，然负山临水，所在成趣，其景在内外之间。岁己丑九月之望②，赴黄化之约③，相与过虹桥之渚，泛沥湖之棹，登临天之阁，弄宝陀之月，酌流霞之岛，走蓬壶之径，浮杯峰之玉，摇仙掌之风，拂宝光之岩，骑青羊之石，招阆风之阙，凭栖霞之亭，坐水月之官，寻芳藉草，无非佳致。拔其尤者，为胜有三。

一曰石室，是山所得名也。南辟一门，石径迤逶而入，流水瀺灂④，潆或成池，龙井在东，秉烛可入。西转梯磴而上，乃有石观音云。缨缕绅佩⑤，扬袍戍削⑥，似立而过海者，盖悬崖石乳所垂，造物之幻也。风当硿岈入，吹人欲舞。乃从石鳟北出岩背，过岩秀亭，拏舟而下。

二曰蛟龙窟，在流霞岛东。先从小洞穿岩而至渡海筏处，一石崖飞覆水上，乃呼爨木，结为方舟⑦，与彭士化、徐君羽各仰卧其间⑧。篙入之，空如堂皇。起步小洞，坐石床，隐方几，不知此外更有人世也。洞口悬一石，持篙仰击之，作钟声。盘桓水上，久不出。

三曰玉壶亭，沥湖数百顷，澄彻可鉴，奇峰四叠临之。化之从水底甃石而上，架湖心一亭，坐石分云，乘风泛月，翩翩乎仙哉。亭成，问名于余。"玉壶"，余所命也，乃即席留咏而去。及余庚寅春、夏两过之⑨，而涨发断桥，石室、龙窟咸浸不可入。主人依然，惟有登城怅望而已。或云山灵恒忌人多取，余笑而颔之。

① 端州：今属广东肇庆。

② 己丑：万历十七年（1589）。

③ 黄化之：黄时雨，字化之，江苏常熟人。

④ 瀺灂（chán zhuó）：水流声。

⑤ 缨缕绅佩：各类冠带、腰带、配饰。

⑥ 扬袘（yì）戌削：裙边飞扬，裁制合体。

⑦ 窾（kuǎn）木：中间挖空的木头。

⑧ 彭士化：生平不详。　徐君羽：徐凤翔，字汝翼，又字君羽，江苏南京人。

⑨ 庚寅：万历十八年（1590）。

泛舟昆明池历太华诸峰记

余以辛卯春入滇①。滇迤东西，花事之胜②，甲于中原，而春山茶尤胜。其在昆明者，城中园亡论，外则称太华兰若焉③。余时随监郡诸大夫入省，以上巳日道出碧鸡关④。关去会城三十里而遥，盖跂指之矣，乃问途为太华之游。循关右箐斗折而南，五里至高峣⑤，旧有杨太史用修海庄⑥，已废，而入于贵倨者，高台曲池，层楼羣榭，前用五色杜鹃棚之，题构方新也。至此遂俯昆明池，余视步无馀皇⑦，乃买渔舟一叶，令驺人踦跂皋陆⑧，独挟一二黄头郎泛焉⑨。

池一望五百里，潴西南隅⑩，俗号滇海。滇去海远，水顷亩即称海。下高峣，轻洲浅渚，蒲苇飒沓长过人⑪，又称草海。海长廿馀里，草中津港以千数，往来系罘罳而渔⑫。余荡桨其中，不复知非山阴道上也⑬。草穷，且挂席出水⑭，海水不及余东海一汧澳⑮，而风力差足畏。滇中镇日咸西南风，春风较狂，掠余帆堕水中，乃回棹泊焉。易笋舆而登，渐霁，盘桓上数里，及太华山门，蕊宫琳宇，荧煌金碧，倚山隆起，拟于紫霄碧云之间。余右陟飞磴，历龙藏⑯，东下黔宁祠⑰，览其世像。出文陛前，两墀山茶八本，高三丈，万花霞明，飞丹如茵，列绣如幄，倦欲坐其下，神慑慑复王⑱，疑入石家锦步障也⑲。廊右绕出缥缈楼观海，危槛一粟，水势黏天，颜以"一碧万顷"，然哉！夕阳西下，太华踞其东，倒影半浸。已，素月复流光于上，山影为藻荇据之，更胜也。

是夕宿僧榻，漏下，月色入户，宿鸟惊栖聒人耳⑳，余旅思转深矣。质明㉑，缘碕岸碛历而南，远见山顶室庐嵌空，一如罨画㉒，舆者云罗汉寺也，以有石像比丘而名。稍近之，一村落居河之麋㉓，渔者织宿楚以家㉔，旁置官署焉。寺尚在数千步绝壁上，仰视之，如欲堕者。盘辟而升 ㉕，计四五曲，入寺问南北庵，寺后树金马、碧鸡碣 ㉖，摩碣乃入南庵。丘亭香宇，咸崭岩檐覆之，承以瑶台，趾半悬外。北入南出，过一刹庙，复间一亭台。庙为雷神，为龙伯 ㉗，为大士，为玉虚师相 ㉘，杂以释、道。亭为回澜，为望海，又有赵羽士之塔、文殊之岩，咸傍海岸，时而惊涛拍空，飞沫可溅佛身也。路回则转北庵，蹑级而上，过朝天桥，谒老君庙，入真武宫，最上升玉皇阁，如鹊巢燕寝，悬度飘摇，雷祠、龙井跆藉足下 ㉙，益又胜也。二庵者，南疏朗，北幽峭。南庵横截山麓而过，金铺绿房，足称近水楼台；北庵抟扶摇以上 ㉚，层层各十丈，转山椒斗大崖 ㉛，则憩一宇焉，人侧身而度鸟道尔。然北庵虽高，仅见草海，白蘋红蓼，楚楚有致；若南庵面东南水海，风帆雪浪，日月出没其中，故大观也。下山，邑令棹卢舟以迤 ㉜，稍具舲艇 ㉝，欲放中流，以五两尚颠 ㉞，复穿荻浦，披鱼梁 ㉟，鸣榔击汰而归。睨西山顶上丹垩之丽 ㊱，适当李昭道得意笔也 ㊲。时水浅舟胶 ㊳，不及过近华村。

余行滇中，惟金、澜二江横络 ㊴，其他多积洼成海，如洱海、通海、杨林海，是不一海焉，非独滇也。惟滇流如倒囊，腹广而颈隘，且逆西北流，故称滇云。昔汉武帝欲取昆明，乃习战长安，凿池以象之，至劫灰出于人世 ㊵。麻姑云 ㊶："东海当复扬尘也。"信如斯言，则此真滇池者，不知几更劫灰矣。

① 辛卯：万历十九年（1591）。　滇：云南的别称。

② 迤（yǐ）：延伸不断。

③　太华兰若：太华寺，又名佛严寺，位于今云南昆明西山上。

④　上巳日：农历三月初三。

⑤　箐（qìng）：山间的大竹林。　高峣（yáo）：高峣山，位于今云南昆明，
　　与碧鸡山相望。

⑥　杨太史用修：杨慎，字用修，明代学者，被流放至滇南，居住在高峣海庄。

⑦　馀皇：船。

⑧　驺（zōu）人：驾马车的人。　踦跂（yǐ qí）：行走困难的样子。　皋陆：
　　水边的平地。

⑨　黄头郎：船夫。

⑩　潴（zhū）：水积聚。

⑪　飒沓：众多。

⑫　罣麗（guà lù）：小鱼网。

⑬　山阴道上：语本《世说新语·言语》："从山阴道上行，山川自相映发，使
　　人应接不暇。"形容一路上山川秀美，看不胜看。

⑭　席：船帆。

⑮　汧（qiān）：流水停积的地方。　澳：港湾。

⑯　龙藏：寺院中的藏经阁。

⑰　黔宁：明代开国功臣沐英，被封为黔宁王。

⑱　愯愯（sǒng sǒng）：惊惧。　王（wàng）：兴奋，旺盛。

⑲　石家锦步障：西晋富豪石崇，为了与别人争胜而制作锦步障。步障，遮蔽
　　风尘或视线的屏障。

⑳　聒（guō）：声音嘈杂，令人生厌。

㉑　质明：天刚亮的时候。

㉒ 罨（yǎn）画：色彩鲜明的绘画。

㉓ 麋：通"湄"，河岸。

㉔ 宿楚：丛生的树木。

㉕ 盘辟：盘旋进退。

㉖ 金马、碧鸡：金马山和碧鸡山，山上分别有金马、碧鸡神祠。

㉗ 龙伯：传说中的巨人。

㉘ 玉虚师：道教中的真武大帝。

㉙ 跆藉（tái jí）：践踏。

㉚ 抟（tuán）：凭借。扶摇：旋风。

㉛ 山椒：山顶。

㉜ 卢舟：船。

㉝ 舲（líng）艇：有小窗的船。

㉞ 五两：用鸡毛五两系于高杆顶上，用来观测风向和风力。

㉟ 鱼梁：筑堰拦水用来捕鱼的一种设施。

㊱ 睨（nì）：斜着眼睛看。

㊲ 李昭道：字希俊，唐代画家，擅长青绿山水。

㊳ 胶：停滞不前。

㊴ 金、澜二江：金沙江和澜沧江。

㊵ 劫灰：劫火馀灰。汉武帝挖掘昆明池时，曾挖出过黑土。据说当人世历劫毁灭时，有大火焚烧，黑土就是劫火烧后的馀烬。

㊶ 麻姑：道教神话中的女神。相传麻姑对另一位仙人王方平说，自己曾见到东海三次变为桑田，近日海水变浅，又将成为陵陆。王方平由此感叹海中又将扬起尘土。

游云南九鼎山记 ①

云南者，汉时五色云现于邑北，是邑所得名也。邑有九鼎山，出郭北廿里，山起九崚②，若禹铸九鼎而列也③。九鼎故有寺，开山僧骤闻天乐下随，而觅古佛于洞中，得之而创也。

时惟重九④，余与吴、张两宪丈自昆明还驰而登之⑤。出其闉都⑥，飞泉争道，龙蛇走也；平畴禾黍，黄云绕也；天风吹人，羽衣舞也。涉涧纳麓，升自岫顶，鼓吹阗瞶⑦，忽听隔陇清磬一声，梵呗喃喃⑧，耳观开也⑨。已，乃揽此一之亭，万瓦参差，树影中乍见乍没也。坐超然之台，蕊宫琳宇，悬构膝前，若蜂房鸟窠，累累然重累而缀也。烟云过绝壁，若画王右丞山水⑩，间以大李楼台⑪，簇簇然而幪以重绡也⑫。罡风响铃铎而下青蘋之末，忽复拥秋声大呼，若举千百刹宇动摇，将掷之空中也。乃促酒人出三爵浇之⑬，以敌寒气。浇已，行松涛之径，老树拏云入千尺，翠色滴滴可餐也。蹑凭云之桥，椓杙岩阿，虚阁度重栈以过⑭。轩然牟首⑮，临乎鸟道，足瑟缩以移也。入古佛之洞，石窦嵌空，琢五大士相⑯，附以危楼，雕栏画槛，襹襹错绣⑰，与朝日共丽也。谒毗卢之殿⑱，阿阁三重⑲。出西南窦，跨逼仄，抟羊角以上⑳，灵琐柍桭㉑。余与张君席地作趺跏，刹那觉万籁寂然与心境彻也。

复循山北，摩龙首之塔。日轮正午，壑窈窈犹无底止也㉒。入洞复坐，掇黄花佐酒，微赪㉓，相携而起。上三教之楼，炉烟袅空，袖之以出也。吴君脱舄南下㉔，余与张君复趋而登华严之阁，危梯百级，螺旋而上，四盼无所不瞩。凭栏少顷，噫气洒淅，坌谷中起㉕。山外莽苍暝色，亦冉冉随飞鸟而至。侧耳听下方钟鼓，觉身在钧天上也㉖。既下，回首阁端，缥缈天际，恍然自失。已，复过一刹，题构新成，遥见前村返照，隐隐二三牧竖㉗，卷芦叶吹牛背归也。复下栈阁奏松坪，时已月出高树，牛、女之光烛地，恋恋不能去也。

余三人者，抚良辰之不偶，念后会之未期，因缘胜名，各怀乡土。吴君则举凌云、九峰㉘，张君则举湘江、九疑，余家赤城，亦思九盘观海㉙，怅然俯仰，各有拂袖遐举之意㉚，乃命余为诗记之㉛。吴君原豫名谦，家泸水；张君养晦名文耀，家沅陵；余，天台王士性恒叔也。岁重光单阏㉜，则万历十九稔也㉝。

屠评：欧阳公游滁记㉞，方之此作，须弥芥子矣㉟。

① 九鼎山：位于今云南祥云。

② 嵷（zōng）：数峰并峙的山。

③ 禹铸九鼎：传说大禹在建立夏朝后铸造了九个铜鼎。

④ 重九：农历九月初九。

⑤ 吴：吴谦，字原豫，四川泸州人。　张：张文耀，字养晦，湖南沅陵人。　宪：指提刑按察使。

⑥ 闉（yīn）都：城市。

⑦ 阗聩（tián kuì）：声音喧闹，震耳欲聋。

⑧ 梵呗（fàn bài）：佛教徒念经的声音。　喃喃：低声说话的声音。

⑨　耳观：耳闻。

⑩　王右丞：唐代山水诗人王维，曾任尚书右丞，世称王右丞。

⑪　大李：唐代画家李思训及其子李昭道均擅长绘画，后世称为大李和小李。

⑫　簇簇然：排列成行的样子。　幂（mì）：遮挡。

⑬　爵：酒杯。

⑭　重栈：多重栈道。

⑮　轩然：高耸的样子。　牟首：阁道中的房屋。

⑯　五大士：佛教中的文殊菩萨、普贤菩萨、观世音菩萨、地藏菩萨和大势至
　　菩萨。

⑰　旛（fān）：长幅下垂的旗帜。　幢（chuáng）：书写佛号或经咒的经
　　幢。　错绣：色彩错杂的锦绣。

⑱　毗（pí）卢：毗卢遮那佛的略称，是释迦牟尼的法身佛。

⑲　阿阁：四面都有檐霤的楼阁。

⑳　羊角：旋风。

㉑　灵琐：神灵府宅。　杨振（yāng zhèn）：中央的屋栋。

㉒　底止：终止。

㉓　赭（zhě）：红褐色。这里指饮酒后脸红。

㉔　舄（xì）：鞋。

㉕　坌（bèn）：翻涌。

㉖　钧天：天的中央，神话传说中天帝居住的地方。

㉗　牧竖：牧童。

㉘　凌云：凌云山，位于今四川乐山。　九峰：九峰山，位于今四川成都。

㉙　九盘：迂回曲折。

㉚ 遐举：远行。

㉛ 为诗记之：参见卷十《昆明池泛舟夜宿太华山缥缈楼》。

㉜ 重光单阏（chán è）：辛卯年，即万历十九年（1591）。

㉝ 稔（rěn）：年。

㉞ 欧阳公：欧阳修。在滁州期间撰有《醉翁亭记》《丰乐亭记》《菱溪石记》等游记。

㉟ 须弥芥子：须弥山和芥菜种子，比喻差异悬殊。

点苍山记 ①

点苍山，南诏所封为中岳镇也 ②。山十九峰，如弛弓内向 ③，面出日而函洱海于下 ④。前后立国，咸于山麓陂陀之间，西南之所称最胜也。

余行部其地 ⑤，与泸川原豫吴君数杖屦焉 ⑥。幽遐怪僻，无所不搜剔，然犹惧其未罄也 ⑦，则以暇日而请于吴君曰："夫心志不凝者，虽耳食何益矣；情境不彻者，纵窾言奚稽矣 ⑧。余读《榆城志》⑨，盖爽然自失 ⑩，然未能一一置余踪也。君之居是三年所矣，亦可得而悉兹山之胜乎？"原豫曰："可。"余曰："试言之。"

原豫曰："语云：'天下名山，僧占为多。'我尝与子览崇圣之都矣 ⑪，是蒙氏之所创也 ⑫。其地龙象如山 ⑬，浮图千尺，蒸尝伏腊 ⑭，士女阗骈 ⑮，金碧荧煌，草树葱蒨。境之弘敞，莫是过者。又尝祖子于荡山之寺矣 ⑯，是竺法兰之所馀也 ⑰。其时高秋风雨，磴蹬流霞，巚崿明灭^⑱，海天一色，瑶台场石，佛像飞来。境之幽邃，莫是过者。又尝桓盘于玉局之林矣^⑲，其左八卦有台，是武侯之画也；其前王舍有塔，是阿育王之迹也^⑳；且也青城墨妙^㉑，太乙冯河^㉒，奇树轮囷，山围水抱。境之秀拔，莫是过者。又尝睐眄于中和之亭矣^㉓，峙者伏翼而回翔，流者凝碧而停潴，登高望远，瞻言百里，抑有渡头渔火，流萤夜飞，村烟昼炊，白云为侣。境之怡旷，莫是过者。凡皆吾之所习也。"余曰："三千兰若，什一犹存，于志识之。美则美矣，胜犹未也。"

原豫曰："赤文之岛^㉔，铁雨之崖^㉕，世传罗刹为祟^㉖，大士放之^㉗。今其汤泉、雪窟，二至尝往来也^㉘。又有海底珊瑚，水面炬火，浮光跃金，良宵共睹。亦有钟声百里，楼名五华，巨塔中裂，旬日自合。是皆灵墟古迹，鬼神之秘，骚人墨客之所抉目而穷搜者也。子亦寻而讨之乎？"余曰："问奇吊古，选胜者不遗，然而未尽也。"

原豫曰："十九峰头，峰峰出泉，泉泉赴壑。飞沫下坂，如走龙蛇，无寸土不渥^㉙。及其引之城中，自穷巷以彻通衢，沿门举步，流水绕扉。昔者石家金谷^㉚，艳称水碓^㉛，兼举鱼池。若苍山之下，烟火万灶，惠赖于兹泉者溥矣^㉜，不独舟楫也。子亦溯流而从之乎？"余曰："此水泉灌溉之利，非不胜，非必胜也。"

原豫曰："紫城桃李，春风若锦，中岩佛迹，草木皆香。盖异卉奇花，四时无不有矣。抑或琢石为屏，白质黑章，山水楼台，万象包藏。夫平原醒酒^㉝，《禹贡》怪石^㉞，此亦造化之尤物也，子岂抚弄而簸玩之乎^㉟？"余曰"有是哉！雅俗具赏矣，犹未也。"

　　原豫曰："苍山之麓，是称榆河^㊱，半月抱珥，群虹饮波，鼋鼍之梁，蛟龙之宅，海阔天空，万顷一碧。若夫春风狂驶，鼓浪如屋，渔窟丹青，斗牛夜烛，亦有洪涛不没，惟大鹳洲，岛屿星布^㊲，骤而见者，疑蓬壶、阆风之俦。吾尝与子张布帆，酹觥觥^㊳，观渔者，此亦山海谲荡之伟瞩也。子能再从斯游乎？"余曰："夫浮家泛宅^㊴，揽胜烟波，则余志也。顾水羸山诎^㊵，请竟言之。"

　　原豫曰："苍山胜览，昔人所志，吾得其四焉：溪甸十步，此雨彼晴，雨喜栽禾，晴欢刈麦，是曰'甸溪晴雨'；马龙峰缺，返照一线，投光而浴，时见双鸳，是曰'鸳浦夕阳'；下关之峡，有月出水，山月已沉，水月故在，是曰'晓峡月珠'；夏秋白云，山腰一抹，不流不卷，树杪出没，是曰'夏山云带'。凡皆兹山晦明，云物变态之巧也。子见之，不目骇而心悸乎？"余曰："近之矣。顾幻形作态，造物尤有胜于此者。"

　　原豫曰："秋冬霖霖^㊶，村甸同云^㊷，半山以下，尽皆积雪，璚楼玉宇，其态万状。往往初旸起灼，雪影射人。又时而天风吹花，落于海水。虽人居雪岭之下乎，而风气常燠不寒^㊸；卉木植雪巘之中乎，而葩蕊常带玉屑以开；朱夏行五六月之间乎^㊹，而阴崖皓魄，皑皑犹有存者。昔人云：'飞来碧落千年雪，点破苍山六月寒。'又云：'玉碗满盛三伏雪，炎方人在水晶宫^㊺。'又云：'镂银屏风十九曲，人家五月开西窗。'又云：'阴崖犹馀太古雪，白石一化三千秋。'又云：'千年老雪消不尽，龙湫六月生阴寒。'此皆可谓善咏矣，吾子以为奚若？"余曰："得之矣。此宇内之绝景也。余居天台，尝中秋嚼华顶雪，结庐就之。余游恒岳，亦九日见五台雪，形于梦寐。余登蛾眉，又盛夏望西域雪山，为之发狂大叫。然皆在万山之巅，亦或万里之远。若朱明有雪[46]，家家开西窗见雪，人人得六月饷雪，虽有奇观，弗逾之矣。余生病渴，安得菟裘老是焉[47]？扑嚼之以当仙人掌上露哉！然是山之溪峦矶岛，其名皆可得闻乎？"

于是原豫又数之曰："峰头十八溪，自南而北，则有斜阳峰为南溪一，马耳峰为葶苈溪二，佛顶峰为莫残溪三，圣应峰为青碧溪四，马龙峰为龙溪五，玉局峰为绿玉溪六，龙泉峰为中溪七，中峰为桃溪八，观音峰为梅溪九，应乐峰为隐仙溪十，雪人峰为双鸳溪十一，兰峰为白石溪十二，三阳峰为灵泉溪十三，鹤云峰为锦溪十四，白云峰为芒涌溪十五，莲花峰为阳溪十六，五台峰为万花溪十七，苍琅峰为霞移溪十八，云弄峰十九；洱海三岛，曰金梭、赤文、玉儿；四洲，曰青莎、大贯、鸳鸯、马帘；九曲，曰莲花、大鹳、蟠矶、凤翼、萝荶、牛角、波垞、高岩、大场。"余起而谢曰："核哉斯言[48]！"乃珥笔而记之[49]。

屠评：又是一体，极文章家变幻矣，非可以字句点缀。

① 点苍山：位于今云南大理。

② 南诏：唐代以乌蛮为主，包括白蛮等族建立的政权，由蒙舍诏统一六个小国而成，所辖包括今云南全部、四川南部、贵州西部等地。

③ 弛弓：放松弦的弓。

④ 函：包含。

⑤ 行部：巡行视察。

⑥ 数（shuò）：屡次。

⑦　罄：穷尽。

⑧　窾（kuǎn）言：不实之言。　稽：考核。

⑨　榆城：大理的别称。

⑩　爽然自失：茫无主见，无所适从。

⑪　崇圣：南诏曾在今云南大理建造崇圣寺。

⑫　蒙氏：蒙舍诏在唐开元初统一六诏。

⑬　龙象：指罗汉像。

⑭　蒸尝：秋、冬二祭。　伏腊：伏日和腊月举行的祭祀。

⑮　阗（tián）骈：聚集，遍布。

⑯　荡山之寺：荡山寺，又名感通寺，始建于南诏初年，位于点苍山圣应峰
南麓。

⑰　竺法兰：中天竺僧人，东汉时来到中国，居洛阳白马寺，翻译佛经，传播
佛法。

⑱　巘崿（yǎn è）：山崖，峰峦。

⑲　桓盘：即盘桓，徘徊，逗留。　玉局：点苍山玉局峰。

⑳　阿育王：古印度孔雀王朝的皇帝，后皈依佛教。

㉑　墨妙：精妙。

㉒　太乙：太乙山，即终南山，古人认为点苍山与其地貌相似。　冯河：涉水
渡河。

㉓　睐（lài）：向旁边看。　眄（miǎn）：斜着眼看。　中和：中和峰。

㉔　赤文之岛：赤文岛，又名鹿峨山。

㉕　铁雨之崖：铁雨崖，传说观音曾在此降铁雨，以拦阻背弃盟约而逃亡的
罗刹。

㉖　罗刹：佛教中的恶鬼。　祟：鬼怪害人。

㉗　放：流放。

㉘　二至：夏至和冬至。

㉙　渥：沾湿。

㉚　石家金谷：西晋富豪石崇营建的金谷园。

㉛　水碓（duì）：利用水力来舂米的机具。

㉜　惠赖：受惠。　溥（pǔ）：广大。

㉝　平原醒酒：疑当作"平泉醒酒"。唐人李德裕的平泉别墅里有醒酒石，醉酒后含在嘴里可以使头脑清醒。后世作为奇石的代称。

㉞　《禹贡》怪石：《尚书·禹贡》篇提到过"怪石"，外形似玉。

㉟　簸：簸弄，摆弄。

㊱　榆河：位于今云南大理的洱海，古称叶榆泽。

㊲　大鹳洲：位于洱海之中。

㊳　兕觥（sì gōng）：饮酒器，腹部呈椭圆或方形，圈足或四足，有流和鋬，盖为带角的兽头形。

㊴　浮家泛宅：以船为家，漂泊不定。

㊵　诎（qū）：屈服。

㊶　霡霂（mù mài）：小雨。

㊷　同云：云一个颜色，这里指降雪。

㊸　燠（yù）：温暖。

㊹　朱夏：夏天。

㊺　炎方：南方炎热的地区。

㊻　朱明：夏季。

㊼ 菟裘：语本《左传·隐公十一年》："使营菟裘，吾将老焉。"指告老退隐。

㊽ 核：真实。

㊾ 珥（ěr）笔：把笔插在帽子上，以便随时记录。

游鸡足山记 ①

鸡足山峙宾川境内，山面南，卓立万山之上，前纾三距 ②，后伸一支 ③，若鸡足然者。佛弟子大迦叶奉金缕衣入定 ④，待弥勒处也。四周多童冈荒阜 ⑤，不近荟蔚 ⑥，独是山松杉郁盘，云霞所留，且饶名花锦卉。祇园宝刹 ⑦，都房静室 ⑧，亡论制广狭，无所不洁修庭除 ⑨，良亦娑婆净土云 ⑩。

余以行部澜沧 ⑪，渡金沙江，缘山百里，繇东南支入。始入为石钟寺，寺东数百步有黑龙潭，水涓涓从莳田中流出 ⑫。始寺僧请，谓鼓吹逼恐，风雨立办。余姑试之，故令传驺撞钲撼山谷，竟白日为朗，世俗之神其说者类若是。石钟西为西竺庵，西竺后为龙华寺，寺与庵咸有杰阁翚起 ⑬。龙华后为大觉，则长安僧无心所开山也 ⑭。无心以送慈宫大藏至 ⑮，遂留锡兹山 ⑯。过大觉则行穿万松，松稍筛日影作态，荫映可人。又一里为寂光寺，经称佛居常寂光土 ⑰，故以名寺。西百步为水月庵，斗室三楹。僧用周坐圜中，始泥门半月。余倚瓮牖击磬声起，而问之曰："用即周三界 ⑱，不用置何处？试问你坐关，亦还关坐你？"遂去而之圣峰寺，觅无心结跏趺论宗门旨 ⑲，分禅榻宿焉。时余儿立毂从 ⑳，年十三，与无心语彻夜，恍若有所睹记者，遂请终身持斋素，亦一奇也。晨起，无心请转关中语，余乃自为答曰："竟无关坐我，我亦无关坐。要用即不是，不用仍这个。骑驴去觅驴，觅着无处骑。"（屠评：个中人宗门语㉑。）

鹥圣峰上，即走山中支，扳迦叶殿㉒，谒尊者像。山自此纯石叠缀，舆者行碉道中㉓，步步喘息，前后人膺趾递相承以上㉔。过兜率庵、袈裟石，而后至铜佛殿。殿西出侧径，可平达华首门。东乃走险，上猢狲梯。余雅习险㉕，竟从梯上。梯无路，仅仅崖石磈垂㉖，俯深箐绝处㉗，架木桄长一丈接之㉘，犹非梯也。梯乃石齿崎龁㉙，其芒上出，廉利侔剑戟㉚。承足石芒内，啮其半，半踵悬外，惟瞰深箐，故可上而不可下，上亦牵挽虫缩而升。里许方至土主庙，则山之巅也。入庙，西北指则云间见丽江雪山。余从峨嵋望大雪山，在印度万馀里，然旭日刺雪光，犹仿佛上余衣袂。此去丽水不千里㉛，乃黯无色。或云此白石积成，意近之。西指则点苍十九峰雄据，不肯为鸡足下，洱海荡漾其前。东南峦麓参差，如风中涛，咸在杖底。伟哉观乎！亦足雄南中游矣。循后距则舍利塔倚庙背，迅雷两击圮之，岂帝释敕六丁取舍利去耶㉜？

北一里为文殊阁，又二里经束身峡，流石没足㉝，挂杖不能留。过石棋盘，至伏虎洞，又半里，上礼佛台。下出一洞，风呜呜阑岵岈入㉞，寒甚，舍之去。乃东跨逼仄，三里而度曹溪。曹溪亦称漕溪也，水绀碧一泓，日供僧可三千馀众。又东二里，尝八功德水，迦叶所卓锡处也。又东二里而谒华首门。门踞山半，石规十丈如半月，而檐外飞云，迦叶入此安禅㉟。余与无心屈指龙华㊱，尚馀八百八十万年，因题石上云："曾记曹溪钵㊲，朝传夕弃命如丝。若为鸡足衣，独守空山八万期。为报佛恩传佛印[38]，法以明心衣示信。谁解三生同一瞬，赵州大棒提在手[39]。虚空粉碎君知否，弃钵留衣总何有？"还入铜佛殿而下，十里转西南支，入华严寺。僧月轮方升座转《法华》[40]，余问："尔天上月乎？水中月乎？指头月乎？"月轮云："人心不比月，比月有圆缺。"余颔之。然余谓《法华》故如来最后授记[41]，作佛心印[42]，即声闻人不得闻[43]，底若一翻《小止观》[44]，令得各持欐柄以入[45]。复偈谓之曰："谛视指头月，谩持《法华》说[46]。饶是婆心切[47]，应剩鸠摩舌[48]。"遂五里下圆信庵，宿八角亭中。用周乃以偈来答，余亦颔之。月轮又追至庵，与谭龙华事竟夕。次日，复下接待寺，度洗心桥，而抵宾川。

自华严下山，松阴空翠，掩云日者又十馀里，轶大觉路[49]，舆行其下，不觉神思之欲飞也。山中寺皆前楼后阁，龙象蹲中，僧庐左右列。其僧虽未称了事，亦皆持斋苦行，不犯戒律。前所称三僧，又其首出者云。或云迦叶定鸡足山在西域，此山似之，故说者借以标胜[50]，则余所不敢知。余之游以辛卯腊望后三日[51]。余，滇西沧水使者王士性也。

屠评：此记始露出王恒叔本地风光。

① 鸡足山：位于今云南大理宾川，相传是迦叶菩萨的道场。

② 纾：舒展。　距：鸡爪。

③ 支：脚趾。

④ 大迦叶：佛陀十大弟子之一摩诃迦叶，是西天禅宗第一代祖师。　入定：闭目端坐，心神专注。

⑤　童：不长草木。

⑥　荟蔚：草木繁茂。

⑦　祇园：佛寺。

⑧　都房：大花房。　静室：寺院住房。

⑨　庭除：庭院。除，台阶。

⑩　娑婆：即娑婆世界，佛教中称释迦牟尼进行教化的现实世界，众生均忍受诸烦恼而不肯出离。　净土：佛教认为佛、菩萨等居住的世界，没有尘世的污染。

⑪　澜沧：今属云南普洱，因东临澜沧江而得名。

⑫　葑田：湖泽中葑（芜菁）、菱积聚，年久腐化为泥土，待水干涸后便成为农田。

⑬　杰阁：高阁。

⑭　无心：明代高僧，万历年间奉慈圣太后懿旨，护送大藏经至鸡足山华严寺，后驻锡于大觉寺。

⑮　慈宫：指明万历皇帝的生母慈圣太后。

⑯　留锡：僧人逗留、居住一地。

⑰　常寂光土：佛教所说诸佛法身居住的净土。

⑱　三界：佛教称有情众生在生死轮回过程中所经历的欲界、色界、无色界。

⑲　宗门：禅宗的法门。

⑳　立毂：王立毂，字伯符，号紫芝，王士性长子。

㉑　宗门：禅宗的法门。

㉒　扳：攀。

㉓　磵（jiàn）道：山谷中的道路。

㉔ 膺：胸。

㉕ 雅：平时。

㉖ 礌（léi）：守城时从高处往下推，用来攻击敌人的大石头。

㉗ 箐（qìng）：树木丛生的山谷。

㉘ 桄（guāng）：横木。

㉙ 齮龁（yǐ hé）：侧齿咬噬。

㉚ 廉利：锋利。

㉛ 丽水：即丽江。

㉜ 帝释：佛教护法神之一帝释天。 六丁：原为道教使者神，后世受"五丁力士"的影响，演化为力士的形象。

㉝ 流石：山谷中被水流冲下的石头。

㉞ 阑：掺杂。

㉟ 安禅：僧人静坐入定。

㊱ 龙华：佛教称佛陀入灭后五十六亿七千万年，弥勒菩萨自兜率天降生人间，在龙华树下成道时，前后分三次说法。

㊲ 曹溪：禅宗六祖慧能的别号。

㊳ 佛印：禅宗认为人自有的心性就是佛心，因其永久不变，如同印契。

㊴ 赵州：唐代禅僧从谂在赵州传扬禅宗，被称为赵州古佛。 大棒：唐代禅僧宣鉴用棒打的方式施设禅机，因为长住德山，故有"德山棒"之称。按：王士性此处似误将两位禅僧的事迹牵合在一起。

㊵ 升座：登上高座讲说佛法。 转：讲说佛经。《法华》：《妙法莲华经》的略称。

㊶ 授记：佛教中称佛对弟子们悟道成佛的预言。

㊷　佛心印：指禅宗不立文字，不依语言，以心为印。

㊸　声闻：按照佛言说的教义修习，以自身解脱为目的的修行者。

㊹　底若：不如。　《小止观》：又名《童蒙止观》，隋代高僧智颙所撰，讲述天
　　台宗基本教义及修行方法。

㊺　欛（bà）柄：把柄。

㊻　谩：通"漫"，姑且。

㊼　婆心：慈悲善良的心地。

㊽　鸠摩舌：后秦高僧鸠摩罗什主持翻译大量佛经，圆寂前说如果所译无误，
　　那么焚身时舌头不会焦烂，后来果然如此。

㊾　轶：过。

㊿　标胜：标举名胜。

㉑　辛卯：万历十九年（1591）。　腊望：农历十二月十五日。

岳　游　下

大河南北诸游下

卷八

岳　游　下

登岱四首

　　灵符作镇握天孙^①，积气苍茫纵吐吞。日出三山离渤海，河流万里接昆仑。霞明金阙中峰起，土蚀玄崖半碣存。解道东南天咫尺^②，谁从匹练觅吴门^③？

　　仙人挟博泰山隈^④，授我真形五岳图^⑤。大谷风生岩壑动，平原势压海天孤。骊珠未晓光先吐，颢气才临雨欲俱。遥指齐州烟九点^⑥，不知身世在虚无。

　　断碑空锁旧宫扉，七十馀君事总非^⑦。匣里已无金策在，封中岂有白云飞^⑧？青连齐鲁岚烟净，蜃作楼台海日晖。俯仰置身轻一羽，天风飒飒引征衣。

　　东方列骑拥千群，共道登坛把紫氛。夹道两崖行逼汉，摩空片石卧分云。秦松汉柏占人代，贝阙琳宫炮斗文^⑨。奔走万灵何日了，泰山封罢碧霞君。

　　屠评：格雄声壮，足酬山灵。

①　灵符：道教的符箓。　天孙：泰山的别称。

②　解：能够。

③　匹练：白绢，喻指江水。　吴门：指苏州一带。相传颜回登鲁东山望吴门，

见有一匹练。

④ 博：六博，一种掷采行棋的博戏类游戏。

⑤ 真形五岳图：即五岳真形图，道教的一种符箓，据说佩戴在身上可以消灾致福。

⑥ 遥指齐州烟九点：语本唐人李贺《梦天》："遥望齐州九点烟。"齐州，即中州，犹言中国。烟九点，古代分中国为九州，遥望九州，如同九点烟尘。

⑦ 七十馀君：春秋时管仲曾对齐桓公说，前代欲封泰山禅梁父者有七十二位国君。

⑧ 白云飞：汉武帝至泰山封禅时，有白云从封坛中飞出。

⑨ 斗文：符箓上笔画屈曲的文字和图形。

登岱宗观海行 送邹尔瞻南游 ①

泰岱山头一片石，影落沧溟浸空碧。鸟道扪星十八盘，峭壁回飙四万尺。鸡鸣赤日升扶桑 ②，日观峰高海水黄 ③。徂徕梁父倒地伏，咫尺颢气摩穹苍。金书玉匣秋烟里，七十二君呼不起。长剑峨冠跨赤螭，梁园之客石城子 ④。振衣绝顶须眉开，吴越周秦何壮哉。把酒问天天不语，罡风飒飒天门回。乘风独噀去东极 ⑤，化作蜃市成楼台。老蛟奔走骊龙怒，珠光吐射三峰摧。夫君挥手招八表，明月转向青天来。蓬瀛明灭不可睹，恍惚似欲扬尘埃。五松亭亭还旧垒，白云封中年代改。欲划悬崖纪姓名，恐妒山灵泣真宰。君不见秦碑昔已断，汉策今安在？莫凭廖廓驾鼋鼍，但指阳乌即东海。

屠评：豪宕险绝。

① 邹尔瞻：邹元标，字尔瞻，号南皋，江西吉水人。与王士性为同科进士，
　　因直言而谪南京刑部照磨。

② 扶桑：神话中的大桑树，是太阳升起的地方。

③ 日观峰：位于泰山玉皇顶东南，因便于观日出而得名。

④ 梁园：西汉梁孝王营建的园林，并在其中延揽邹阳、枚乘、司马相如等门
　　客。　　石城：今属江西赣州。

⑤ 噀（xùn）：喷水。

登太华绝顶四首

西来秋色满长安，拔地三峰秀可餐。秦晋河山千里迥，殽函风
雨二陵寒①。劈开地肺留仙掌，划入云根护玉棺②。欲吸金茎学轻
举③，此身先在碧霞端。

铁锁垂萝挂石痕，振衣直欲上天门。削成峭壁三峰出，曲抱洪
河一线奔。缥缈罡风连上界，蜿蜒秦岭走中原。凭君咫尺瞻霄汉，
好把双星手自扪。

已蹑丹梯万仞横，共传蝉鸟此无声。苍龙栈绝西风恶，太乙池
空晓月生。崭石飞泉归洞壑，懒云送雨下山坪。梦中忆得曾游处，
天上芙蓉十二城。

搔首问天天不言，踏翻玉女洗头盆。百盘鸟道魂应堕，五岳名
山势独尊。嘘吸不须论帝座，等闲已自压昆仑④。怪来讶得乾坤小，
足底阳生是海门。

屠评：四诗足敌华山。

① 殽函：殽山和函谷关。　二陵：即二殽，殽山分为东殽和西殽。
② 云根：深山中云起的地方。　玉棺：华山希夷峡，形似玉棺。
③ 金茎：承露盘中的露水，传说服食后可以成仙。　轻举：飞升登仙。
④ 昆仑：神话中的神山。

太 华 山

巨灵抉气母①，太素荡元精②。突兀百里内，遥见三峰明。屹立五千仞，面面如削成。飞蹬着阴崖，风雨昼夜鸣。黄河渺天末，秦川掌上平③。振衣最高顶，恍惚到层城。白帝集群真④，驾鹤吹紫笙。遗我九节杖⑤，邀我游太清⑥。咄嗟汉武帝，履险求长生。奈何快一言，甘失卫叔卿⑦。

屠评：李青莲⑧。

① 巨灵：神话中劈开华山的河神。　气母：元气的本原。
② 太素：最原始的物质。　元精：天地的精气。
③ 秦川：指今秦岭以北的关中平原。
④ 白帝：即少昊，神话中五方上帝之一的西方神，也是西岳华山的主神。　群
　　真：群仙。
⑤ 遗（wèi）：赠送。　九节杖：仙人所用的手杖。

⑥　太清：又称太清天、大赤天，道教三清境之一。

⑦　卫叔卿：传说中的仙人，求见汉武帝，因汉武帝言辞无礼而辞去，居于华山。参见卷一《华游记》注。

⑧　李青莲：李白，号青莲居士。

赠华山玄甤道者二首

兀坐了无事①，似闻人语嚎。白云吾旧主，青山尔今适。梦里云山觉后知，我为希夷君是谁？

梦觉俱陈迹，道适还非适。白云亦何心，青山只片石。君去我来能几时，白云悠悠无尽期。

①　兀坐：端坐。

与刘元承登华山入自桃林洞因宿玉女峰冒雨上三峰绝顶

桃源有路忆天台①，曾是刘郎旧到来。欲蹑青冥瞻帝座，遥探玉女上云台。双龙风雨崖边合②，二华芙蓉掌上开③。愧我身非霄汉客，谁从飞舄向蓬莱④？

①　天台：传说东汉末刘晨、阮肇两人在天台山误入桃源，遇到仙女，结为夫妇。

② 双龙：双龙梯，华山上最为险要的道路。

③ 二华：指太华和少华两座山。传说两山原为一体，后被巨灵神劈开，成为两山。

④ 飞舄（xì）：相传东汉王乔会道术，能让鞋化为凫，乘坐着赴京上朝。舄，鞋。

赋得祝融峰 ①

祝融峰高入紫冥，卧看南极老人星。天柱芙蓉造双膝 ②，齐州九点烟荧荧。潇湘如丝眇天末，欲尽不尽过洞庭。山头隐避行日月，山下倏忽殷雷霆 ③。元气淋漓泣真宰，混茫便若摇沧溟 ④。须臾三十六峰出，白云归去群山青。午夜星辰大如斗，天风两腋吹泠泠。云海荡胸发大叫，手提斗酒呼山灵。岣嵝鸟迹今安在 ⑤，麓床灌莽啼鼯猩。乘风欲觅魏夫人 ⑥，洞门深锁双烟軨 ⑦。寻真吊古两不见，独立孤峰倚翠屏。

① 祝融峰：衡山的最高峰。

② 天柱芙蓉：天柱峰和芙蓉峰，均在衡山上。

③ 殷：形容雷声轰鸣。

④ 混茫：模糊不清。　沧溟：大海。

⑤ 岣嵝鸟迹：衡山岣嵝峰原有碑刻，笔画屈曲缠绕，字形似鸟。

⑥ 魏夫人：东晋女道士魏华存，道教上清派所奉祖师之一，在衡山修道，道教徒尊称其为南岳魏夫人。

⑦ 軨（líng）：车厢前面和左右两侧的木栏，也借指车。

大河南北诸游下

涿鹿望华阳台^①

　　燕丹怀慷慨，誓欲扫秦氛。惜哉时不遇，枉杀樊将军。当其叩关来，孤鸟飞念群。置酒华阳台，酣歌日未曛^②。美人侍清夜，怒马气若云。怜交重离别，岂图生死分。丈夫会报仇，刎颈何足云。图穷壮士败^③，掩袂不堪闻。

① 涿鹿：今属河北张家口。　华阳台：战国时燕国涿邑（今河北涿州）的一座皇家楼台，太子丹曾在此设宴款待荆轲。

② 曛（xūn）：暮，昏暗。

③ 图穷：荆轲以呈献燕国地图为名，预先将匕首卷在其中，准备在秦王观看地图时行刺，最终并未成功。

丛　台 台故赵武灵王所筑

　　莽荡邯郸道，荒台日暮云。雄风披旧烈，匹马走秦军。筑此欲西望，丛林蔽夕曛。自从平原来^①，此意寂不闻。上士蹑珠履，下士乘朱轓^②。粉黛列华屋，歌钟日夜喧。谭天与说剑^③，争附赵王孙。奈何邯郸围④，袖手无一言。毛生处空囊⑤，薛公倚市门⑥。登台但拍手，何人一报恩？高台浸荆棘，宾客去不存。千秋台上月，为尔一招魂。

① 平原：赵武灵王之子赵胜，号平原君。

② 朱轓（fān）：显贵者乘坐的车乘。

③ 谭天：即"谈天"。先秦阴阳家邹衍有"谈天衍"之号，曾出使赵国，与平原君门客公孙龙辩论。 说剑：据《庄子·说剑》，赵惠文王喜欢剑术，手下聚集了三千多名剑士。

④ 邯郸围：秦国军队曾围困赵国都城邯郸。

⑤ 毛生：毛遂，平原君门下食客。秦国围攻邯郸时，平原君选拔手下门客前往楚国求援，毛遂自荐请从，终于使楚国出兵救赵。 空囊：毛遂称自己如果能够像锥子一样放在空布囊中，那么早就可以脱颖而出，由此得到平原君的信任。

⑥ 薛公：战国时齐国公子田文，号孟尝君，喜好招揽宾客。因袭封于薛，故又称薛公。

邯 郸 道 道有吕翁黄粱梦祠

邯郸全盛日，佳丽轶三川①。古道仍还昔，芳踪不复前。三千恣豪举②，二八竞婵娟③。青楼临广陌，宝瑟控朱弦。走狗复斗鸡，袨服何翩翩④。砂砾委黄金，游侠多少年。独馀厮养妇⑤，憔悴得人怜。揽胜今何在，荒城卧野烟。浮华昨日事，陵谷递相迁。解道卢生梦，黄粱在枕边。

　　屠评：沉郁。

① 轶：超过。　三川：三川郡，治今河南洛阳。

② 三千：平原君门下有三千食客。

③ 婵娟：形容女性姿容美好。

④ 袨（xuàn）服：盛装。

⑤ 厮养妇：歌伎。

铜 雀 台

　　走马邺城道，置酒临高台。婵娟既环列，宾客亦多才。授简满四坐 ①，歌舞争喧豗 ②。冰井照峨眉 ③，清光两徘徊。雄心托毫素 ④，霸气横尊罍 ⑤。白日千秋晚，金棺一夕灰。犹然顾西陵 ⑥，哽咽儿女哀。古瓦磨作砚，层台变蒿莱。况复台中人，荣华安在哉？

　　屠评：建安气骨，陈拾遗逸趣 ⑦。

① 授简：给予简札，嘱咐别人吟诗作赋。

② 喧豗（huī）：喧闹。

③ 冰井：曹操在铜雀台北另修建冰井台。　峨眉：当作"娥眉"，指女性细长而弯的眉毛。

④ 毫素：笔和纸。

⑤ 尊罍（léi）：各种酒器。

⑥　西陵：曹操的墓地。

⑦　陈拾遗：初唐诗人陈子昂，曾任右拾遗。其诗标举建安风骨，风格高峻。

苏 门 山

太行何迢迢，连冈饶翠积。蜿蜒落苏门，一鉴抱几席^①。混沌发灵窍，清辉浮素液。石池函珠玑，百道漾空碧。上有天游子^②，长啸倚泉石。逌然见鸾凤^③，高举远矰缴^④。土窟莽依然，知是先生宅。高风邈千载，寂历云山白^⑤。

①　一鉴：指苏门山旁的百泉湖，湖底遍布泉眼，泉水涌出如珍珠，故又名珍珠泉。

②　天游子：放任自然的人。这里指魏晋时期隐居在苏门山土窟中的孙登，善长啸。

③　逌（yōu）然：悠闲自得的样子。　鸾凤：指魏晋时的名士嵇康，跟随孙登游学。南朝刘宋诗人颜延之在《五君咏》中曾将其比拟为鸾凤。

④　矰缴（zēng zhuó）：系有丝绳的短箭。

⑤　寂历：寂静。

金 谷 园

岂不惜明珠^①，为是倾城独。能得掌中妍^②，何妨轻十斛^③。围

以锦步障，贮之黄金谷。翔风退后陈^④，清声掩丝竹。黄泉倘未试，
白日犹嫌速。世事一朝空，香闺散馀馥。不念陌上弹^⑤，谁怜抱柱
哭^⑥。君今为妾死，妾死固应耳。虞姬原上草^⑦，千秋兰与芷。

① 明珠：指西晋富豪石崇的宠妾绿珠，在石崇被政敌陷害时坠楼而亡。

② 掌中妍：汉代赵飞燕体态轻盈，能做掌上舞。

③ 十斛：石崇以十斛珍珠的代价买下绿珠。

④ 翔风：石崇宠爱的婢女。　后陈：位居下列。

⑤ 陌上：汉乐府《陌上桑》描写了一位不畏强权、坚贞自持的采桑女罗敷。

⑥ 抱柱：信守誓言或约定。

⑦ 虞姬：楚汉争霸时西楚霸王项羽宠爱的美人，在项羽兵败之际自刎。传说
在其坟墓上长出一种草，无风自动，如同美人起舞，被称为虞美人草。

北 邙

　　洛阳城里人，北邙泉下客^①。昨日歌舞场，今朝已陈迹。蜉蝣
良足悯^②，大椿亦何益^③？修短同此丘，贤圣更不易。死者自冥
冥^④，生者尚藉藉^⑤。高明鲜畏忌，裘马任充斥。试问黄泉人，还
应悔畴昔。

① 泉下：黄泉之下，指死后埋葬之地。

② 蜉蝣：一种生命短暂的昆虫。

③ 大椿：传说中一种生命长久的树木。

④　冥冥：蒙昧无知。

⑤　藉藉：纷乱的样子。

函　谷　关

驱车洛城西，行行入函谷。雄图控百二 ①，攒峰拥如簇 ②。左挟洪河流，右枕秦山腹 ③。一线界分陕，建瓴落高屋。嬴兵怒临关 ④，六国竞窜伏 ⑤。乘关吐霸气，海内尽驰服。奈何三户兴 ⑥，不救二世戮 ⑦。汉家亟徙都 ⑧，更重关内族 ⑨。楼船耻外臣 ⑩，为移北邙麓。指点访遗踪，历历犹在目。古来都会地，兴废代反覆。念此亦常事，所乏关尹卜 ⑪。紫气杳然收，人龙去不复 ⑫。

屠评：宛是王仲宣、应德琏诸子口中语 ⑬。

①　百二：以二敌百，形容山河险固。

②　攒（zǎn）峰：密集的山峰。

③　秦山：秦地的山，这里指崤山。

④　嬴兵：疲弱的士兵，这里指秦国的军队。

⑤　六国：指战国时崤山以东的齐、楚、燕、韩、赵、魏六国，先后被秦国击败。

⑥　三户：三户人家，形容人数极少。战国时有"楚虽三户，亡秦必楚"的说法，秦末起兵抗击秦军的项羽、刘邦等都是楚地人。

⑦　二世：秦二世胡亥，秦朝的第二位皇帝，后被逼迫自杀。　戮（lù）：杀。

⑧　亟：急忙。

⑨　关内：函谷关以西的王畿附近地区。

⑩　楼船：西汉楼船将军杨仆。汉武帝分封有功之臣，杨仆不甘心被封至关外，请求将函谷关东移。

⑪　关尹：东周时函谷关的关令尹喜。

⑫　人龙：指老子。

⑬　王仲宣：东汉末诗人王粲，字仲宣。　应德琏：东汉末诗人应场，字德琏。

新　丰

　　因念枌榆里①，为筑新丰城。《大风》歌过沛②，游子气纵横。人言家四海，我乃异生平。老人望乡井，思我故父兄。烟火徙比邻，鸡犬了不惊。美酒斗十千，社客欢相迎。屠酤与蹴踘③，任意随所营。落日归荒径，春风谙旧荆。区区多仲意④，犹自不忘情。

①　枌榆：汉高祖刘邦的故乡沛县。

②　《大风》：刘邦回到沛县时所作《大风歌》。

③　屠酤：宰牲和卖酒。　蹴踘（cù jū）：一种用脚踢的球类游戏。

④　仲：似指汉代羊仲、裘仲，二人廉洁不仕，唯与邻居蒋翊交游。

骊　山

　　绣岭俯山巅①，温泉注山麓。中有华清宫，明珠耀人目。翠华临幸处②，镌镂穷土木。鱼龙石上飞，凫雁水中宿。虢国未承恩，阿环自休沐。雕宫动千百，遂作秦车覆③。东去有高陵④，秦皇在时筑。掘地锢黄泉，凿隧出深谷。日月照长夜，流影悬璧玉。渔阳与灞上⑤，生死共戮辱。夜台尚不扃⑥，离宫更谁属？牧羊何人儿，鹤发他年曲。

　　屠评：篇中似璞似拙，不类今人作，转以为佳。

① 绣岭：在骊山上，因山势高峻，如云霞绣错而得名。

② 翠华：皇帝仪仗中以翠羽为饰的旗帜或车盖。

③ 车覆：前车之覆，比喻过往的失败。

④ 高陵：秦始皇陵，位于骊山脚下。

⑤ 渔阳：唐代渔阳郡是范阳节度使所辖八郡之一，时任范阳节度使的安禄山据此反叛。　灞上：今陕西西安东南灞水之上，刘邦击破秦军之后居于灞上。

⑥ 夜台：坟墓。

马 嵬 坡 坡前白石如菽，名"杨妃粉"，可已目翳，人竞拾之

　　看花沉香亭①，赐浴温泉津②。誓言对牛女，世作连理身③。万里奈仓皇，六军齐怒瞋④。玉环遂坠地，红粉却成尘。曾忆华清游，姻连虢与秦⑤。马蹄拾珠翠，羯鼓借阳春⑥。睡起海棠足⑦，驰来荔子新⑧。胡儿还入直⑨，妃子至均茵⑩。不信良缘尽，看将祸本陈。胭脂已散彩，罗袜尚生春。千载坟前土，还迷行路人。

　　屠评：此题则便稍加粉黛，盖唐时事也。

屠总评：《览古》诸篇，总是魏晋气骨，滔滔莽莽，殆难以字句稿赏耳。

① 沉香亭：位于唐代长安城兴庆宫内。

② 温泉津：位于骊山之上。

③ 连理：不用根的草木枝干连接在一起，比喻夫妻恩爱，至死不渝。

④ 六军：天子所统领的军队。　怒瞋（chēn）：发怒。

⑤ 虢与秦：杨贵妃的三姐虢国夫人和八姐秦国夫人。

⑥ 羯鼓：一种腰部细、两端蒙皮的打击乐器，在唐代西域地区盛行。

⑦ 海棠：比喻杨贵妃睡态慵懒。

⑧ 荔子：荔枝。杨贵妃喜食荔枝，需通过快马从南方运送至长安。

⑨ 胡儿：指安禄山。　入直：入宫值班供职。

⑩ 均茵：同乘一车。茵，车中草席。

陈思俞招饮太白楼

从君一识济阳城^①，把酒相看意气生。渤海雄风披大陆，徂徕落日梦长庚^②。春郊十里青帘影，夜月千山白玉京。共道登临咸我辈，谁凭仙客驾长鲸？

屠评：奇。

① 济阳：今山东济宁。

② 长庚：相传李白出生时，其母曾梦见长庚星，故后世以长庚代指李白。

易 水 篇 送李山人君实 [1]

　　君不见黄金古台环玉垒 [2]，东流易水奔沧海。白衣宾客随灰尘，山水苍茫人代改。君家住在易水头，我亦曾为易水游。雪花十月大如手，冰坚水深咽不流。是时狂呼入燕市，北风动地浮云驶。慷慨将身欲许人，悠悠肝胆向谁是？白眼相看问酒人，千金买醉不辞贫。胡姬坐上胭脂湿，纪叟垆头琥珀新 [3]。酩酊百壶还酬客，陆离三尺自藏身 [4]。风尘瞥见高阳侣 [5]，放怫犹惊燕市春 [6]。六博争雄气如虎，酒酣拂拭芙蓉吐 [7]。我浩歌，君起舞。舞影长，歌声苦。激羽流商和者谁 [8]？与君一夜成今古。

　　屠评：气骨苍雅。

① 李山人君实：李日华，字君实，号九疑、竹懒，浙江嘉兴人。

② 黄金古台：战国时燕昭王所建高台，用来招揽贤士，故址位于今河北定兴。

③ 纪叟：李白有《哭宣城善酿纪叟》，这里借指擅长酿酒者。　琥珀：指酒。

④ 陆离：长剑。

⑤ 高阳侣：喜好饮酒而放荡不羁的朋友。

⑥ 放怫：同"仿佛"。　燕市：战国时燕国首都。荆轲与朋友们经常饮酒于燕市。

⑦ 芙蓉：利剑。

⑧ 激羽流商：演奏音乐。

云 中 谣送徐民部往大同①

东出长安门，西走昌平道。云中古城旌旆遥②，万里风尘迷白草③。边方八月飞雪来，雁群不断鸣声哀。北风摵摵黄芦折④，胡人卷向月中吹。紫髯碧眼声缭绕，霜天吹彻边城晓。琵琶不解嫁婵娟，苜蓿常持款骁袅⑤。胡越为家瀚海清⑥，总然无事莫休兵⑦。平凉黠虏唐骄子⑧，雁门太守汉长城⑨。使君驻节云中陌，下马还看古疆场。北望三城意悄然⑩，凭君何自论奇画。平原无险任绵延，焦家坪口层冰坚。已信名王能款塞⑪，更闻中国重修边。（屠评：结得似岑嘉州⑫。）

　　屠评：悲壮沉郁，写出边塞风景如画。

① 徐民部：徐民式，字用敬，福建浦城人。民部，户部郎官。　大同：明代大同府，治今山西大同。

② 云中：唐代云中郡，治今山西大同。

③ 白草：一种多年生牧草，干熟时呈白色。

④ 摵摵（sè sè）：风吹叶落声。　黄芦：芦苇的一种。

⑤ 骁袅（yǎo niǎo）：骏马。

⑥ 瀚海：沙漠。

⑦ 总然：纵然，即使。

⑧ 平凉：唐代平凉郡，治今甘肃平凉。

⑨　雁门：汉代雁门郡，治今山西右玉。

⑩　三城：三受降城，旧址均位于今内蒙古境内，汉代为接受匈奴投降而修建，
　　至唐代则为防御突厥。　悄然：忧愁的样子。

⑪　名王：少数民族声名显赫的王。　款塞：外族来到边界归顺通好。

⑫　岑嘉州：唐代诗人岑参，曾任嘉州刺史。

晚过申伯台①

　　天南地北此孤原，淮水千秋古碣存。远树烟霞迷晚翠，近城
灯火接黄昏。桐花半落风前路，燕子双归雨后林。怅望崧高何处
是②？几回芳草忆王孙。

　　屠评：冲澹。

①　申伯台：故址位于今河南信阳。申伯，西周时申国的君主，周厉王的妻舅，
　　周宣王的母舅。

②　崧高：《诗经·大雅·崧高》称颂申伯辅佐周室、镇抚南方侯国的功绩。

秋日登玩花台故息夫人临妆处也①

　　徙倚荒台问昔妆，西风吹雨过林塘。美人影落胭脂尽，故垒名
垂草木香。帆带暮鸿淮水近，天连远塞楚山苍。停杯不语花愁重②，
犹似当年意独伤。

① 玩花台：故址位于今河南禹州。　息夫人：春秋时陈庄公之女，妫姓陈氏，因嫁给息国国君，故又称息妫。楚文王闻其美色，亲征息国。为使百姓免遭涂炭，息夫人又嫁入楚国。

② 不语：息夫人改嫁楚文王后，整日沉默不语。

冬日真阳道中 ①

悲风黄叶落，哀思何翩翩。振衣起中庭，明月堕我前。马蹄冻欲裂，野火烧不燃。僮仆忍朝饥，历磴多苦颠。行行过廛市，莫莫经回川 ②。驱车日未息，失路何当旋 ③？

屠评：是常建语 ④，深得诗家三昧。

① 真阳：今属河南驻马店。

② 莫莫：同"默默"。　回川：回旋的河流。

③ 何当：何时。

④ 常建：唐代诗人。擅山水田园诗，词旨幽远。

早发罗山 ①

暮宿淮水渍 ②，早发罗山阳。山翁理晨炊，起斫陌上桑。鸡鸣古墙头，哑哑声不扬。日出露未晞，老马走且僵。沾沾窃升斗 ③，客行殊未央。顾影望霄汉，沉思令人伤。

① 罗山：今属河南信阳，在大别山北麓，淮河南岸。

② 濆（fén）：岸边。

③ 升斗：微薄的收入。

夜宿繁台高适李白杜甫所登啸处也或云师旷吹台又为梁孝王平台①

欲问当年雁鹜池②，平台狐兔已多时。气酣日落无人上，地迥云深有鹤知。长皋经旬横北渚，大河一去绕东陲。百怀总付高秋里，风雨空庭湿桂枝。

屠评：语雄气壮。

① 繁台：春秋时晋国乐师师旷的吹台，汉梁孝王增筑，唐高适、李白、杜甫等曾登高吟咏，故址位于今河南开封。

② 雁鹜池：梁孝王宫苑中的池名，故址位于今河南商丘。

过 夷 门①

策马夷门中，不见里中客②。腰下双吴钩，秋风吐花白。

① 夷门：战国时魏国都城的东门，也是开封的别称。

322

② 里中客：侯嬴，原为夷门监门小吏，被信陵君奉为上客。

秋日泌阳道中 ①

一雨冲舆过，山风两腋轻。林深翠欲滴，滩没涨还平。雁影当空落，钟声出谷清。青天屹不动，新月为谁明？

① 泌（bì）阳：今属河南驻马店。

与尤子辉宿贤隐寺 ①

步入虚堂翠欲微，松涛万壑撼岩扉。平芜过雨新于沐，绝巘孤云去若飞。稚子牵萝携酒至，山僧戴月荷锄归。陶然一醉知何往，天地吾庐此息机 ②。

屠评：幽适。

山间风雨坐来收，境入禅房草树幽。欲识浮生归净土，缘知吾道在沧洲 ③。烟林漠漠前溪暮，石髓泠泠古洞秋。相对夜床无一语，翛然月色下西楼 ④。

屠评：如闻山溜，观朝霞，爽然自失矣。

① 尤子辉：尤光被，字子辉，福建罗源人。　贤隐寺：位于今河南信阳贤山

南麓，始建于南朝齐梁时期。

② 息机：息灭机心。

③ 沧洲：隐士居住的地方。

④ 翛（xiāo）然：无拘无束的样子。

秋夜再泊朱仙镇 ①

飒飒秋风点客衣，暮烟一道野磷飞。怒涛起处河流急，疑是将军血战归。

① 朱仙镇：位于今河南开封西南。南宋大将岳飞曾在此击败金兵。

雪后忆刘子玄紫芝楼 ①

刘郎爱入天台路，万树桃花百尺梁。雪霁楼开青嶂里，月明犬吠白云旁。击壶不问生涯晚 ②，抱膝谁论岁月长 ③。屋下紫芝今几许 ④，吏情真自负沧浪。

屠评：飘飘欲仙。

① 刘子玄：刘黄裳，字子玄，一作玄子，河南光州人。曾为王士性《朗陵稿》撰序。

② 击壶：东晋王敦酒后咏"老骥伏枥，志在千里。烈士暮年，壮心不已"之
句，用铁如意击打唾壶。

③ 抱膝：三国时诸葛亮时常抱膝长啸。

④ 紫芝：又称木芝，一种形似灵芝的真菌。古人视作瑞草，道家以为仙草。

忆游中泉寄刘司徒 ①

春还草色满江关，鸠杖轺车此日闲 ②。揽镜未妨添白发，出门但得近青山。月明洲渚空瑶岛，风静帘栊把翠鬟。楼阁中天良夜永，共传福地在人间。

五月夫渠绕涧芳 ③，鹣鹣两两傍仙航。沧波欲觅玄真子 ④，华发先归绿野堂 ⑤。槛拂泉声新雨霁，楼开树色远山苍。江花江草年年事，坐客无劳典骕骦 ⑥。

清泉碧石夏云凉，白葛乌纱兴欲狂 ⑦。谷口飞花泥马足，波心斜月上鱼梁。棹回烟屿孤帆近，梦倚晴霄五岳长。为道山公无一事 ⑧，可能重醉习池旁。

屠评：风调萧旷。

① 刘司徒：即刘黄裳。

② 鸠杖：杖头刻有斑鸠的拐杖，用来赏赐给老年人。　轺车：用一匹马驾驶的轻便车。

③ 夫渠：即芙蕖，荷花的别称。

④ 玄真子：唐代诗人张志和，号玄真子，弃官归隐于太湖流域。

⑤ 绿野堂：唐宪宗时的宰相裴度，晚年辞官归隐于自己营建的绿野堂，故址在今河南洛阳。

⑥ 典：抵押。 骕骦（sù shuāng）：良马。

⑦ 白葛：用白色葛布制作的衣服。

⑧ 山公：西晋名士山简，镇守襄阳期间常至习家池游赏饮酒。

北邙寒食郊行见醮丘陇者 ①

白杨萧萧晚风急，陌头细雨花枝湿。人人抱瓮上新坟，牛羊下陇鸢乌集。楮灰满空飞作云 ②，陇底长眠杳不闻。今年持觞滴尔土，去年相将尔为主 ③。有酒不饮少年场 ④，黄公垆头空断肠 ⑤。不见海东尘 ⑥，君还过北邙。

① 醮（jiào）：设坛祭祀。

② 楮灰：焚烧纸钱后的灰烬。

③ 相将：相伴，相随。

④ 少年场：年轻人聚集的场所。

⑤ 黄公垆：西晋王戎与嵇康、阮籍等友人聚会畅饮于黄公酒垆，等到嵇、阮等人相继去世后重游故地而睹物思人。

⑥ 海东尘：即东海尘，比喻世事变迁，变化很大。

秋日过申阳北门一僧拳须持钵立异而访之僧倏然去偶
持梁诸子诗有孔焘等四城门倡和因续之 ①

① 申阳：今属河南洛阳。　　拳须：胡须蜷曲。　　孔焘：南朝梁代诗人，曾与
　　沈约、庾肩吾等分赋四城门诗。

东 城 门 _病

　　百骸缘假设，疾病易相随。严霜飘素秋，草木日夜萎。丁宁顾
妻子 ①，悔悟方自兹。水落洲渚见，叹息此何迟。

① 丁宁：同"叮咛"。

南 城 门 _老

　　百年如转毂，六龙无停奔 ①。皑皑头上霜，日夕近泉门 ②。僵
蚕不出茧，败叶归其根。造物固非我，谁为驻精魂？（屠评：读至
此，使人掩卷而叹，诗道之足贵以此。）

① 六龙：传说日神乘车，驾以六龙。
② 泉门：墓门。

西 城 门 _死

白日曜晴景，万灵被光辉。一夕游岱宗①，千载辞朝晞。孰是
鬼伯促②，草腐流萤飞。犯形终必毁，（屠评："犯"字绝妙。）神理
自无违。

① 岱宗：泰山的别称。古人认为人死之后，魂归泰山。

② 鬼伯：鬼王，阎王。

北 城 门 _{沙门}

贝叶几千卷①，西来祇树园②。乾坤视启闭，生死何足论。醯
鸡不离瓿③，未识天地尊。谁问维摩疾④，重开不二门⑤。

屠评：名理之言，得西方圣人之筏。

① 贝叶：贝树叶，经加工后可供抄写经文，再用绳索串连成册。最初源于古
印度，随佛教传播入中国。

② 祇树园：位于古印度舍卫城，后作为佛教或佛寺的代称。

③ 醯鸡：见卷二《西征历》注。　瓿（bù）：小瓮。

④ 维摩：大乘佛教中在家修行的居士维摩诘，有一次称病在家，佛陀特地派
文殊师利菩萨前去探病。

⑤ 不二门：直接入道、不可言传的法门。《维摩诘经》中有《入不二法门品》。

卷九

下下
游游
越游
吴游

吴游下

天台、剡川、越王台咸越山川，缘游吴而作，故系之吴。

夜下剡川^①

浮生轻一叶，游踪固无定。朝发天姥岑^②，暮投石门径^③。四山收暝色，野火落渔磴。回飙乱浮云，一雨生晚听。散发倒玉壶，沉醉殊未罄。何自醒馀酲^④，泠然有清磬。揽衣杖前策，淬此五岳兴^⑤。不甘作卧游，吾具差济胜^⑥。

① 剡川：即剡溪，流经今浙江绍兴嵊州。

② 天姥岑：天姥山，位于今浙江台州。

② 石门：石门山，位于今浙江青田。

③ 馀酲（chéng）：宿醉。

④ 淬：磨砺。

⑤ 济胜：攀登胜境。

越王台^①

飞楼跨千尺，百雉明朝霞。殷殷走马冈，知是越王家。扁舟人已远，五湖烟雨赊^②。遂令霸图寝^③，孤城白日斜。翠巘通秦望，清溪隘若耶^④。山水独峍然，谁为忆豪华？不见当时女，春风自浣纱^⑤。

① 越王台：位于今浙江绍兴卧龙山东南麓，为纪念春秋时越王勾践而建。

② "扁舟"二句：越国大夫范蠡辅佐越王勾践灭吴复兴，功成之后乘扁舟游于
　　五湖。

③ 寝：停息。

④ "翠巘"二句：秦望，秦望山，位于今浙江绍兴。秦始皇曾在此登临望海，
　　并令李斯撰铭刻石。若耶，若耶溪，又名平水江，流经今浙江绍兴。

⑤ 浣纱：越国美女西施曾在溪边浣纱，为助越王复国而入吴，吴国灭亡后不
　　知所踪。传说中随范蠡泛舟隐居。

西　湖

　　十载西湖别，桃花忆故蹊。相逢一携手，草色正萋萋。藉草寻
芳径，飞花逐马蹄。春风三月暮，绿暗画桥西。放鹤来孤屿，浮槎
出大堤。水云三万斛，人在镜中迷。一雨催归棹，湖光日暮低。山
公犹未醉，解听《白铜鞮》。

嘉禾烟雨楼^①

　　理棹入南湖，孤帆向空没。高楼起浮屿，差可望溟渤^②。吴山

百馀里，天际渺一发。何当名斯楼，烟雨莽超忽^③。我行暝烟收，因之弄明月。菰芦拍岸长，丛林间清樾。倒影逐流光，深夜惊栖鹊。临湖扉半掩，万籁静不发。对此神逾清，徘徊兴靡竭。

　　屠评：出入康乐、玄晖^④。

① 嘉禾烟雨楼：见卷三《吴游纪行》注。

② 溟渤：大海。

③ 超忽：迅速的样子。

④ 康乐：东晋刘宋诗人谢灵运，袭封康乐公。　玄晖：南齐诗人谢朓，字玄晖。

虎　丘

　　生时淬宝剑^①，死后锢重泉。金银列池沼，水犀甲三千。雄图怅何在，白虎卧冢前。冢上插浮图，攀撩扪青天。高标碍日月^②，鸟道埋云烟。突兀造化手，迅飙巢其巅^③。俯身上上头，一气下茫然。平林莽如织，灯火万家连。遥指姑苏台，麋鹿游当年。谁令石室空，秣马去不还^④。兴亡等灰灭，荒冢使人怜。

　　屠评：不见工处，只觉莽莽，深得吊古风趣。

① 淬：淬火。

② 高标：高耸特立的事物。

③ 迅飙（biāo）：疾风，暴风。

④ 秣（mò）马：饲马。

慧山第二泉

昔人闲抱瓮^①，逍遥慧山前。自饮中泠水^②，云此第二泉。青山隔世代，白日响潺湲。石抱太古色，流穷无尽年。泠泠总绀碧，沆瀣落九天^③。恍惚藐姑射^④，神瀵潴琼田^⑤。浇我万斛尘，天风两腋旋^⑥。嗟嗟此处士，高韵古今传。

① 昔人：指唐代陆羽。　抱瓮：形容安于拙陋淳朴的生活。

② 中泠：见卷三《吴游纪行·游慧山泉以望后十日》注。

③ 沆瀣（hàng xiè）：夜间的水汽，露水。

④ 藐姑射（yè）：《庄子·逍遥游》记载的有神人居住的神山。

⑤ 神瀵（fèn）：《列子·汤问》记载的气味芬芳的水。

⑥ 天风两腋：唐代诗人卢仝《走笔谢孟谏议寄新茶》写饮茶之后，"唯觉两腋习习清风生"。

金　山

金山一拳石，杳然天宇涵。朱甍连万瓦，梵宇俯澄潭。海月开夕霁，天风散朝岚。长江咫尺地，天与隔东南。水府森莫测，骊颔谁许探？若为拾金人^①，骤至启石函。卜筑嵌空窦，犹然坐瞿昙^②。

回首把浮图，贝叶声喃喃[3]。真境不再得，何时早投簪[4]？回光坐水观[5]，弥勒好同龛。

屠评：刘惔、许询相对林下[6]，定非风尘中品。

① 拾金人：唐代高僧裴头陀在江边挖掘出黄金，以此修建金山禅寺。

② 瞿昙：释迦牟尼。

③ 喃喃（nán nán）：低声诵经。

④ 投簪：丢弃用来固定冠的簪子，指弃官。

⑤ 水观：佛教的入定方法，坐禅时观遍一切处水而得正定。

⑥ 刘惔：东晋清谈名士。　许询：东晋玄言诗人。　林下：退隐之处。

牛首山[1]

王气趋钟陵[2]，群山多内奔。牛首不受制，崒嵂自南屯。三山掷云表，双阙象天门。怪石怒层峦，俨若虎豹蹲。松杉夹飞磴，下有百尺根。行行蹑其巅，白云封朝昏。浮图振鸣铎，倒影悬朱旛。懿此选佛场[3]，辟支象可扪[4]。时有五色光，云是舍利存。老僧分半榻，扫石焚芸荪[5]。四望坐积水，明月照远村。青翠沁诗脾，倏然远世喧。扰扰斗室者，何如虱处裈[6]？

屠评：法中龙象。

① 牛首山：又名天阙山，是佛顶骨舍利供奉地，位于今江苏南京。

② 钟陵：钟山，位于今江苏南京。

③ 懿：美好。 选佛场：佛寺。

④ 辟支：辟支迦佛陀的略称。唐代宗曾梦见牛首山辟支佛来见，因在山上建
辟支塔。

⑤ 芸荪：香草。

⑥ 虱处裈（kūn）：语本阮籍《大人先生传》"虱之处于裈中，逃乎深缝，匿乎
坏絮，自以为吉宅"，比喻见识短浅。裈，有裆的裤子。

燕 子 矶

燕子矶头月，天涵一镜空。维舟迷故渚，影落冰壶中①。疾风
吹浪起，清夜雨濛濛。偶来越疏林，飒飒如断蓬。穹崖隐洞穴，劈
画疑神功。亦似海蜃结，飞来住空同。酾酒临大江，宛然对隋宫。
一片扬州树，伤心故苑空。

① 冰壶：月光。

采 石①

叠嶂若云屯，蜃楼满江皋。浮烟落天门，千里翻波涛。伊昔李
青莲，轻舟泛宫袍。扣舷欲无人，对月成吾曹。斗酒自淋漓，眼花

兴益豪。骑鲸去不返[2]，海阔天宇高。茫茫此碧落，百代沉《风》《骚》。酹君一杯酒，江水日滔滔。

① 采石：采石矶，又名牛渚矶，位于今安徽马鞍山西南的翠螺山麓。
② 骑鲸：见卷三《吴游纪行·游采石以五月望日》注。

谢 家 青 山[1]

　　昔在宣城守，青山属谢君[2]。青莲有居士，投老欲为群。太守五亩宅，居士三尺坟。精灵自来往，贤达垂令闻。岁久冢宅改，田父纷耕耘。断碑卧荒草，仿佛留空文。悠悠千载间，谁与续清芬[3]？欲语无人会，青山有白云。
　　屠评：闲适。

① 谢家青山：即大青山，位于今安徽马鞍山当涂东南。
② 谢君：南齐诗人谢朓，曾任宣城太守。
③ 清芬：高洁的德行。

白岳东天门

　　东南有名岳，沿流探其胜。丹崖挹晓氛，紫霞落飞磴。海天一望平，松涛逗清听。行行上天门，一窦开石径。忽然见楼台，金碧相纬经。楼高不知暑，云归常昼暝。缥缈楼中人，焚香击清磬。喃喃读黄老[①]，适与雅意称。

　　屠评：飞天仙人语。

① 黄老：黄帝和老子。

罗 汉 洞[①]

　　大壑浑无底，青山到处逢。连冈抱曲涧，片片削芙蓉。月冷时窥虎，云深尚蛰龙。洞门落回飙，隔浦闻清钟。束炬达蓝渡[②]，百里藏仙踪。欲问桃花津，仙源杳无从。惟馀涧下水，迟日照溶溶。

① 罗汉洞：位于齐云山上。
② 蓝渡：位于齐云山以东。

太 素 宫[①]

　　玄天分紫气[②]，贝阙礼金容。后枕玉屏山，前拥香炉峰。长风吹不散，时有白云封。杖策最高顶，挥手招仙踪。烟辂若西堕，导引双飞龙。顾影忽复失，天路邈难从。去去欲何之，留此巢云松[③]。

① 太素宫：位于齐云山上，始建于南宋。

②　玄天：太素宫原名佑圣真武祠，明代改称玄天太素宫，供奉道教中的玄天
真武大帝。

③　巢云松：指隐居。

五 老 峰①

真宰无终秘，灵山开左掖。石池函玉髓，颠崖倚千尺。寒雨昼
常飞，明星夜可摘。仙鹿不再至，空洞挂绝壁。何来五老人，蜕骨
化兹石。我爱坐其麓，把酒酹空碧。天风下瑶台，吹我双凫舄。遥
向黄山去，一片浮云白。

屠评：如画。

①　五老峰：齐云山上的山峰，形似五位拱手揖让的老人。

钓 台

推篷开晓霁，烟云四顾收。长江抱叠嶂，悬崖俯中流。山奇水
亦绝，万木垂清幽。伊昔严先生，于焉披羊裘。垂纶有深意，世事
非吾求。青天钓明月，沧波随白鸥。不知有天子，焉论公与侯。嶷
然汉九鼎①，诧谓一丝留。千秋方谢邻，清风两悠悠。

①　嶷（nì）然：屹立的样子。

归 天 台

一万八千丈，白日行为斜，群山若塍埒^①，孤标隐嵚崟。仿佛天中垂，一朵青莲华。四望周千里，莽苍瀛海涯。山高风亦烈，草木春无花。四时只烟云，晨夕呈天葩。东南无复胜，咫尺有吾家。还来卧此山，煮石餐赪霞^②。

屠评：排空骑气。

① 塍埒（chéng liè）：田埂。
② 赪（xì）：赤红色。

西湖放鹤亭

放鹤亭前月上时，逋仙深怪鹤归迟^①。鹤归梦断梅花白，影落寒塘君未知。

① 逋仙：北宋诗人林逋。

立春江行见金山雪霁

千里流澌一望平^①，芙蓉插汉晓钟清^②。长江日抱龙蛇影，大壑天空鸟雀声。白雪乍消杨子渡，春风已过石头城。向平未遂名山愿，肯把屠苏让后生^③。

屠评：平淡有致，如清溪白石，下见游鱼。

① 流澌（sī）：江河解冻时流动的冰块。

② 插汉：直插河汉，极言其高。

③ 肯：岂肯，不肯。　屠苏：农历正月初一饮屠苏酒，用来避免瘟疫。按照习俗，从最年少者饮起。

赋得大江行 送圭叔之南水部郎^①，时中叔守浮光^②，余亦请告将归海上

大江西来六千里，惊涛射日长风驶。金山倒拥海门开，玉堞平临浪花起。结绮涵虚事已空^③，皇州春色逐征蓬。六朝事业寒烟里，一统河山化日中^④。汉家习战昆明水，舳舻横蔽江之涘。旌旗昼拂石城飞，鲸鲵夕泛沧溟徙。共看巨舰驾黄龙，亦有轻舠贡白雉。江上千艘为君使，尚书之郎古虞氏^⑤。君才本是济川舟^⑥，握筹五月下扬州。何逊暂教为水部^⑦，青山绿水恣行游。采石矶空明月夜，

雨花台迥晚风秋。转忆和歌燕市曲，只今离别楚江头。吴越山川梁苑客，萋萋芳草隔汀洲。龙江关南海天碧[8]，龙江关北淮云愁。一水盈盈双鲤杳[9]，大江上下日悠悠。

① 圭叔：王士琦，见卷三《吴游纪行》注。　水部郎：工部下属水部司的主官。

② 中叔：王士崧，字中叔，王士性族弟。

③ 结绮：南朝陈后主所建的华美高阁。

④ 化日：阳光。

⑤ 虞氏：尧舜时设虞人，掌管山泽苑囿。

⑥ 济川舟：比喻能够辅佐君王治理国家的重臣。

⑦ 何逊：字仲言，南朝梁代诗人，官至尚书水部郎。

⑧ 龙江关：即今江苏南京下关。

⑨ 双鲤：指书信。

金 陵 怀 古

　　龙盘虎踞石头横[1]，百二雄图控帝城。自识东南多王气，漫论西北总神京。长江天作三吴堑[2]，衰草烟迷六代营[3]。历尽废兴还白下[4]，海门斜日暮潮生。

　　江左偏安昔未收，披襟此日羡皇州。九衢阁道瞻华盖，千里江涛拥上游。神策旌旗新气象[5]，离宫月露旧风流[6]。青山不管兴亡恨，谁揽浮云吊古丘？

① 石头：即石头城，位于今江苏南京清凉山。

② 三吴：指吴郡、吴兴、会稽，泛指江南吴地。

③ 六代：指东吴、东晋、南朝宋、齐、梁、陈六个建都于建康（今江苏南京）的朝代。

④ 白下：今南京的别称。

⑤ 神策：唐代禁军名号之一，地位在诸禁军之上。

⑥ 离宫：帝王出巡时居住的宫室。

白下与汤奉常义仍集家弟圭叔宅有作兼寄朱考功汝虞 ①

　　燕子矶头采白蘋，轩裳麋鹿偶相亲 ②。蓬莱咫尺三珠树 ③，天地蘧庐一酒人 ④。拂麈青山供客恨 ⑤，披襟白眼傲风尘。长江不尽滔滔意，总付长安曲蘖春 ⑥。

① 汤奉常义仍：汤显祖，字义仍，曾任太常寺博士，故称汤奉常。　朱考功汝虞：朱廷益，字汝虞，号虞莳，浙江嘉善人。考功，朱廷益曾任吏部考功司郎中。

② 轩裳：卿士大夫以上的车服。　麋鹿：比喻隐逸之士。

③ 珠树：树的美称，比喻才智卓异的人才。

④ 蘧庐：驿站附设供人休息的房子。

⑤ 拂麈：即麈尾，在细长的木条两边和顶端插上兽毛，或让兽毛直接垂露在外，闲谈时用来驱虫、拂尘。

⑥ 曲蘖（niè）：酒。　春：古代酒多以"春"字命名。

王将军园亭在驻跸山 ①

罢猎南山日欲曛，灞陵谁识旧将军②？卜居犹带风云色，投老应随鹿豕群③。凿石巢空悬鸟道，披烟种玉长龙文。匣中剩得青萍在④，夜雨啾啾耳畔闻。

① 王将军：王贞伯，名不详，与王士性、胡应麟等有交游。　驻跸山：又名薛家山，位于今安徽宁国以南。
② 灞陵：位于今陕西西安东郊。西汉名将李广罢官闲居时外出打猎，晚归途中被灞陵尉呵止。
③ 投老：垂老，临老。
④ 青萍：传说中的名剑。

再宿王将军石室

万绿缊缊宿野烟①，江南五月半晴天。双双燕子逢人语，引得新雏掠水边。

种竹移花欲满庭，高斋雨过万山青。怪来无事销长日，起向松根斸茯苓②。

翠岭岜巍户不扃，竹林深处有孤亭。午风吹梦人初醒，一卷床头相鹤经。

高楼隐隐白云间，半落寒流半枕山。楼上轻盈闻笑语，微风吹动绿云鬟。

① 绐缊（yīn yūn）：云烟弥漫的样子。

② 斸（zhú）：掘。

除夕舟泊吴阊门寄怀王承父伯仲 ①

十载风尘忆路难，无端袭马又长安。青山眼底无《招隐》②，白首江干有《伐檀》③。麋鹿荒台春色近④，烟霞短棹客衣单。与谁共作河梁别⑤？虎阜莺湖酒欲阑⑥。

① 王承父：王光胤，字叔承，后以字行，改字承父，晚年又字子幻，号昆仑山人、梦虚道人，江苏吴江人。

② 《招隐》：汉代淮南王刘安门客淮南小山所撰《招隐士》，陈说山中生活艰苦险恶，劝说隐士归来。

③ 《伐檀》：《诗经·魏风》中的一篇，其中有"坎坎伐檀兮，置之河之干兮"的句子。

④ 麋鹿荒台：春秋时伍子胥因吴王夫差不听劝谏，痛斥吴国即将衰亡，麋鹿会在荒弃的姑苏台上游玩。

⑤ 河梁别：西汉李陵送别苏武，赠诗中有"携手上河梁，游子暮何之"的句子。

⑥ 虎阜：虎丘。　莺湖：莺脰湖。

春日过吴门留别周公瑕王百谷张伯起幼于诸君 ①

折梅此地又逢君 ②，解缆相看日欲曛。岁酒酿来浇客愤，德星聚处动天文 ③。五湖春色烟中满，半夜钟声梦里分。行尽江南芳草绿，王孙几度忆离群。

① 周公瑕：周天球，字公瑕，号幻海、六止居士、群玉山人、侠香亭长，江苏太仓人。　王百谷：王稚登，字百谷，又作伯谷、伯固，号玉遮山人，江苏苏州人。　张伯起：张凤翼，字伯起，号灵墟，又号泠然居士，江苏苏州人。　幼于：张献翼，字幼于，江苏苏州人，凤翼弟。

② 折梅：古人有折梅送别的习俗。

③ 德星：古人以景星、岁星等为德星，认为国有贤人则德星现。这里比喻贤士。

锡山人日别陈稚登余故因其父光州君而交稚登 ①

十载神游倘凤缘，五湖棹倚仅经年。重来吴市逢人日，共枕龙山第二泉 ②。尊向纪群开北海 ③，剑分淮汝隔中天 ④。相思几度浮光草，泪落春风玉树前。

① 锡山：今江苏无锡的别称。　人日：农历正月初七。　陈稚登：陈尔耕，字稚登，江苏无锡人。　光州：陈以忠，字贞父，号光州，江苏无锡人，尔耕父。

② 龙山：即惠山，位于今江苏无锡境内。

③ 纪群：汉末陈纪、陈群父子，孔融先后与他们交好。　北海：孔融，曾任北海国相。

④ 淮汝：淮河和汝水。

陈从训茅平仲二山人饮余京口舟中语次有怀张助父绿波楼 ①

江上相逢意若何，停云缥缈暮愁多 ②。匣中双剑称神物，河畔三星动客槎 ③。北固青还春草长 ④，广陵白拥夜涛过。临流共作天中想，千里高楼起绿波。

① 陈从训：陈永年，字从训，江苏丹徒人。　茅平仲：茅溱，字平仲，一字平甫，江苏丹徒人。　张助父：张九一，字助甫，一作助父，号周田，河南新蔡人。曾为王士性《朗陵集》撰序。　绿波楼：张九一在河南新蔡营建的楼阁。

② 停云：停止不动的云，寓有思念亲友之意。

③ 三星：夜空中明亮而接近的三星，有参宿三星、心宿三星、河鼓三星等。

④ 北固：北固山，位于今江苏镇江。

赋得紫霄崖①

　　紫霄崖头天欲倾，半空晴雨翳云坪。古洞谽谺绝壁横，阴崖鬼斧划玉屏。下有十二芙蓉城，飞泉千尺下深泓。夜半床头风雨鸣，起向山中骑鹿行。偃伏狮象走魖魖，琼楼贝阙纷相迎。东方烨烨彩霞生，忽听吹入步虚声②。恍尔群真朝上清③，宝幢绛节翠霓旌。五老三姑集玉京④，羽人之子调碧笙。玄鹤朝唳猿夜惊，千山月色如昼明。溪流屈曲花盈盈，椰梅筛影梦未成。安得便尔遗世情，留煮白石餐青精⑤，俯身千仞一羽轻。咄嗟置身一羽轻，奈何海外寻蓬瀛。

　　屠评：气色高华。

① 紫霄崖：位于齐云山上。

② 步虚声：道士诵经礼赞的声调。

③ 上清：道教尊奉的最高神之一灵宝天尊。

④ 五老三姑：五老峰和三姑峰，均位于齐云山上。

⑤ 白石：传说神仙、方士等煮白石为粮。　青精：又名南天烛、墨饭草，道家用来制作青精饭。

赠黄说仲游云间 ①

　　三山浮海外，五岳矗天表。垎蛙足涓滴 ②，游道一何眇。黄生意气凌秋空，大江南北多行踪。诗魔酒德技两绝 ③，青山绿水思无穷。即今百钱挂杖后，芒鞋又向云间走。我游五岳两未周，向平婚嫁徒掩口。逝鞭巨石驾鼋鼍，眼底蓬瀛亦何有？腰悬宝剑多龙文，持以赠君君不闻。请君为我循东岳，折简先驰沧海君 ④。

　　屠评：似淡似浓，声叶金奏 ⑤。

① 黄说仲：黄惟楫，字说仲，浙江天台人。　云间：今上海松江。

② 垎（xiàn）蛙：井底之蛙。　涓滴：极小量的水，比喻极其微小的东西。

③ 诗魔：酷爱作诗好像着魔一样。　酒德：饮酒合度有德行。

④ 折简：写信。　沧海君：海神。

⑤ 叶（xié）：声音调谐。　金奏：音乐。

广　陵　曲

　　维扬大业多陈迹 ①，木兰庭上灯花夕。六宫齐唱《柳枝词》，天子缘思广陵陌。广陵巨丽足芳年，解道征辽亦偶然。夹堤杨柳三千曲，近水楼台十万廛 ②。回廊复道云间度，绣棁金铺月下县 ③。琐窗射日联珠箔，宝幄迎风落翠钿。千门万户春光满，白日误入迷神仙。嵩坞花香迎凤辇④，崆峒黛色照冰筵⑤。御女楼前车思巧，司花掌上舞衣翩。魂梦到来浑作祟，娇娥不枕讵成眠。宠深可奈萧娘妒⑥，望断迷楼柱上篇⑦。无复见君徒自尽，不留侬住也须还⑧。忆在东京西苑里，院院笙歌沸人耳。月明阊阖开宫门，夜静蓬莱浮海水。羯来画舫斗婵娟，遮莫春风醉桃李⑨。无端一曲《望江南》，龙舟更向维扬市。朱旗羽葆杂如云，锦缆牙樯疾于驶。宫中血染去时轮，道旁鬼哭谁家子？矮民颈刃一朝寒⑩，司马伏兵中夜起⑪。恶梅好李岂忘情⑫，沧海桑田故应尔。水殿楼船事已非，黄昏古道客行稀。谁堪再说迷楼事，一望荒台泪满衣。

屠评：绮丽之极，转成凄咽，与《连昌宫辞》异曲同工⑬。

① 维扬：今江苏扬州的别称。　大业：隋文帝年号。

② 廛（chán）：一户人家所住的房屋。

③ 棁（zhuō）：房梁上的短柱。　铺：门环。　县：同"悬"。

④ 嵩坞：高耸的小堡。

⑤ 崆峒：高峻的山。

⑥ 可奈：怎奈。　萧娘：泛指年轻女性。

⑦ 迷楼：隋炀帝营建的楼阁，故址在今江苏扬州西北郊。

⑧ 侬：人称代词，我。

⑨ 遮莫：莫非，或许。

⑩ 矮民：隋朝王义，身为侏儒，被贡入宫，上书劝谏隋炀帝，自刎而死。

⑪ 司马：隋朝大将司马德戡，联合宇文化及发动兵变，缢杀隋炀帝。

⑫　恶梅好李：相传隋末皇宫中杨梅和玉李同时结果，宫中人都喜欢玉李，隋
　　炀帝由此感叹："恶梅好李，岂天意乎！"后人借此附会杨氏隋朝将要灭亡，
　　李氏唐朝必将兴起。

⑬　《连昌宫辞》：唐代诗人元稹的诗作，通过连昌宫的迁变，反映安史之乱前
　　后社会的治乱兴衰。

泊瓜州一夕大风望广陵城不至 ①

　　白日忽西匿，玄云谁与期？晨昏倏变易，百年故如斯。忆昨发
天台，层冰满江湄。今来渡扬子，春风柳如丝。狂风一夜起，惊涛
拍千里。金焦拥拳石 ②，长江淼无涘。江头春色逐扬州，扬子江波
日夜流。谁能骑鹤还来此 ③，销尽年华总白头。

①　瓜州：当作"瓜洲"，长江中的沙洲，位于今江苏扬州、镇江之间。

②　金焦：金山和焦山，都位于今江苏镇江。

③　骑鹤：古人有"腰缠十万贯，骑鹤上扬州"的说法。

越 游 下

泊 鄞 江[①]

锦缆牙樯江上舟，采菱歌断雨初收。白云半掩林皋色，红叶全惊海国秋[②]。霜落鱼龙游浅渚，月明鸥鹭起芳洲。客怀澹荡随流水，不共芦花相对愁。

① 鄞江：旧称兰江，流经今浙江宁波，为奉化江支流。

② 海国：临海地域。

登雪窦寺寺有伏虎禅师坐藤龛制毒龙于隐潭中[①]

丹枫霜染旧珠林，梦断青山问古今。落日阶除留虎迹，高秋风雨听龙吟。烟笼古碣中峰近，石挂飞泉大壑深。一自龛藤人去后，几回山月照禅心。

① 伏虎禅师：宋代禅僧知和，相传山中有两虎长年听其诵经，野性渐收。 隐潭：雪窦山有三隐潭，由三折瀑布组成。

余公子招饮湖庄赋谢^①

香风帘卷大堤长，公子南楼兴欲狂。青草两崖秋水阔，碧天千顷夜云凉。芳洲好与题鹦鹉^②，宝幄无劳典鹔鹴^③。最是主人能爱客，清尊共倒菊花旁。

① 余公子：疑指余继登，字世用，号云衢，河北交河人。与王士性为同科进士。

② 鹦鹉：今湖北武汉长江中有鹦鹉洲，东汉祢衡曾在此作《鹦鹉赋》。

③ 鹔鹴（sù shuāng）：神话中的神鸟，这里指用鹔鹴皮毛制作的裘衣。司马相如曾典卖鹔鹴裘以换酒。

九日候涛山望海^①

鸿雁江湖处处心，高台此日一登临。天回南斗星辰近，水落寒涛渤海深。把酒暂逃兰社会^②，凭楼试作越乡吟^③。长风吹入蛟门岛^④，蜃气苍茫涌万寻。

① 候涛山：又名招宝山，位于今浙江宁波。

② 兰社会：文人雅集。

③ 越乡吟：战国时越人庄舃仕楚，病中吟越歌以寄托思乡之情。

④ 蛟门岛：一作鲛门山，位于今浙江宁波甬江口外。

禹 穴

明德谁埋宛委铭①，断鳌立极跨沧溟②。指挥岳渎鸿蒙割③，旋转乾坤巨鳌停。玉帛稽山来万国④，金书沧水护群灵⑤。圣神事业天同远，暮雨空陵石作扃。

① 宛委：在今浙江绍兴会稽山，禹穴所在地。

② 断鳌立极：神话中说女娲补天时曾斩断鳌的四足，用来支撑天空。

③ 岳渎：五岳四渎的并称。　鸿蒙：神话传说中盘古开天辟地之前的远古时代。

④ 稽山：即稽山，位于今浙江绍兴。相传大禹在此召集诸侯，万国手执玉帛而来。

⑤ 沧水：即苍水，相传大禹得到玄夷苍水使者的指点，掌握治水的方法。

过樵夫亭 樵夫死革除难①

鼎湖龙去未应还，敢谓乌号尚可攀②。抱石有心甘楚泽③，采薇无路觅商山④。一言大义明霄汉，万死馀生直草菅。姓字不传尘迹在，至今俎豆出人间。

① 革除难：即明初靖难之变。建文帝朱允炆采取一系列措施，准备削弱各地
　藩王的实力，燕王朱棣起兵反抗，最终攻下首都，即位称帝，建文帝则在
　战乱中下落不明。

② 乌号：黄帝使用的弓。传说黄帝在鼎湖乘龙升天时，身边的人也想攀爬上
　去，最后把弓也拉落下来。

③ 抱石：战国时楚国屈原感叹国势衰颓，最终怀抱沙石，沉江而死。

④ 采薇：伯夷、叔齐兄弟在商亡后隐居首阳山，采薇而食。　商山：秦末东
　园公、夏黄公、绮里季、甪里先生四人隐居于商山。

两登巾山雨憩景高亭 ①

　　梦里怀人若有神，断碑荒草一时新。孤亭地拥双峰起，绝壑天
开万井春。棹倚浪花来曲岸，槛回烟树落平津。江风江雨应无限，
为洒徐卿壁上尘 ②。

① 巾山：又名巾子山，位于今浙江临海。

② 徐卿：未详。

桃 源 行

　　君不见刘阮相将出洞天 ①，洞门转盼埋苍烟。花开花落谁为主，

寥落壶天几岁年 ②。我亦天台采芝客，来往青山访陈迹。万树夭桃隔彩霞，髣髴仙娥落空碧。记得津迷采药郎，桃花流水偶相望。隐隐胡麻来石髓，双双玉女下天香。云鬟翠黛流苏帐，伉俪不殊人世状。仙家鸡犬日月赊 ③，七日沧桑何潺荡 ④。尘心忽自忆人间，一别仙源遂不还。白石苍苔翳旧路，琼楼玉宇掩重关。狐兔为冢莽荆棘，烟雾茫茫招不得。凿石诛茅发隐沦 ⑤，我与山川生气色。古陌无津不记春，敢希邂逅望仙尘。但将指点渔郎道，弗使桃花解笑人。

　　屠评：初唐佳境。

① 刘阮：刘晨、阮肇。

② 壶天：仙境。

③ 赊：长。

④ 潺荡：广大无际的样子。古人有"山中方七日，世上已千年"之说。

⑤ 诛茅：芟除茅草。　隐沦：隐居。

上 华 顶 ①

　　群山培塿列儿孙，万八峰头此独尊。咫尺一嘘通帝座，东南半壁拥天门。仙家鸡犬云间宿，人世烟霞杖底扪。玉室金庭何处是？等闲拔地有昆仑。

① 华顶：天台山华顶峰。

宿 石 梁①

独跨幽崖划鬼工，何来神物蜕崆峒。转疑白日填乌鹊，忽谩青天驾彩虹②。飞瀑倒垂双涧合，惊涛怒起万山空。西楼月色终宵在，风雨无端满梵宫③。

① 石梁：位于天台山中。

② 忽谩：同"忽漫"，忽而。

③ 梵宫：佛寺。

游仙岩谒文信国诸公像①

鸡鸣犬吠白云中，共指三山有路通。缥缈层楼疑海气，谼谾一窍倚天风②。长安日落孤航杳，故国魂招大泽空。天为群公留胜概，登高极目恨无穷。

① 仙岩：仙岩洞，位于今浙江台州三门县东南海滨。　文信国：文天祥，封信国公，曾在此抗击元军。

② 谼谾（hōng lòng）：空旷深邃。

357

盖 竹 歌 [①] 送王西之先生解绶还赤城 [②]

君不见宇内洞天三十六，玄都仙伯纷相逐。乾坤溟滓初判时，巨灵攫取私南服。玉京委羽不足奇 [③]，亦有盖竹台南峏。香炉峰高玄鹤舞，天门路狭罡风吹。洞天日月无终始，谁其治者商丘子 [④]。忽逢大块飞劫灰，谪向人间作仙史。乞得天孙云锦章，来时挟之下大荒。宝光不减俗缘浅，一入长安鬓已苍。黄金台下春风改，沧桑几变仙长在。五斗何烦役世尘 [⑤]，扁舟却自还东海。乡里小儿夸锦衣，谁为我贵知者稀。胡麻可饭水可饮，白云洞里迟君归。我闻此洞多《素书》 [⑥]，葛洪谓是神仙居。他年若返云中驾，七夕相招幸待余。

屠评：秀色可餐，是金函石室中物 [⑦]。

① 盖竹：盖竹山，位于今浙江临海，是道教三十六小洞天之一。

② 王西之：王胤东，字伯祚，号盖竹，又号西之，浙江临海人。 解绶：解下印绶，辞去官职。王伯祚于万历年间任常州府学训导，后以母忧去官。 赤城：赤城山，位于今浙江天台。

③ 委羽：委羽山，位于今浙江黄岩，是道教的第二大洞天。

④ 商丘子：道教神话中盖竹山为仙人商丘子所治。

⑤ 五斗：五斗米，指微薄的俸禄。

⑥ 《素书》：传说为秦末黄石公所撰，以阐发道家思想为宗旨。

⑦ 金函：金匣。 石室：收藏图书档案的地方。

元夕宿精进寺 ①

淡云疏雨晚风晴，吹入人间不夜城。僧寺独馀松际月，洞箫声里万山明。

闭目攒眉梦里禅，苍松翠竹自悠然。眼前空有天台路，谁记灵山识普贤？

小桥流水隔溪东，日暮疏钟度岭风。入定不惊泉底石，谈经时起钵中龙。

半壁悬崖海上村，烟埋古佛绣苔痕。僧持贝叶归何处？虎守斋坛鹤守门。

① 精进寺：位于今浙江临海。

黄上仲读书委羽洞 ①

自挟青藜下洞天 ②，鹤归仙去几多年。津迷谷口无惊犬，石挂苔痕有暝烟。海气远从瑶岛上，霞标高与赤城连。王孙岁暮归来晚，为我长吟《桂树》篇 ③。

① 黄上仲：黄惟栋，字上仲，浙江台州人，明万历间人，黄说仲之弟。不习

举业，隐于山中。

② 青藜：夜读照明的灯烛。

③ 《桂树》篇：三国曹魏曹植《桂之树行》，表现淡泊无为、超脱尘俗的思想。

登金鳌山^{宋高宗、文信国俱航海至此}①

巨鳌不戴蓬瀛去，独向江门枕浊流。曲磴眠云芳草湿，洪涛浴日曙光浮。山城埤堄黄沙碛②，水国蒹葭白露秋。极目西风伤往事，谁家君相屡维舟？

① 金鳌山：位于今浙江台州。宋高宗赵构坐船由此登岸，后定都杭州，建立南宋。南宋末文天祥奉命与元兵谈判而被拘，逃亡时也经过此处。

② 埤堄（pì nì）：城上呈凹凸形而有射孔的矮墙。

华顶太白堂觞别王承父山人是天台万八千丈处时朗陵刘孟玉在坐①

天台十月行人绝，万八峰头早飞雪。寒江水落木叶波，烟树山山互明灭。雪花忽散晴峰回，沧海蓬莱掌上开。方平挂杖正绝倒②，昆仑先生骑鹤来③。来时正与刘郎值，双娥洞口遥相伺。万树桃花迷旧溪，只今寻源不复记。昆仑有路通天台，石梁桥畔扫苍苔。四山暝色收屐齿，双涧鸣泉落酒杯。酒酣耳热余欲起，笑指莽苍胡乃尔。只有天台两片云，来往青山作知己。故起高斋傍太白，与云分作石上客。深山麋鹿耐为群④，永夜星辰坐堪摘。君来约我在新秋，风雨长江苦滞留。十载神游徒梦境，一朝胜览足玄搜。我今辞君还去去，留此青山为君署。他年牢卧此山头，山灵有约仍邀女⑤。

　　屠评：跌宕豪纵，犹龙哉斯篇⑥！

① 朗陵：治今河南确山西南。　刘孟玉：生平不详，与王士性、张九一等有交游。

② 方平：东汉王方平，弃官修道，后成仙升天。王士性此处借以自比。　绝倒：纵情大笑，前仰后合。

③ 昆仑先生：王叔承，号昆仑山人。

④ 耐：能。

⑤ 女：同"汝"。

⑥ 犹龙：高深奇妙，如龙之变化莫测。

恶溪道上听猿声①

　　恶溪不可涉，流水亦何心？石触云根出，滩回蜃窟深。繁霜沙际白，落月渡头阴。转忆巴巫道，青猿两岸吟。

① 恶溪：流经今浙江丽水。

行至花涛雨宿旅店中因忆王承父刘孟玉已在
天台山最高处 [①]

乍雨和烟暝，青山对面遥。荒村无吠犬，落日有归桡。荷锸来金岭，吹笙过石桥。一枝霄汉隔，还与借焦鹩 [②]。

①　花涛：位于今浙江天台山以南。

②　焦鹩：即鹪鹩，一种小型鸣禽。《庄子·逍遥游》："鹪鹩巢于深林，不过一枝。"这里指自己只想与朋友相聚，却不能如愿以偿。

桃源道上别甘使君应溥 [①]

二月夭桃花满都，天鸡咿喔临长衢 [②]。洞门海日照方树，锦江绿水明城隅。东皇忽报风雨妒 [③]，一春花事随泥涂。君侯此日饬归骑 [④]，满堂惜别搴征帷。咄嗟王郎眼双白 [⑤]，起舞花前倒玉卮。甘使君，我欲为君歌此辞。大块茫茫孰控持，雌黄好丑任尔为 [⑥]。丰城紫气埋狱底 [⑦]，神物会合随所之。甘使君，与君折取双花枝。花间蝶梦曾醒否，古今旦暮亦何有？眼底浮华几变更，赤胆如拳向谁剖？腰悬三尺光陆离，直取长鲸佐君酒。甘使君，把酒劝君君莫辞。众人皆醉胡尔醒，明日阴晴君自知。

① 甘使君应溥：甘雨，字子开，号应溥，江西永新人。

② 咿喔（yī wō）：禽鸟叫声。

③ 东皇：掌管春天的神。

④ 君侯：指地位尊贵者。　 饬（chì）：整顿。

⑤ 咄嗟：叹息。

⑥ 雌黄：橙黄色的矿石，可制成颜料用来涂改文字。引申指乱改、乱说。

⑦ 丰城紫气：西晋时张华发现斗牛之间常有紫气，其地对应于丰城，后派人
至丰城，挖出两把宝剑。

入欢岙怀顾处士欢故居

混迹学樵渔，逃名不著书。谁添《高士传》①，我忆昔人居。华
表无归鹤，清溪有故墟。千秋桥上月，留影照蓬庐。

① 《高士传》：西晋皇甫谧撰，记载了自尧舜时期至汉魏之际诸多高士的生平事迹。

咏 明 岩 寿邓翁七十 ①

寒崖负石向明开，上有仙人马迹来②。口吸洪泉飞百尺，手持
瑶草下三台。匣中赤简鱼贪蠹③，洞里青精鸟浪猜④。君忆何年曾
驻此，与君一捧紫霞杯。

① 明岩：位于天台山中。　邓翁：生平不详。

② 仙人马迹：传说唐代台州刺史闾丘胤至天台山寻访寒山、拾得，两位和尚和闾丘胤随行马匹在明岩均隐入石壁。

③ 鱼：蠹鱼。

④ 浪：没有约束。

七月三日过盘山眷焉有结庐之思①

盘龙顶上挹流霞，水抱沙回石磴赊。竹叶满山秋色净，槐阴堕地夕阳斜。行依绝壑饶云气，醉倚高峰眺月华。不为乾坤怜胜概，更从何地觅吾家？

① 盘山：盘山岭，位于今浙江台州温岭。　眷：顾念。

过 石 门①

大壑悬崖起蛰龙，石门横断海天踪。日高潭影空中落，雨过苔痕石上封。峭壁重重开锦绣，连山片片插芙蓉。尘心洗向溪头净，侧耳西风听梵钟。

① 石门：位于今浙江缙云。

宿灵岩寺[①]

偶随麋鹿度河桥，欲上丹梯石径遥。一柱撼空盘地轴，四山排
闼列霞标。岚烟半作前溪雨，曙色平分大海潮。几向岩阿裁薜荔，
好凭玉女自吹箫。

① 灵岩寺：位于今浙江乐清。

舟次海口

兼葭秋水木兰桡，挟客来观海上潮。万里苍茫空碧落，三山缥
缈接青霄。西风木落惊帆影，南极星明射斗杓[①]。目断扶桑天外尽，
何烦鞭石驾危桥。

① 斗杓（biāo）：即斗柄，北斗七星中第五至第七颗星，形如酒斗之柄。

七夕宿江心寺[①]

巨鳌忽断双龙起[②]，屹立寒涛薄太清。沧海无津烟屿远，青天

不动暮潮平。星槎此夕通银汉，月色千山满玉京。灯火城南才咫尺，恍疑身世隔蓬瀛。

屠评：如饵虹丹^③，便欲飞去。

① 江心寺：位于今浙江温州江心屿。

② 双龙：指江心寺左右各有一座高塔。

③ 虹丹：仙丹。

同潘明府去华何山人贞父登玉甑峰是夕宿洞中观海上出日洞一名玉虹^①

玉渚流虹云气杳，金茎飞雪露光寒。峰头怪石多人立，直上乘风跨紫鸾。

灏气淋漓接素秋，露泠月白水光浮。烟销渤海三千岛，石拥瑶天十二楼。

翠岫黄云卧野蒿，石城楼阁倚天高。长风破浪来秋色，白日行空驾海涛。

洞口垂萝不记春，檐前飞瀑下平津。石门流水渔郎远，赢得青山好避秦。

屠评：鹤上人语^②，不食烟火。

① 玉甑峰：位于中雁荡山，上有玉虹洞。

② 鹤上人：仙人。

雁山杂咏八首

老僧岩

苔衣深没胫，一定不知年。从君问息机，茫茫无始前。

石梁洞

跨壑浑无地，凌虚别有天，谁能身似鹤，纵步入苍烟。

灵峰洞

金茎落沆瀣，叠嶂蹲虎豹。何物阿罗汉，凿开浑沌窍。

龙鼻滴

神物爱名山，息此蹔嘘气①。那为造物妒，一蜕飞不去。

① 蹔（zàn）：同"暂"。

玉女峰

名花饶宝髻，青衿动天风。空山谁是伴，潇洒自为容。

剪刀峰

天孙重私巧，剪彩落云标。妆成锦世界，遗此双剪刀。

天柱峰

崒崒矗霄汉，万仞惟一楹。孤高岂徒然，天不东南倾。

瀑布泉

列骑随飞辇，长虹下急湍。微风洒襟裾，六月鬓毛寒。

卷十

下游蜀
下游楚
下游粵滇

蜀 游 下

五 丈 原[①]

汉相北出师，魏军受巾帼[②]。本畏顿兹原[③]，讹言安市陌。屯田杂渭滨[④]，兵农两安宅。图谋已万全，恢复无遗策[⑤]。将星忽无光，化作营前石[⑥]。死者已旋斾，生者尚夺魄。天意不祐汉，忠良腕空扼。兴刘与帝魏，往事俱陈迹。寂寞登古原，黯黯土花碧。

屠评：帝王将相，英雄豪杰，并有今昔兴亡之感，独竺乾先生都无今昔兴亡之感[⑦]，世人之皈依如来者，万古一日耳，吾于是有大悟。

① 五丈原：位于今陕西岐山，三国时蜀汉诸葛亮北伐时在此驻军，与魏将司马懿对峙百馀日后病卒。

② 巾帼：妇女戴的头巾。魏、蜀两军对峙时，诸葛亮将女性所戴头巾送给司马懿，想以此激怒对方出来交战。

③ 顿：驻扎军队。

④ 屯田：组织士兵垦种荒地，以确保军队给养。

⑤ 遗策：失策。

⑥ 营前石：相传诸葛亮临终前，天上有流星陨落在其军营中。

⑦ 竺乾：即天竺，古代印度的别称。

连 云 栈①

北上登散关②，南行出褒谷③。连云八百里，颠崖架高木。凿石布山阿，椓杙倚岩腹。阁道间偏桥，诘屈如转毂。马蹄饱崚嶒，舆卒竞拥簇。黑白俯二江④，狂流撼飞瀑。猿狙随我啼，虎豹夹道伏。寒谷少人烟，十里两茅屋。谁为凿此险，世代共驰逐。行过陈仓山⑤，山僧指其麓。秦兹开蜀道，汉兹逐秦鹿。石牛今不归，故道尚可覆。雄关与败垒，零落随草木。感此欲凄然，夜入松林宿。

① 连云栈：古栈道名，位于今陕西汉中地区。
② 散关：大散关，位于今陕西宝鸡南郊秦岭北麓。
③ 褒谷：秦岭古道褒斜谷的西段，位于今陕西汉中西北。
④ 二江：黑龙江和白水江。
⑤ 陈仓山：位于今陕西宝鸡东南。

谷 口①

盘谷亘千里，南北连褒斜。龙江喷珠玉，鸟道错谺谷。怪石宸青嶂，飞阁饶紫霞。行过七盘尽②，隐约见三巴③。秋色正西来，种种收天葩。钓台尚岧然，平陆馀桑麻。问之云郑谷④，旧是子真家。躬耕谷口田，潜德拟龙蛇⑤。移得渭川石⑥，不数青门瓜⑦。遗踪怅何在，室远人已遐。清声留百代，山水借芳华。

① 谷口：褒斜谷有二口，南为褒，北为斜。

② 七盘：七盘岭，川陕古道上有多处山岭均名七盘岭。

③ 三巴：蜀地巴郡、巴西和巴东的合称。

④ 郑谷：西汉郑子真隐居于谷口，后世遂称其地为郑谷。

⑤ 潜德：不为人知的美德。　龙蛇：指隐逸。

⑥ 渭川石：商末姜尚隐居于渭水边，经常坐在岸边石头上垂钓。

⑦ 青门瓜：西汉初，故秦东陵侯召平隐居在长安城东青门，以种瓜为业。

五 丁 峡①

连山跨陇蜀，地险绝跻攀。秦人刻石牛，粪金山谷间。欲诱五丁来，凿石夷险艰。驱牛未至国，引盗已临关。遂灭蚕丛祀②，空馀五丁山。两崖高巀嶪，一水去潺湲。铲石塞路逵③，斧痕尚斑斑。黄金与壮士，一去都不还。剩得千秋客，鞭驰若等闲。

① 五丁峡：自今陕西勉县越七盘岭进入四川境内，是关中经汉中入巴蜀的主要通道。

② 蚕丛：蜀王的先祖。

③ 逵：四通八达的大路。

琴　台

临邛有佳客，旅遇卓王孙。一曲《凤求凰》[①]，其女中夜奔。已忍当垆耻，宁辞鼻犊裈[②]。知音寡俦侣，誓莫负君恩。奈何怨白头[③]，为人赋《长门》[④]。欢情不耐久，荣华故难存。人琴两寂寞，无计起芳魂。穷猿啼故垒，落日照荒墩。

① 《凤求凰》：琴曲名。相传司马相如爱慕卓王孙寡居的女儿卓文君，弹奏《凤求凰》以表达心意。

② 鼻犊裈（kūn）：即犊鼻裈，连裆的短裤，形似牛鼻。司马相如与卓文君私奔至临邛，卓文君当垆卖酒，司马相如身着犊鼻裈洗刷酒器。

③ 怨白头：司马相如久居京城后欲纳妾，卓文君为此作《白头吟》，诗中有"愿得一心人，白头不相离"的句子。

④ 《长门》：汉武帝皇后陈阿娇失宠后，重金委托司马相如创作《长门赋》，表现被遗弃后的苦闷抑郁。

支　机　石[①]

昔有乘槎客，穷源星海头。一朝动天文，直上天汉流。宫阙耀金碧，机杼鸣琳璆[②]。纤纤素娥举[③]，缕缕瑞烟浮。遗我支机石，寒光进难留。归问严君平^④，客星犯女牛^⑤。梧桐堕一叶，白苎凉千秋。其事若恍惚，谭之足冥搜^⑥。为问亭中石，何人复天游？

① 支机石：今四川成都有一块巨石，传说织女曾用来支撑织布机。

② 机杼：织布机。杼，织梭。 琳璆（qiú）：美玉。

③ 素娥：指织女。

④ 严君平：西汉时蜀地学者严遵，字君平，能识星象。相传有人乘坐木筏到天河上遇见织女和牛郎，回来后拜访严君平，询问此事缘由，严君平回答说那天正好有客星冲犯牵牛星。

⑤ 客星：彗星、流星。

⑥ 冥搜：苦思冥想。

浣花草堂

万里桥西路，百花潭水流。落花随去水，潭影日悠悠。忆昔侨居客，思归江汉头。笳悲白帝急，木落锦城幽。病骨缘诗瘦，奚囊足旅愁。《春秋》三史在，《风》《雅》百年留。楚蜀俱陈迹，乾坤只浪游。伶俜头早白，摇落兴先秋^①。老去诗千首，吟成土一抔。贞元人继死^②，大雅欲谁收？

① 兴先秋：杜甫寓居夔州（今属重庆）时写有《秋兴八首》。

② 贞元：唐德宗年号（785—804）。按：韩愈、白居易、元稹等贞元诗人都推崇杜甫。

君平卖卜处

大道日雕丧，世路如转毂。至人葆灵耀①，不与世竞逐。行洁道自超，迹混身免戮。吁嗟严先生，昔卖成都卜。百钱即垂帘，一饮止满腹。不逃韩康名②，高蹈在岩谷。不守扬雄《玄》③，嗫嚅在天禄④。工羞柳下同⑤，拙笑首阳独⑥。置身隐见间，玩世且雌伏⑦。千秋过鄽市⑧，遗韵犹在目。

屠评：至人之言。

① 葆：保持。

② 韩康：东汉隐士，常采药至长安集市上售卖，本欲避俗逃名，却仍因口不二价而为人所知。

③ 扬雄：西汉学者、辞赋家，著有《太玄》，主要阐扬道家清虚玄静的主旨。

④ 嗫嚅（niè rú）：说话吞吞吐吐。　天禄：汉代未央宫中的藏书阁。王莽为了代汉自立而假托符命，事后为掩人耳目而禁绝其事。扬雄无端受到牵连，在被收捕时从天禄阁上跳下，几乎丧命。

⑤ 柳下：柳下惠，即春秋时鲁国大夫展禽。

⑥ 首阳：指西周初隐居在首阳山上的伯夷、叔齐兄弟。

⑦ 雌伏：隐藏起来，无所作为。

⑧ 鄽市：城市，街市。

薛 涛 井①

为染薛涛笺，来看薛涛井。新函楮叶精②，古甓寒泉冷。辘轳架银床，百尺垂素绠。鲛绡出纤手③，美人落清影。拂拭试冰纨，琅玕秀可餐④。挥麈人如玉⑤，征歌气若兰。月明关塞曲，羌笛竹郎冠⑥。万里女校书⑦，迷离顾所欢。婵娟今寂寞，泪落满栏干。

① 薛涛井：又名玉女津，位于今四川成都，是明代蜀王仿制薛涛笺制作笺纸的专用井。

② 楮：落叶乔木，树皮可用来造纸。

③ 鲛绡：薄纱。

④ 琅玕：像珠子一样的美石。

⑤ 麈：用来拂尘的工具。

⑥ 竹郎：即竹王三郎神，古代夜郎国王。薛涛《题竹郎庙》："何处江村有笛声，声声尽是迎郎曲。"

⑦ 女校书：乐伎。

巫 山

朝云不归山，暮雨不返壑。连翩十二峰，苍翠莽参错。山川自朝暮，秋空澹如漠。奈何劳梦思，钟情寄寥廓。洛浦环佩杳①，湘筠泪痕落^②。楚客竞修辞^③，在所恣谐谑。遂令姑射山，妄作妖女托。我来思美人，搴芳羞杜若^④。云雨不堪疑，青冥迥犹昨。

① 洛浦：洛水岸边，这里借指洛神。
② 湘筠：湘竹，这里借指娥皇、女英。
③ 楚客：战国时楚国辞赋家宋玉，作《神女赋》，写楚王与巫山神女相遇事。
④ 搴（qiān）芳：采摘花草。　杜若：香草。

黄 陵 庙

壁立重霄迥，斜连斗极高^①。山回石倒出，拍岸尽惊涛。石上一丈夫，驱牛拥旌旄。云是古黄龙，佐禹成勋劳。丹书返沧水，石影留神皋^②。仿佛无支祈^③，扬灵在淮濠。雨色滩声旧，林猿落日嗥。维舟一酹酒，巨壑日滔滔。

① 斗极：北斗星和北极星。
② 石影：传说大禹治水时化身为熊，其妻涂山氏无意中发现后化为巨石。
③ 无支祈：神话中居住在淮河中的水怪，后被大禹擒获，镇压在淮阴龟山之下。

白 帝 城

白盐落城头^①，赤甲踞江左^②。瞿唐列象马，长江挂双锁。白帝旧时城，连山垂欲堕。谁为为此者，辄自忘幺麽^③。人传白帝后^④，我闻赤帝先。神剑斩妖蛇，鬼母哭道边。炎精未欲烬^⑤，跃马待何年^⑥？还与赤帝嗣，托孤此山巅^⑦。兴亡不一姓，古堞尚依然。登台藉荒草，麋鹿近人眠。

① 白盐：白盐山，因岩壁色如白盐而得名。
② 赤甲：赤甲山，与白盐山隔江相对，因岩壁赤红且不生树木，如人祖胸披甲而得名。
③ 幺麽（yāo mó）：微小，卑弱。
④ 白帝后：传说刘邦路遇白蛇挡道，挥剑斩蛇。后有人经过此处，见到一老妇痛哭不已，说其子为白帝之子，被赤帝之子杀害。
⑤ 炎精：火德，这里指汉代的国运。
⑥ 跃马：东汉末刘备在襄阳遇险，骑马跃出檀溪，逃脱追杀。
⑦ 托孤：临终前委托别人照顾遗留的子女。刘备在夷陵之战中大败，于白帝城附近的永安宫托孤于诸葛亮。

滟　滪

　　一柱当坤轴，盘根逆逝波。夹崖啼虎豹，转穀斗鼋鼍。万古江流在，孤标奈尔何。雪消春涨恶，雨急夏涛多。浊浪动排空，触石增嵯峨。连山七百里，一夜卷银河。滟滪已如马，瞿唐莫浪过^①。谁堪重回首，天上泛轻槎。肠断青猿泪，三声鬒欲皤。

① 浪：随便。古时歌谣称："滟滪大如马，瞿塘不可下。"意谓长江进入枯水
期，滟滪堆露出水面如牛马般高大时，船只就不能渡过瞿塘峡。

江楼八景 为甘征甫公题 ①

① 甘征甫：甘茹，字征甫，四川富顺人。

鹭沙月白

皓月笼轻渚，蒹葭一望秋。道人心似水，群鸟逐行舟。

渔磴风清

返照入荒郊，晚风何处笛？轻舟罢钓归，相向柳阴侧。
屠评：似辋川翁语 ①。

① 辋川翁：指唐代诗人王维。辋川，辋谷水，位于今陕西蓝田南，王维曾在
此置别业。

螭石回澜

三星飞堕水，怒激起盘涡。五月瞿塘口，鱼龙不敢过。

虹桥返照

长虹卧碧波，夕夕看天绘，人归倒影中，鸟出斜阳外。

蕞楠围翠 ①

六月班荆坐 ②，深林无暑来。挂巾时复堕，为有午风吹。
屠评：王君作吏得此语，故知其旷度 ③。

① 蕞（cuán）：聚集。
② 班荆：席地而坐。
③ 旷度：大度。

双桂交香

空阶绿玉树，对影光离离。月落寒塘曲，露凝香满枝。

竹径琅玕

三径烟霞伴，流阴冷画屏。萧萧风雨夜，积翠满空庭。

花禽抱玉

宝幄阑千里，天香引玉雏。春风任荣落，得食自相呼。

江 楼 歌

若有人兮江之干，抱危石兮俯长湍。麟凤郊游兮，鸿鹄敛翰。牵萝带荔兮，硕人之宽。南山有薇兮，北山有蕨。倚江楼而日暮兮，神缥缈其飞越。云谁之思兮美人，隔千里兮共明月。明月皎兮如沐，怅幽人兮其独。时飒飒兮风松，又萧萧兮雨竹。风雨倏兮何常，四时春兮如簇。登兹楼以归来兮，何詹尹之可卜[1]。

[1] 詹尹：善卜筮者。

余得调去蜀入粤叔明程先生亦自蜀来共话山川凄然兴感赋此短章[1]

我忆三巴道，君来万里桥。青山共知己，白眼睨重霄。暮雨阳台杳，秋风锦水遥。相逢重回首，记取木兰桡。

[1] 叔明程先生：程正谊，字叔明，号居左，浙江永康人。曾任四川左布政使。

楚 游 下

梦游楚中因绎为楚歌 ①

　　六千大楚压江滨②，吞吐风云几万春。鹦鹉矶头诛傲吏③，汨罗渡口放忠臣④。

　　黄鹤高楼几度过，一声铁笛傍渔歌。夕阳倒处波心动，明月来时树影多。

　　湖湘千里洞庭开，一发君山天际来⑤。驾鹤仙人蓬岛去⑥，牧羊神女泾阳回⑦。

　　舟过夷陵第七滩⑧，棹歌声在白云端，巴心明月猿啼远，石首清风郢调单⑨。

　　屠评：烟煴缥缈，如吹铁笛，坐七十二峰上⑩，足使青莲却步。

① 绎：敷衍铺陈。

② 六千：楚地疆域有六千里之广。

③ 傲吏：东汉末名士祢衡，曾作《鹦鹉赋》，后被江夏太守黄祖诛杀。

④ 汨罗：即汨罗江，湘江的支流，流经今湖南东北。　忠臣：战国时楚国大夫屈原，自沉于汨罗江。

⑤ 一发（fà）：一根头发，形容微小。　君山：位于洞庭湖中的小岛。

⑥ 驾鹤仙人：传说费文祎乘黄鹤登仙，曾在黄鹤楼休息。

⑦ 牧羊神女：唐人李朝威《柳毅传》中记载的洞庭湖龙王之女，嫁泾川龙王
　　次子，受夫家欺凌，沦落至道旁牧羊。后得到柳毅的帮助，终于回到娘家。

⑧ 夷陵：位于今湖北宜昌。

⑨ 石首：今属湖北荆州。　　郢调：楚地的歌曲。

⑩ 七十二峰：指南岳衡山。

寄题九疑山酬李十二使君以图示 ①

　　洞庭南来几千里，九点苍山凝暮紫。云是重华古帝陵 ②，夕阳明灭浑相似。玉辇何年去不还，湘娥泪尽箨衣斑 ③。白云一片苍梧远，木落湘江杳佩环。山鬼跳前狖啸后，暝烟历乱浮云走。金支翠舆不复御 ④，九山黛色无寻处。苦竹丛头叫鹧鸪，帝子不知春已去。风雨寒崖荐绿蘋，千年陈迹总留君。披图若听山灵语，制锦于今有美人。

① 李十二使君：生平不详。

② 重华：虞舜，名重华。

③ 箨衣：竹子的表皮。

④ 金支：施于乐器上的黄金饰品。

过 洞 庭

楚天牢落楚江秋①，枫叶芦花伴客愁。三十六湾凉夜月②，雁声远度岳阳楼。

天际孤帆载白云，一空烟水半江分。九嶷日落瑶华远，哭断潇湘不见君。

紫箨萧萧染泪痕，鹧鸪声里几黄昏。龙堆草色春心暮③，望断谁招帝子魂？

洞箫吹月起江波，响彻君山绕黛螺④。白苎满船秋露湿，不堪清怨月明多。

七泽三湘逗客搓，酒香亭畔结渔蓑⑤。若为旅思逢归雁，一夜乡心到薜萝⑥。

① 牢落：寥落，孤寂。

② 三十六湾：均位于洞庭湖中。

③ 龙堆：又名金沙洲，洞庭湖中的沙洲。

④ 黛螺：君山形似翠绿色的螺。

⑤ 酒香亭：位于君山中部的酒香峰上。

⑥ 薜萝：薜荔和女萝，常攀援在山野林木之上。

与刘元承入蜀至荆门执别

　　谩夸此日一登龙①，碣石谈天意转浓②。剑气摩空神欲合，使星向蜀客初逢。云连栈阁三千里，雨暗阳台十二峰。日暮河梁重回首，满江秋水插芙蓉。

　　客心何自最关情，潦倒烟霞物外盟。玉井峰头莲欲吐，峨眉顶上雪初晴。杖藜知我风尘厌，樽酒还君意气生。惜别不禁千里目，天涯草色照双旌③。

① 登龙：得到有名望者的援引提携。

② 碣石谈天：战国时阴阳家邹衍有"谈天衍"之称，燕昭王为其建造碣石宫，并从其受业。

③ 双旌：唐代节度使出行时的仪仗，后也泛指高官的仪仗。

滇 粤 游 下

桂岭守岁效李长吉体 ①

街鼓逢逢催晓急②，家家椒柏春风集③。倾盘剪胜百事新④，昨夜神荼烬中泣⑤。朝行紫海暮归疾，毋道经年几半日。儿女催人携老至，百年转盼须臾事。苍梧梦断紫筼斑，石堕湘流去不还。无计圣贤能守此，年年草色自江关。坐来兼忆麻姑别，东海飞尘白如雪。

① 李长吉：李贺，字长吉，唐代诗人。

② 逢逢（péng péng）：鼓声。

③ 椒柏：用花椒、柏叶浸制的椒酒和柏酒，农历正月初一用来祭祖或献给家长，寓有祝寿拜贺的意思。

④ 剪胜：旧俗于立春日剪彩为方胜，或作为妇女的首饰。

⑤ 神荼：传说中能够制服恶鬼的神，和另一位郁垒都被民间视为门神，将他们的画像贴在门上。过新年时更换新画像，将旧画像焚除。

谒柳州祠墓 ①

天宝贞元人已死②，千年大业竟谁是？手提大冶铸乾坤③，后

387

来共说河东氏 [④]。并辔中原有几人 [⑤]，愈也角立河之滨 [⑥]。百川却障狂澜折，风雨延津会有神 [⑦]。解道河清苦难俟 [⑧]，瞥惊白日风尘起。去国投荒十二年 [⑨]，驱鳄开云八千里 [⑩]。魑魅蛟螭作比邻，强开暗昏就阳春 [⑪]。耐可呼天作知己，讵知天意难具论。刻物肖形神理在，尺管畴令握真宰 [⑫]。尔曹自取造化忌，夭死炎荒托蓬藟 [⑬]。侯死较先韩较后，罗池之碑及韩手 [⑭]。敖氏春秋鬼不饥 [⑮]，桐乡丘垄人应守 [⑯]。浔水南流即旧津 [⑰]，黄蕉丹荔伏犹新 [⑱]。手披蔓草荒祠下，余亦东西落魄人。

　　屠评：九京有古 [⑲]，柳州当饮泣地下。

① 柳柳州：唐代文学家柳宗元，官终柳州刺史。柳州，治今广西柳州，唐代属岭南道。

② 天宝：唐玄宗年号（742—756）。　贞元：唐德宗年号（785—805）。

③ 冶：熔炼金属的熔炉。

④ 河东氏：柳宗元为河东人。

⑤ 并辔：并驾齐驱。

⑥ 愈：唐代文学家韩愈，与柳宗元并称"韩柳"。　河之滨：韩愈为河南河阳人。

⑦ 延津：今属河南新乡，黄河故道流经此处，曾多次决溢改道。

⑧ 河清苦难俟：语本《左传·襄公八年》"俟河之清，人寿几何"，意谓人寿有限，难以等到黄河由浊变清。

⑨ 去国投荒十二年：语本柳宗元《别舍弟宗一》"一身去国六千里，万死投荒十二年"。去国，离开京城。

⑩ 驱鳄开云八千里：韩愈被贬至潮州时撰有《驱鳄鱼文》，又其《左迁蓝关示
  侄孙湘》有"夕贬潮州路八千"的句子。

⑪ 暗曶（hū）：天色将亮而未亮的时候。

⑫ 尺管：制定乐律的度尺和律管。　畴：谁。

⑬ 蓬嶝（léi）：杂草乱石。

⑭ 罗池之碑：韩愈撰《柳州罗池庙碑》。

⑮ 敖氏：春秋时楚国若敖氏的鬼，因无人祭祀而挨饿。这里反用其典，说柳
  宗元去世后仍受后世祭祀。

⑯ 桐乡：汉代朱邑曾在桐乡任职，受百姓爱戴。去世后葬于桐乡，百姓为其
  起冢立祠，按时祭祀。

⑰ 浔水：西江干流中游的浔江，流经今广西。

⑱ 黄蕉丹荔：语本韩愈《柳州罗池庙碑》"荔子丹兮蕉黄，杂肴蔬兮进侯堂"。

⑲ 九京：九泉。　古：疑当作"知"。

吊刘参军赟墓 ①

　　刘参军，独鹗啾啾百鸟群②，长铗倚天气吐云③。巫咸不下
霄汉远④，泪断杞国人无闻⑤。欲抉霾曀上天门⑥，虎豹狺狺坐九
阊⑦。玉女投壶笑方剧，众星争月光犹繁。且招龙比游地下⑧，万
里投荒奄堕马。湘流东去鹏南来⑨，长沙吊原君泣贾⑩。生惭借剑
阻尚方⑪，死愿裹尸弃中野⑫。（屠评：千古滴泪。）雄魃封狐任九
头⑬，魂招不来粤山赭。刘参军，青山瘴疠多风雨，化碧啼鹃一抔

土。土偶何知便是君，请看生气摩灵氛。

屠评：悲歌慷慨，刘生魂欲起矣。

① 刘参军蒉（fén）：刘蒉，字去华，因触怒宦官而遭诬陷，贬为柳州司户参军，客死异乡。

② 鹗：一种鹰隼类的猛禽。

③ 长铗（jiá）：长剑。

④ 巫咸：古代神巫。

⑤ 杞国：据《列子·天瑞》记载，杞国有人总是担忧天地崩坠，为此寝食不安。

⑥ 霾曀（yì）：灰尘云霾。

⑦ 狺狺（yín yín）：犬吠声。　九阍：九天之门，比喻朝廷。

⑧ 龙：龙逢，夏朝的贤臣，因直言进谏而被桀杀害。　比：比干，商朝的宗室重臣，因劝谏纣王而被杀害。

⑨ 鵩（fú）：一种类似猫头鹰的猛禽，古人以为不祥之兆。汉代贾谊撰有《鵩鸟赋》。

⑩ 吊原：汉代贾谊因受谗毁，出为长沙太傅，经过湘江时写有《吊屈原赋》。

⑪ 借剑：汉代朱云向汉成帝请求赐予尚方剑，斩杀奸佞之臣，以儆效尤。

⑫ 裹尸：汉代马援希望能战死在边野沙场，用马皮包裹尸体运回来埋葬。

⑬ 雄虺（huī）：传说中的毒蛇。　封狐：大狐狸。

苍梧道中揽镜独叹盖余风尘荏苒一十五载矣 ①

曾无大药驻朱颜 ②，华发星星镜里还。修竹拂痕悲玉辇，西风卷箨下乌蛮 ③。三湘水绕龙蛇窟，五岭尘迷虎豹关。万里劳生犹未厌，遥从马首觅青山。

① 苍梧：治今广西梧州。

② 大药：丹药。

③ 乌蛮：古代对西南地区少数民族的泛称，这里泛指广西一带。

栖 霞 洞

伏波山前桂树林，伏波山下漓江深。八桂扫天不见影，七星堕地成瑶岑。倒植云根覆地肺，瞥然有洞窥江心。上列星枢悬法象 ①，下刓石脉倚釜嵚 ②。束炬照天行白日，噫气渐沥吹衣襟。龙门千尺玄鲤跃 ③，天关三叠赪霞沉 ④。寒岩六月不知暑，处处钟乳如悬针。湘灵合掌布袋笑，狮象骆驼争献琛。金山琼海势荡潏，万古石髓堆至今。更有怪石乱相蹲，禅床不动禅房阴。岩缝突出巨灵手，杖底似闻钟梵音。幽壑风生虎豹踞，寒潭水洌蛟龙吟。飞走万灵无不有，首垂鼯鼠缘蝌蚪。苍萝高挂日月昏，颠崖中断风雷吼。乍见明星出海树⑤，惊起栖鹘号鬼母⑥。何年六甲操神符，手弄双蛇开户牖。岂是娲皇炼石处，石裂天倾逗江口。区区三十六洞天，索遍道书藏二酉⑦。谁为遗此落人间，夜夜流霞光射斗。

　　屠评：骊龙之珠，散落人间。

① 　星枢：星辰枢纽。

② 　刳（kū）：剖开后挖空。　崟嵚（yín qīn）：山高峻貌。

③ 　龙门：位于今山西河津西北与陕西韩城东北，黄河流经此处时两岸峭壁对峙，形如门阙。传说鲤鱼只要越过龙门，就能变化为龙。

④ 　赪（chēng）：红色。

⑤ 　海树：珊瑚。

⑥ 　鬼母：传说中居住在南海小虞山的鬼怪，虎头龙足，蟒目蛟眉。

⑦ 　二酉：位于今湖南沅陵的大酉山、小酉山，传说中的藏书之地。

黄化之约游端州七星岩 ①

　　天罡落地化为石，招摇夜浸寒潭碧②。蛟龙抱珠窟底眠，惊起风雷撼广泽。划然鬼斧下天门，划碎群峰向空掷。碞砟巧幻天琢成③，洞中剩有神仙迹。石钟声度岭头云，玉壶冰结水中纹。鸡鹊属玉飞不下④，欸乃渔舟隔岸闻。夕阳返照暝烟上，天籁宵沉净紫氛。连山四垂波影倒，羽觞飞映晴川抱。舟行天上人镜中，依稀欲走山阴道。醉疑身是枢星精⑤，我欲与君挹取斗柄吞长鲸⑥。踏得冈峦作平地，手掬星光还太清。

屠评：气吞李青莲、王龙标⑦。

① 黄化之：黄时雨，字化之，江苏常熟人。　端州：治今广东肇庆，以产端砚闻名。　七星岩：位于今广东肇庆。

② 招摇：北斗七星中的第七颗星，也代指北斗。

③ 硿砻（kōng lòng）：岩石隆起的样子。

④ 鸡鹃（jiāo jīng）：池鹭。　属玉：即鹥鸥，一种水鸟。

⑤ 枢星：北斗七星第一星。

⑥ 吞长鲸：巨鲸吸取海水，形容狂饮酒。

⑦ 李青莲：唐代诗人李白，号青莲居士。　王龙标：唐代诗人王昌龄，曾任龙标尉。

还自粤途中即事

络纬秋风枕簟新，天涯莽荡一羁臣。青萍自拂谁知己，白首相逢尽路人。岭徼瘴随风雨恶，蛮家路逐犬羊邻。生还此日逢明主，咫尺桃源去问津。

三湘石出洞庭波，聚散浮云奈尔何。落日舟中无薏苡①，秋风濑下近牂牁②。蛮烟共怕逢青草③，旅梦翻惊在绿萝④。为问溪头旧相识，白鸥孰与向时多⑤？

① 薏苡（yì yǐ）：汉代伏波将军马援从南方带回薏米，遭到诬陷说是明珠。后比喻蒙受冤屈。

② 牂牁（zāng kē）：牂牁江，流经今贵州六盘水。

③ 青草：青草瘴，岭南地区春夏之交产生的瘴气。

④ 绿萝：绿萝山，位于今湖南桃源，道教七十二福地之一。

⑤ 白鸥：古人认为鸥鸟自由自在，能够忘却机心。

昆明池泛舟夜宿太华山缥缈楼

高秋风雨欲西来，秀拔三峰掌上开。半浸混茫分野色，平临紫翠落城堧。洪涛涨处无烟屿，青海翻时有劫灰。共道风光天外尽，谁看咫尺在蓬莱？

登山临水为谁留，苹白蘋青起暮愁。万顷涛声行木末，千寻岳色倚池头。石鲸不见秋风动①，金马来追夜月游②。何限乾坤萧瑟意，依然缥缈一飞楼。

① 石鲸：汉武帝时欲征讨昆明，曾让士兵在昆明池、太液池中演习水战，并雕刻两条石鲸，置于池边。

② 金马：汉代金马门，学士待诏处，因宫门旁有铜马而得名。此处借指位于云南昆明的金鸡山。

点苍山雪歌

　　点苍山高高蹑空，连峰十九如挂弓。峰峰流泉落涧底，下浸榆叶函山东①。高山积雪照人眼，六月吹堕随罡风。寒光飞翠迸马首，太阴颢气摩苍穹。我闻点苍有奇石，胡自山苍石还白。岂是阴崖太古雪，化作瑶华点空碧。玉宇璚楼亘终古，影落榆河惊水府。骊龙弄珠蛟起舞，吐炬燃天作风雨。洪涛不没大鹳洲②，暼然大地如欲浮。四时变态更谲幻，深山巨泽良悠悠。我欲乘风御列缺③，排云直踏中峰裂。珊瑚出水月未高，倦来且嚼山头雪。

　　屠评：雄浑。

① 榆叶：大理古城位于点苍山以东，又称叶榆城。

② 大鹳洲：即大鹳溆洲，洱海周边的名胜。

③ 列缺：闪电。

行定西岭即事

　　风尘莽白日，奔走无欢颜。青山抹马首，步步皆重关。石滑驱车苦，磴悬留足艰。巨坂欲造天，得往良畏还。又惧堕丛箐，冥行披草菅。路逢三两人，衣服尽斑斓。瘴疠眇天末，虎豹杂人间。转

395

忆清溪头，溪流正潺湲。何时弃簪绂 ①，寻取白鸥闲 ②。

① 簪绂：冠簪和缨带，喻荣显富贵。

② 白鸥：王士性在故乡浙江临海营建白鸥庄，以便退隐时居住。

与刘宪使质之浴安宁温泉因读杨用修先生诗有骊山硫黄之憎辄用绎之 ①

入关忆傍华清近，浥得长汤洗尘坌 ②。谩憎捉鼻谢硫黄 ③，且艳留香腻脂粉。安宁亦有螳螂川 ④，碧玉捧出温陵泉。瑶光七尺辨毛发，宝鉴不动晴空悬。乍惊沉瀣落金掌，更疑神瀵潴璿田 ⑤。文园有生抱渴久 ⑥，风尘跃入浇百斗。俯身忽觉坐清凉，习习冷风起两肘。浣花溪头流锦纹，赤城道畔遗青韭 ⑦。恍惚神奇事有无，只此灌顶成醍醐。为僻荒陬守清境 ⑧，但逢好事皆吾徒。不学骊山照眉黛，金钱只博洗儿娱 ⑨。

① 刘宪使质之：刘朝噩，字质之，又字念泉，江西永新人。宪使，提刑按察使的别称。 安宁：今云南安宁。 杨用修：杨慎，字用修。 骊山硫黄：杨慎《折桂令·华清宫》有"华清池，波暖硫黄，影泛芙蓉"，"霓裳破繁华春梦，洞房冷环佩秋风"等句子。

② 浥（yì）：湿润。 长汤：长汤屋，唐代骊山华清宫中的温泉浴池。 尘坌（bèn）：尘土。

③　谩：同"漫"，莫，不要。　谢：拒绝。

④　螳螂川：金沙江支流，流经安宁。

⑤　神瀵：传说中的水名。

⑥　文园有生：汉代辞赋家司马相如，曾任文园令。　渴：司马相如患有消渴症，即糖尿病。

⑦　赤城：赤城山，位于今浙江天台。　青韭：赤城山上有东晋高僧昙猷的洗肠井，井旁生青韭。

⑧　陬（zōu）：角落。

⑨　洗儿：旧时习俗，在婴儿出生三日或满月时需替其洗澡，亲朋好友还要赠钱给婴儿。杨贵妃以安禄山为养子，为其做三日洗儿，玄宗赐洗儿钱。

九日同吴原豫张养晦二宪丈登九鼎山^①

　　君不见巴西吴使君，君家九峰号凌云，三峨隐隐天际分。又不见沅陵张仲子，君家九疑隔湘水，白云尽入苍梧里。就中九鼎亦巀嶭^②，五云自昔称奇观^③。褐来选胜正阳九^④，北风吹雁天宇宽。白衣望断黄花老，落落长松翠色寒。疏棂朗月照清夜，大壑噫气挶林端。燕垒蜂房嵌空碧，清磬一声天咫尺。秋旻欲化无羽翼^⑤，仰头好把双星摘。君为我浩饮，我为君朗吟。乌帽笼头吹不落^⑥，杖底青山知我心。醉睨点苍山上雪，手扑飞花和酒咽。

①　吴原豫：吴谦，字原豫，四川泸州人。　张养晦：张文耀，字养晦，湖南

沅陵人。　九日：农历九月九日重阳节，古人有重阳登高的习俗。　九鼎山：
又名九鼎云峰，位于今云南祥云以北。

② 巑岏（cuán wán）：山峰高耸。

③ 五云：五彩瑞云。

④ 曷：通"曷"，何。　阳九：九月九日。古人以九为阳数。

⑤ 秋旻（mín）：秋季的天空。

⑥ 笼：戴。

无心上人开山于鸡足之翠微余来循黑龙潭度虎跳涧
礼华首门摄衣相随书以识别 ①

　　谁将去住寂无心，独鹤孤云向远岑。暂下绳床看虎迹，偶持瑶
钵听龙吟。曷来转得莲华藏 ②，到处开成宝树林。我欲从人访真谛，
更期何地觅知音？

① 无心：鸡足山大觉寺开山和尚本安，号无心。

② 莲花藏：莲花藏世界，佛教中指含藏于莲花中的功德无量、广大庄严的世界。

月轮自京师护大藏归鸡足说法 ①

为驮白马上长安 ②，飞锡西归路不难 ③。几点昙花吹法雨 ④，一

轮明月照蒲团。谁家拾得摩尼宝⑤，此地传徕竺法兰⑥。屈指龙华
当日事⑦，青山无尽夕阳残。

① 　月轮：鸡足山华严寺主持如满，号月轮。万历年间，至京师护送慈圣太后
　　颁赐的《大藏经》返回鸡足山。

② 　白马：佛教在东汉传入中国时，用白马驮载佛经。

③ 　飞锡：僧人执锡杖漫游。

④ 　法雨：形容佛法普度众生，如雨露润泽万物。

⑤ 　摩尼宝：佛教中指产自龙宫的如意宝珠。

⑥ 　竺法兰：中印度僧人，东汉时来到中国传播佛法，居洛阳白马寺。

⑦ 　龙华：弥勒菩萨在龙华树下成道，前后三次说法。

迦叶殿谒尊者像因过放光寺尝八功德水

礼罢灵山两足尊①，妙明千劫半龛存②。定中付法衣犹在③，坐
上拈花笑不言④。宝刹有光留色相，石泉无窦见根源。溪云山月年
年事，何日龙华辟此门？

① 　两足尊：佛教中释迦牟尼的尊号之一，即明足（智慧圆满）和行足（福德圆满）。

② 　千劫：佛教中指旷远的时间和无数的生灭成坏。

③ 　定：禅定，令心思专注于某一对象，达到不散乱的状态。

④ 　拈花：相传释迦牟尼拈花示众，默而不语，只有迦叶领会其意，破颜而笑。

将入滇寄子行①

彩笔曾干意气豪②，当年吞吐薄秋涛。击壶尔岂忘千里③，揽镜于今见二毛④。肮脏未能消白日⑤，婆娑应已厌青袍。点苍有雪闻堪饵，寄取重缗海上鳌⑥。

① 子行：刘显道，字子行，号苏涯，河北南皮人。

② 干：干犯。

③ 击壶：东晋王敦常在酒后吟咏"老骥伏枥，志在千里。烈士暮年，壮心不已"，并用如意敲打唾壶为节拍。

④ 二毛：花白的头发。

⑤ 肮脏（kǎng zāng）：慷慨激昂。

⑥ 缗（mín）：钓丝。　海上鳌：据《列子·汤问》记载，海中有巨鳌负载神仙居住的大山，而龙伯国的巨人能一下子把六鳌都钓起来。

史侍御庭征招饮龙池①

楼船载酒集芳堤，灯火城南咫尺迷。一曲中流沉碧汉，五云叠嶂护青溪。人行镜里岚光净，月到波心树影齐。为语山公犹未醉，儿童休唱《白铜鞮》。

① 史侍御：史旌贤，字廷征，一作庭征，云南大理人。侍御，侍御史、监察
　　御史一类官职的省称。

再至龙池时史侍御馀皇成因忆余白鸥庄中扣舷问月
必有朋辈在而余则相去万里矣①

　　山公重到习家池，锦缆牙樯落酒卮。大泽蛟龙曾化处，高秋风
雨欲晴时。尊前玉倚连山映，岸上花明一棹移。我亦东门有瓜圃，
蟾光共照木兰枝②。

① 馀皇：此指巨大的楼船。
② 蟾光：月光。

携儿自滇游还途中即事寄子行因忆吴惟良陈良卿
陈大应邓子昌俱已化去①

　　纳纳乾坤去不留②，客怀空自付高秋。曲钩不作封侯计③，雄
剑难消壮士忧。避世好栽荷芰服④，呼儿且典鹔鹴裘。故园相识都
澌尽⑤，谁念畸人共白头⑥？

① 吴惟良：生平未详。据王士性《吏隐堂集·尺牍上·寄子行》，惟良长子为

士性女婿。　陈良卿：陈邦俊，字良俊，浙江秀水人。　陈大应：生平未

详。　邓子昌：生平未详。

② 纳纳：包容貌。

③ 曲钩：语本《后汉书》所载歌谣"直如弦，死道边；曲如钩，反封侯"。此

处反用其意，谓自己虽入仕途而无意封侯。

④ 荷芰服：语本屈原《离骚》"制芰荷以为衣兮"。荷芰，荷叶与菱叶。

⑤ 澌（sī）：消亡。

⑥ 畸人：志行独特、不同流俗的人。

附录

《明史》卷二百二十三《王宗沐传附王士性传》

士性，字恒叔，由确山知县征授礼科给事中。首陈天下大计，言朝廷要务二，曰：亲章奏，节财用；官司要务三，曰：有司文网，督学科条，王官考核；兵戎要务四，曰：中州武备，晋地要害，北寇机宜，辽左战功。疏凡数千言，深切时弊，多议行。诏制鳌山灯。未几，慈宁宫火，士性请停前诏，帝纳之。杨巍议黜丁此吕，士性劾巍阿辅臣申时行，时行纳巍邪媚，皆失大臣谊。寝不行。时行，士性座主也。久之，疏言："朝廷用人，不宜专取容身缄默，缓急不足恃者。请召还沈思孝、吴中行、艾穆、邹元标、黄道瞻、蔡时鼎、闻道立、顾宪成、孙如法、姜应麟、马应图、王德新、卢洪春、彭遵古、诸寿贤、顾允成等。"忤旨，不报。迁吏科给事中，出为四川参议，历太仆少卿。河南缺巡抚，廷推首王国，士性次之。帝特用士性。士性疏辞，言资望不及国。帝疑其矫，且谓国实使之，遂出国于外，调士性南京。久之，就迁鸿胪卿，卒。

康熙《临海县志》卷九《人物志三·文苑·王士性》

王士性，字恒叔，号太初。为诸生，读书过目成诵。性磊落不群，不治生产，家甚贫。隆庆己巳，学使林按台首拔异等，以天下士目之。既而游学武林。尝以天地之英华不能郁阏而不宣之物，而为山川之人，而为文章，由是慕尚子平为人，有小天下、狭九州之概。作为诗文，幽深峻削，孤情独往。

万历癸酉，隽贤书上，春官不第，遂入金华山，东南行二百里至仙都，经年而返。丁丑成进士。戊寅赴确山任，过临安，曰：“余居恒数心泉石，几欲考卜湖畔，良缘未偶。今捧檄朗陵，念走风尘，未卜再游何日？”遂遍游武林，作《湖山六记》。既莅政，持大体，不屑屑细务。凤驾星分，著心人外。辛巳秩满，例得代篆上阀阅，遂由宛入洛，取道登封，游嵩高，旋历中州，行二千三百里，尽得其胜。

内升礼科给事中，建言漕、河水利诸疏，极切时弊。乙酉丁母忧。丙戌苫块中，慨然曰：“南海之墟有二越焉，於越当其北，瓯越当其南。生长台、荡，席其山川，而山川不知，可乎？”于是入四明，渡海登补陀，转姚江，出曹娥，走鉴湖，上禹穴；既而渡钱塘，下桐庐，过严陵，入兰溪；复东南至永嘉，由乐清游雁荡而归；仍入天台山，结庐于华顶桃源之麓。明年，以为三吴南龙之委也，其奇秀甲天下，与二越称，不可不以次举。复发天台，过胥江，登虎丘，入太湖，眺金、焦、北固三山，至金陵、九华山，自白岳而返。戊子服阕北上，驻帆济宁，趋曲阜，观孔子庙庭，遂由泰安登岱宗，凡齐、鲁之名山川，无不览焉。入都，给事礼垣，以为汉、唐、宋五陵、曲江、艮岳、鸡鸣、牛首，非百官赐汤沐之地耶？今乃束于功令，未敢越宿出都门，徒拄笏而望西山爽气。人生几何，其为消阻精神也何限矣！乃乘间而游西山。是年秋，奉命典试四川，所经燕、赵、韩、魏、宋、卫、中山之墟，无不穷览其名胜。取道华阴，遂登华岳，出宝鸡，渡渭水，入益门关。试事毕，登峨眉，题名于天门石。间道而西，复游恒岳。闻命转广西参议，遂自蜀入粤。道经衡阳，复游衡岳。于是五岳遍历矣，皆天之假公时与地与官，以毕公志。

自是由粤藩转滇臬副使。己丑赴粤，则有《太和山》《庐山》《楚江》诸记；己丑莅粤，则有《桂海志》《七星岩》《独秀山》《訾家洲》诸记；辛卯入滇，则有《泛舟昆明池》《历太华诸峰》《游九鼎山》诸记；庚寅行部，则有《点苍山》《鸡足山》诸记。公盖无时不游，无地不游，无官不游，而文章即于是灿焉耳。

癸巳升大理寺少卿，乙未擢都察院右佥都御史、巡抚河南，例不当辞，而公力辞，遂改南鸿胪寺正卿。公意气凌霄，一官为寄，天下九州履其八，所未到者闽耳。诸名山自五岳而外，穷幽极险，凡一岩一洞、一草一木之微，无不精订。他若堪舆所述，象胥所隶，千名百种，无不罗而致之笔札之间，有《五岳游记》十二卷、《广游志》二卷行世。析津杨体元又刻其佚稿《广志绎》六卷于武林。

公卒于万历戊戌，年五十有二，今祀乡贤。子立毂，字紫芝，中万历丙午乡试，授新淦令。见对簿冤号，遂解组归。终太夫人养，即祝发于西湖禅林。忽一日焚沐作偈，召徒众示以去来，趺坐而逝。乔梓盖皆烟霞中人歟！

赞曰：昔人谓台阁之文气雄以丽，有异于仰屋梁而攒眉者。南衡璠玙，重价扬声，凤阙昂霄之姿，短翮时相，璞而愈光，何伤焉？以恒叔之才，黼黻廊庙，璇玉缀而韶钧悬，其为国华也大矣！

乃满腹琅玕，徜徉谢屐，雕肝琢肾于烟云岩壑之际，然文章与五岳同垂，天之报之者，已不薄耳！

康熙《台州府志》卷十《人物·王士性》

　　王士性，字恒叔，号太初，刑部侍郎襄裕公宗沐从子也。幼贫而好学，襄裕公爱之如己子。万历癸酉登贤书，丁丑成进士。初授朗陵令，有异绩。考选礼科给事中，伉直有声。乙酉丁内艰归，戊子复补。是年典试四川，以触时忌外转。参粤藩，副滇宪，衡文两河，所至闻望翕然。既而内诏，历授巡抚河南都御史，例不当辞，而士性辞，嫌于沽名。改南鸿胪寺卿，未展所蕴而卒，人咸惜之。

　　士性素以诗文名天下，且性好游，足迹遂遍五岳，旁及于峨嵋、太和、白岳、点苍、鸡足诸名山。所著有《五岳游草》《广游记》《广志绎》诸书。济北邢子愿称其邈然高历，数器备躬，少慧如龅囊，淹博如剡子，辨异如茂先，察音如伯翳，赋如相如，文如班固，诗如鄄城、平原、李白、王维。至其抗疏，又绝类汲长孺、陆敬舆。卒之用言取忌，示播外方，而乃周回万里，获与中州之胜缘，则夫人情之巧于龁恒叔者，乃所以拙于谋恒叔也。屠纬真、张九一、冯开之诸公皆极相推许。祀乡贤。

艾穆《艾熙亭先生文集》卷二《五岳游草序》

王观察恒叔自滇缄尺一，侑以《五岳游草》十二卷来蜀。维时秋满夔门、剑阁，余方厉士马，明简教，疲薾抱疴，已乃强起读之，怅然若失，俄而侵侵然，阳气满大宅也。于是搤擘叹曰：若是夫，恒叔之善游虖！若是夫，恒叔之善言游虖！游之道，其易言哉？山水仁智之乐，方以内者也；采真汗漫之言，方以外者也。化人之祛，穆满之驭，故荒塘不足道，乃古今称善游而又善言其游者，莫如龙门太史迁、彰明李供奉。尝谓迁之游，游而奇，见于《史记》一书；白之游，游而达，则见于声诗歌咏。言者云：太白周览四海名山大川，一泉之旁，一水之阻，神林鬼冢，猿狖所冗，鱼龙所宫，往往不舍，故其为诗疏荡有奇气。子瞻谓子长生平好游，足迹不肯一日休，非直为景物役也。凡宇内可惊可愕可忧可喜者，彼固尽取而为文章。今取其书读之，诚然。

余观恒叔之游，庶几乎冥搜幽讨，于物无硋，于迹无遗，而其纪述历览所至，山川形状，无言酷肖，直若使人置身其上，而情神以之。其所摩挲剔括，又令古今幽诡奇闳，无能隐迹遁神，而指挧肆咤于前，若奔趋应接不暇者。壮哉！其诗悲歌啸咏，迫然潩然，曼声短吟。总之，翩翩青莲，尘外数致。则其得之游以助发其趣者，不既多乎？乃其书抵余曰："麋鹿之性，丰草长林，行将扫天台片石，为海东闲人。"此非不佞所敢知。恒叔负不世材，抱奇气，束身岩廊，振玉青琐，名流归之。乃今握兵西南陲，又持文印于中州，骎骎大柄用，而诅曰尘蹀可蠲，长往可遂，是不遇于时者言耳，欲其胥如志也，得乎？

夫游一也，而其所游殊焉。达则以之发舒性灵，商考名理，把奇胜而凌景光，迹在域中，超然物外。不则濡恋矜顾，睹山川之廓落，叹浮生之有间，不觉心怆神沮，感慨增悲。故牛山之泪不仁，岘首之嗟非智。其于中也，殆矣！又何能浩荡篇章，指挐物象，置身世于昭旷寥廓之表，而宜然出千仞之氛埃哉！

恒叔，天台人也，家在巾子山麓，赤霞高标，白云流户。予闻天姥、石渠、雁宕间，故称仙灵窟宅，多化人羽客。若剡之徐高士所云"名者实之宾"，如唐司马祯答睿宗"为道日损"之言。予每诵其言，辄思其人。此其栖遁之流，见道尚尔，矧名教之宗、得道之隽者乎？

余嗜游不让恒叔，诸群岳山灵，幸不杜余妄窃。然而济胜劣于许掾，夙愿将同宗炳，又恒念务外游不如务内观，壶丘子其最知言者。恒叔毋以局方嗤余也！

冯时可《冯元成选集》卷三十一《王恒叔五岳游草跋》

郧西令虞焕自长安来，手王恒叔书，因示以《五岳游草》。散吏后独坐西斋，取而读之，其语洒洒然，令人尘坌尽洗，如在山头水涯，云气烟光，霏微莽苍间也。

嗟乎！人生稊米之身，所遇万形，尽为幻境。其间富贵功名，一切纷华酽艳可喜之事，自束发至没齿，日与之驰逐追随，至相为荡散而后已，亦何乐哉？惟夫名山胜水，其趣寄九垓而不为藏，其境终万古而不为毕。君子之游之也，来无竞心，去无失志，多取而非盈，深探而非溺。斯所谓仁智之乐，达人之所贵乎？

恒叔，真我师也。我未尝登嵩与华，然玄岳落我杖底，而衡、岱为我旧游。想夫白云不动，芙蓉自青，万山如丘，百川成缕。此时倚杖临风，衣袂尽举，真若越四荒而通帝座，飘飘仙矣。彼夫齐州之内，贵游豪举所为逐纷华而骛酽艳者，曾不足以当空中之野马。

嗟乎！知此味者，孰如恒叔。吾将与恒叔结汗漫之盟于埃壒外，恒叔其扫万八千丈峰头一片石以待我！

江盈科《雪涛阁集》卷八《五岳游稿引》

五岳于方内为神山巨镇，盖真仙窟宅之地。苟尘缘深重，鲜有能窥其域，况彼此横绝，动隔数千里，兼至为尤难。故虽寥廓如向平，犹然牵于婚嫁，不果所愿，他可知已。

王恒叔先生自玉皇香案吏谪居人间，负才瑰玮，寄情超旷，盖身都轩冕，翛然有烟霞云水之思。爰自弱冠，宣猷四方，车辙马迹，遍于秦、楚、齐、梁、燕、赵、吴、蜀、滇、粤诸国。其间名区胜地，如岱，如嵩，如华，如衡，如恒，如匡庐、太和、峨嵋、剑阁、太行、五台、夷门、广武、洞庭、彭蠡、漓江、鸡足之属，无不穷其高广，探其阃邃。若夫天台、雁荡、会稽、天姥，直家园山水，熟游饫见，又不待言。先生才既不凡，复取精于山水间，胸中之奇，蓄极而泄，往往形之叙述，畅之篇咏。就中阴晴明晦、雨雪霜露之变，与夫林峦涧壑、泉石崖谷，峭拔险怪，杳冥而绝特，以至神仙释老、灵踪幻迹，下而及于一禽一兽、一草一卉之类，有触吾目、感吾兴，盖皆描写形容，俨然如画，遂以成帙，好奇者业已刻而传之。

不肖退食之暇，手一编，焚香朗读，飘飘然若冯虚御风，遍历诸境，餐沆瀣而服霞气者。又其《杂志》二篇，亦皆宏论崇议，抉扶舆之秘，剖混沌之窍，非区区户逐所能仿佛。

噫！先生固仙品，其游盖仙游，而其才真仙才也。彼寰中烟火肺肠，求一言之几，其庸可冀夫？昔宗长文有志五岳，不能逮，乃为图置榻间，托于卧游，以耗壮心。今兹编具在，好奇者取以寓目，将苍翠烟霞倏满几席，虽谓神游五岳可尔。爰付梓人，再镂一过，与诸有仙缘者共之。

嘻！向平不死，宗生复出，彼其鉴赏珍重，奚啻鸿宝已耶！

黄汝亨《寓林集》卷三《五岳游选序》

余尝言向子平必婚嫁毕游五岳名山，天道不可知，傥先自毕馀生，置山展何地？然则踏遍名山，矫首纵览者，宜莫如余，而余仅得五岳之一。所称岩壑烟霞之胜，自吴、越、齐、楚、燕、赵而外，不一错趾。小品小胜，饮河满腹。

　　览王恒叔《五岳游选》，真如扶馀国王之海角、公孙子阳之井底蛙，殊自哑然失笑。且余有游纪，如老农话晴雨，童子抟黍。而恒叔兹编淹雅综错，声金砺石。傥非契神明而适天放，其工拙亦大有楚楹矣。

　　新安鲍生元则酷耽此趣，重为订刻。五岳有灵，当拜恒叔为长，元则亦应班坐虎下。俟余遍游后提所拾历，披图而证之。

《四库全书总目》卷七十八《史部·地理类存目七》

　　《五岳游草》十二卷（两江总督采进本）

　　明王士性撰。士性字恒叔，临海人，万历丁丑进士，官至南京鸿胪寺卿。事迹附见《明史·王宗沐传》。钱希言《狯园》又称"临海王中丞士性"，未之详也。士性初令确山，游嵩岳；擢礼科给事中，游岱岳、华岳、恒岳；及参粤藩，游衡岳。此外游名山以十数，经历者十州。游必有图有诗，为图若记七卷、诗三卷，不尽于记与诗者为《杂志》二卷，亦名《广游记》，统题曰《五岳游草》，盖举其大以该其馀也。《狯园》称峨眉山有老僧，性好游，自恨一生不得遍探名岳，年又骎骎向暮，乃誓于来生了此夙愿。临化，谓其徒曰："吾今往台州临海县王氏托生为男。"计老僧化去之年月日时，即士性之甲子云云。殆因有此书而附会之，然亦缘士性癖嗜山水，故有是言矣。